생활법률솔루션 **1**

생활에 꼭 필요한 계약서식·사례수록

계약서 작성 처음부터 끝까지

편저 : 생활법률연구원
감수 : 김영환 전 서기관

KB045031

지식의 샘
법문북스

생활법률 솔루션 **1** 생활에 꼭 필요한 계약서식·사례수록

계약서 작성 처음부터 끝까지

편저 : 생활법률연구원
감수 : 김영환 전 서기관

지식의 샘
법문 북스

머리말

법은 사람의 공동생활에 있어서 행위의 준칙으로서 국가에 의하여 강행되는 사회규범이다.

사회가 복잡하여지고 신속 정확한 지식과 정보가 필요로 한 변화와 개혁이 일어나고 있는 이때에도 우리는 주위에서 법률상식을 몰라서 막대한 손해를 입고 불이익을 당하는 사람과 반면에 법률을 잘 활용해서 어려운 일들을 해결해 나가는 사람을 두루 볼 수 있다.

법은 많이 알수록 재산이 된다는 이야기를 많이 들었을 것이다. 알 때와 모를 때의 차이를 엄청나게 느낄 수 있는 것이 바로 법률이다.

특히 경제가 급속도로 발전하고 점차 세분화하는 이 사회를 살아가려면 법률상식은 필수라 하겠다.

시대의 흐름에 따라 사회·경제·문화의 여러 분야에서 급속한 변화와 개혁이 일어나고 있고 특히 법률은 새로 제정되고 개정되는 일이 많아 그 변화가 심하다고 할 수 있다.

이처럼 하루가 다르게 변하는 법률을 따라가는 것은 쉬운 일이 아니다. 일일이 공부하며 법률지식을 넓힌다든가 법률 전문가라도 두어 자문을 받으면 되겠지만 현실이 그렇지 못하여 뜻하지 않게 손해를 보는 경우가 많을 것이다.

법률 지식은 어느 정도만 알고 있어도 혼자서 해결할 수 있는 문제를 가지고 일일이 법률사무소나 법률전문가를 찾을 수도 없는 노릇이다. 또 법률전문가에게 찾아간다 해도 어느 정도 기초적인 지식을 알고 상담해야 많은 도움을 받을 수 있고 유익한 것이다.

오늘날과 같은 법률문화와 법률적 분쟁이 증가하는 시대에서는 자기관리와 방어를 잘해야 경쟁에서 살아남을 수 있을 것인데 법률지식도 급변하는 사회에 적응하는 중요한 경쟁력이라 할 것이다.

이에 본사에서는 계약에 관한 길라잡이가 될 수 있는 책을 필수이론·질의·답변·서식 등을 분석 정리하며 확실하고 명쾌하게 해결할 수 있는 방법을 제시하였다.

이 책으로 각종 법률 문제들의 해결방법을 자세히 알아 법률상식을 알지 못해 당할 수 있는 피해를 예방하는데 도움이 되고 권익을 찾는데 보탬을 주려 한다. 이 책이 복잡한 사회를 살아가는 사람들의 반려자로서 자리매김 할 것을 믿으며 신속 정확한 법률업무처리와 법률문화창달에 이바지 할 것을 기대한다.

마지막으로 이 도서가 출간되기까지 출판시장의 어려운 현실에서도 집필을 도와주시고 계약총서를 출간한 법문북스 김현호 대표와 편집팀 여러분께도 감사드린다.

2015. 06.
편저자 드림

차 례

제1편
계약서 양식 모음

제2편
계약 질의 답변

제3편
계약의 이해

제1편
계약서 양식 모음

《 계약서 》 가공위탁계약서

가공위탁계약서

　　○○주식회사(이하 "갑"이라 함)와 ○○주식회사(이하 "을"이라 함)는 다음과 같이 가공위탁계약을 체결한다.

제1조 【목적】
　　갑은 을에 대해서 ○○○(이하 「본 제품」이라 함)의 가공(이하 「위탁업무」라고 함)을 위탁하고 을은 이것을 수탁한다.

제2조 【개별계약】
　　① 갑·을 간 개개 위탁업무의 수·위탁에 관해서는 본 계약의 결정에 의하는 외 그때 갑·을 간에 체결된 개별계약(이하 개별계약이라 함)의 결정에 의한 것으로 하고 본 계약의 결정과 개별계약의 결정에 차이가 있을 경우는 개별계약의 결정이 우선한다.
　　② 개별계약은 갑의 신청에 대해 을의 승낙한 경우에 성립한다.
　　③ 앞 항의 신청 및 승낙은 각각 갑의 주문서 및 을의 청구서를 갖고 성립하는 것으로 한다. 단 갑·을 협의 후 별도 방법에 의할 수도 있다.

제3조 【사양】
　　을은 본 계약, 개별계약 및 갑이 을에게 교부하는 사양서, 도면 그 밖의 도서 및 갑의 지시에 따라 위탁업무를 한다.

제4조 【재위탁】

① 을은 위탁업무의 전부 또는 일부를 제3자에게 재위탁하려고 할 때는 사전에 갑으로부터 서면에 의한 동의를 얻어야 한다.

② 을은 위탁업무의 전부 또는 일부를 제3자에게 재위탁할 때는 해당 제3자를 본 계약 및 개별계약의 결정을 준수시켜야 한다.

③ 을은 위탁업무의 전부 또는 일부를 제3자에게 재위탁한 경우도 본 계약 및 개별계약에 정한 을의 의무를 피하지 않는다.

제5조 【납품】

① 을은 개별계약에 정해진 납기에 본 제품을 갑이 지정한 장소에 납품한다.

② 을은 납기 전에 본 제품을 납품하려고 할 경우는 사전에 갑의 승낙을 얻어야 한다.

③ 을은 납기에 본 제품을 납품할 수가 없을 우려가 발생한 때에는 곧바로 그 사실을 갑에게 통지하고 갑의 지시에 따르기로 한다.

④ 을은 납기지연으로 갑이 손해를 입은 경우는 손해배상을 해야 한다.

제6조 【검사 및 검수】

① 갑은 본 제품이 납품되었을 때는 지체없이 제품 검사를 실시하고 납품된 본 제품이 제품검사에 합격하였을 경우는 을에 대해 검수 통지를 발송해야 한다.

② 제품검사로 품종, 수량, 품질에 대해서 개별계약의 결정과 차이가 발견되었을 때에는 갑은 곧바로 그 사실을 을에게 통지하고 아울러 그 처리에 대해서 지시를 내린다.

③ 을은 앞 항에 기초하여 갑으로부터 지시를
받았을 때에는 곧바로 그 지시에 따라 처리
를 해야 한다. 단 을이 곧바로 처리를 하지
않은 경우 갑은 스스로 그 처리를 할 수가
있다. 이 경우 처리에 소요된 비용은 을이
부담한다.

④ 을은 갑에게 납품한 본 제품이 개별계약의
결정과 차이가 있음으로써 갑이 손해를 입
은 경우는 손해배상을 해야 한다.

⑤ 본 제품의 납품 후 14일 이내에 갑이 검수
의 통지 또는 제2항에 정한 통지를 하지 않
은 경우는 납품 때에 검수된 것으로 간주한
다.

제7조 【소유권 및 위험부담】
본 제품의 소유권 및 위험부담은 검수의 통지가
이루어졌을 때에 을로부터 갑에게 이전한다.

제8조 【보증】

① 을은 갑에게 납품한 본 제품이 갑이 지시한
사양에 합치하고 정해진 품질, 성능을 구비
할 것을 보증한다.

② 을이 갑에게 납품한 본 제품에 숨겨진 하자
가 발견되었을 때 을은 무상으로 하자있는
제품의 수리, 대체품의 납품, 기타 갑이 요
구하는 조치를 강구해야 한다. 단, 검수 후
1년이 경과되었을 때에는 이에 해당되지 않
는다.

③ 을은 갑에게 납품한 제품의 숨겨진 하자에
기인하여 갑이 손해를 입은 경우는 손해배
상을 해야 한다. 난, 검수 후 1년이 경과하

였을때는 이에 한하지 않는다.

제9조 【공업소유권】

본 제품에 관해 제3자와의 사이에 공업소유권을 둘러싼 분쟁이 발생하였을 경우 을이 그 비용부담이 있어서 분쟁해결을 맡음과 동시에 이것으로 인해 갑이 입은 손해를 배상해야 한다. 단 그 분쟁이 갑의 책임에 기초한 사유에 기인할 때는 이에 해당되지 않는다.

제10조 【지불방법】

① 위탁업무의 대가 및 그 지불방법은 갑·을 협의 후 별도로 정한다.

② 갑은 을에 대해서 금전채권을 가질 때는 위탁업무의 대가와 해당 금전채권을 해당금액으로 상쇄할 수가 있다.

제11조 【경합금지】

① 을은 사전에 갑으로부터 서면에 의한 승낙을 얻은 경우를 제외하고 본 제품 또는 본 제품과 동종의 제품을 갑 이외의 제3자에게 판매하거나 제3자로 하여금 판매시켜서는 안된다.

② 을은 사전에 갑으로부터 서면에 의한 승낙을 얻은 경우를 제외하고 본 제품과 동종의 제품을 스스로 제조하거나 제3자로 하여금 제조시켜서는 안된다.

제12조 【성과의 귀속】

① 위탁업무를 함으로써 얻어진 공업소유권, 노하우 등의 성과(이하 「성과」 라 함)는 모두 갑에게 귀속해야 한다.

② 을은 성과를 얻었을 때는 곧바로 그 내용을
갑에게 통지하고 갑이 요구하는 도면, 데이
터 그 밖의 자료를 갑에게 교부해야 한다.

③ 을은 성과에 대해서 공업소유권의 출원을
해서는 안된다.

제13조 【비밀유지】

① 갑 및 을은 본 계약 또는 개별계약에 기초
하여 얻은 상대방의 비밀 또는 정보를 엄히
지키며 이것들을 제3자에게 개시 또는 누설
하여 위탁업무 이외의 목적으로 사용하거나
제3자에게 사용하게 해서는 안된다. 단 다
음의 각 항 중 하나에 해당될 경우는 이에
해당되지 않는다.

(1) 사전에 상대방으로부터 서면에 의한 동
의를 얻은 경우

(2) 얻은 상대방의 비밀 또는 정보가 공지
의 사실인 경우

(3) 상대방으로부터 개시를 받기 전에 다른
정당한 수단으로 입수한 비밀 또는 정
보인 것을 증명한 경우

(4) 제4조에 기초하여 을이 제3자에게 위
탁업무를 재위탁하는데 필요한 경우

② 갑 또는 을은 앞 항의 결정에 위반하여 상
대방에게 손해를 미친 경우는 손해배상을
해야 한다.

제14조 【제공자료】

① 을은 위탁업무에 관해 갑으로부터 자료, 도
면 그 밖의 서류(이하 「제공자료」라 함)
제공을 받은 경우는 이것늘을 선량한 관리

자의 주의의무를 갖고서 보관, 관리하며 갑
이 사전에 서면에 의한 승낙 없이 이것들을
제3자에게 개시, 누설해서는 안된다.
단, 제4조에 기초하여 위탁업무를 제3자에
게 재위탁하는 데 필요한 경우는 이에 해당
되지 않는다.

② 을은 본 계약이 종결하거나 해제된 경우는
곧바로 제공자료원본 및 모든 복사본을 갑
에게 반환해야 한다.

제15조 【손해배상】

갑 또는 을은 본 계약 또는 개별계약의 결정에
위반하여 상대방에게 손해를 끼쳤을 경우 손해
배상을 해야 한다.

제16조 【유효기간】

① 본 계약의 유효기간은 20○○년 ○월 ○일
부터 ○년간으로 한다. 단, 기간만료 3개월
전까지 갑·을을 누구로부터 별도의 신청이 없
을 경우는 다시 1년간 연장하는 것으로 하
고 이후에도 동일하다.

② 갑 또는 을이 본 계약 또는 개별계약의 결
정에 위반하여 상대방이 해당 기간을 정하
고 시정을 최고하였음에도 불구하고 그 기
간중에 시정이 이루어지지 않은 경우 상대
방은 곧바로 본 계약을 해제할 수가 있다.

③ 본 계약의 종결 또는 해제의 경우에 이미
성립된 개별계약이 있는 경우 본 계약은 해
당 개별계약에 정한 갑 및 을의 채무이행이
완료할 때까지 해당 채무이행의 목적 범위
내에서 효력을 갖는다.

제17조 【협의】

본 계약에 정해지지 않은 사항 또는 해석에 이의가 발생한 사항에 대해서는 갑·을 협의 후 해결한다.

이상 본 계약의 성립을 증명하기 위해 본서 2통을 작성하고 갑·을 기명날인 후 각각 1통씩을 보관한다.

20○○년 ○월 ○일

갑 ○○시 ○○구 ○○동 ○○○번지
　　　　　　○○주식회사
　　　대표이사 ○ ○ ○ ㊞

을 ○○시 ○○구 ○○동 ○○○번지
　　　　　　○○주식회사
　　　대표이사 ○ ○ ○ ㊞

가등기담보설정계약서

채권자 ○○○을 갑이라고 하고 채무자 △△△을 을이라 하여 갑·을 사이에 다음과 같이 계약을 체결한다.

1. 갑은 다음과 같이 을에게 금전을 대여하고 을은 정히 이를 수령하였다.

   (1) 원금 금 ○○○원

   (2) 이자 월 ○푼으로 하고 매달 ○일 지급한다.

   (3) 연체이자는 월 ○푼 ○리 한다.

   (4) 변제기일 20○○년 ○월 ○일

   (5) 변제방법 갑의 집으로 지참지급 하거나 송금한다.

2. 을이 그 이자를 ○개월 이상 연체하였을 때에는 기한의 이익을 상실하고 원리금전액을 즉시 지급하여야 한다.

3. 을은 갑에 대한 전항의 채무이행을 담보하기 위해 을 소유의 별지목록 기재 부동산에 관하여 갑과 매매예약을 체결하고 이를 원인으로 갑앞으로 소유권이전청구권보전을 위한 가등기를 경료한다. 위 가등기경료 비용은 을의 부담으로 한다.

4. 을이 원리금변제기일에 원리금을 변제하지 아니할 때에는 위 부동산에 관하여 그 변제기일 다음날로 당사자 사이에 매매가 완결된 것으로 보아 을은 갑에게 위 가등기에 기한 본등기절차를 이행하되, 을이 원리금을 모두 변제하였을

때에는 갑은 위 가등기를 말소하여야 한다. 위 본등기절차비용이나 가등기말소비용은 모두 을의 부담으로 한다.

  5. 위 가등기에 기한 본등기절차가 이행되었을 경우 위 부동산은 갑의 소유로 된다.

위 계약사실을 증명하기 위하여 이 계약서를 2통 작성하여 갑·을 각 1통씩 보관한다.

20○○년 ○월 ○일

       채권자　성 명 : ○ ○ ○ ㉑
             주 소 :　　(TEL :　　　　)
             주민등록번호 :
       채무자　성 명 : ○ ○ ○ ㉑
             주 소 :　　(TEL :　　　　)
             주민등록번호 :
       입회인　성 명 : ○ ○ ○ ㉑
             주 소 :　　(TEL :　　　　)
             주민등록번호 :

가맹점계약서

○○○(이하 "가맹점"이라 한다)와 ○○주식회사(이하 "본사"라 한다)는 다음과 같이 가맹점 계약을 체결한다.

제1조 【용어의 정의】
  본 계약에서

  1. "제품"이란 본사가 소비자에게 판매하도록 승인한 품목을 의미한다.
  2. "상품"이란 제품 제조 및 판매에 필요한 냉동품, 냉장품, 일반원료 또는 소모품 등을 의미한다.
  3. "판촉물"이란 판매촉진을 위해 필요한 포스터, 전단지, 책받침, 스티커, 고객 선물용 상품 등을 의미한다.
  4. "주방기기"란 제품제조에 필요한 기기류를 의미한다.
  5. "집기비품"이란 제품제조 및 점포운영에 필요한 용기 등 기타비품을 의미한다.

제2조 【가맹점 가입】
  본사는 아래 기재된 가맹점에게 "○○삼치" 및 기타 본사가 지정 또는 사용하는 등록상표 및 상호의 사용을 승인하며 가맹점은 이를 수락한다.
  1) 점포명: ○○삼치 ○○점

　　2) 대표자:

　　3) 점포 소재지: ○○시 ○○구 ○○동 ○○번지

　　4) 점포 면적: ○○○ 평방미터

제3조　【계약기간】

　　1. 본 계약의 기간은 본 계약 체결일로부터 20
　　○○년 ○월 ○일까지로 한다.

　　2. 계약 만료 ○개월 전까지 본사 또는 가맹점
　　의 어느 일방이 해지 신청을 하지 않는 한
　　계약기간은 ○년간 연장된다.

제4조　【가맹금, 로열티 및 보증금】

　　1. 가맹점은 본사가 제공하는 상호, 상표 및
　　사업상의 노우하우의 사용 대가로서 본 계
　　약 체결시 가맹금 ○○○원(부가가치세 별
　　도)을 본사에 지급한다. 가맹금은 어떠한
　　경우에도 반환되지 아니한다.

　　2. 가맹점은 월 ○○○원의 로열티를 매월 ○
　　일 본사에 지급한다.

　　3. 가맹점은 본사로부터 구입한 상품 또는 제
　　품의 매매대금 및 로열티 기타 본사에 대한
　　채무를 담보하기 위해 본 계약 체결시 금
　　○○○원의 보증금을 본사에 예탁한다. 보
　　증금에는 이자가 붙지 않으며, 본사는 본
　　계약이 해지 또는 종료된 경우에 가맹점이
　　본사에 지급해야 할 물품대금 및 손해배상
　　금 등을 공제한 후 잔금을 가맹점에게 반환
　　한다.

제5조　【영업의 승계】

　　계약기간중 본사로부터 아래의 사항을 승인받는
　　경우에는 본 계약상의 가맹점 대표자의 명의를

변경하여 계약을 갱신하더라도 본 계약에 따른 영업을 승계한 것으로 간주한다.

1) 법인 대표자의 명의를 변경하는 경우
2) 직계 존비속에게 영업을 승계하는 경우
3) 동업자간의 대표자 명의를 변경하는 경우
4) 법인을 설립하여 그 법인의 대표자가 되는 경우
5) 법인의 대표자가 개인명의로 변경되는 경우
6) 점포를 다른 장소로 이전하여 영업을 계속하는 경우

제6조 【영업의 양도】

1. 가맹점은 본사의 사전서면 승인이 없는 한 가맹점 영업을 제3자에게 양도하거나 대표자 명의를 변경할 수 없으며, 본 계약과 관련한 권리를 담보로 제공할 수 없다.

2. 본사의 사전승인을 받아 영업을 양도하거나 대표자를 변경한 경우에도 위 제3조의 사항에 해당되지 않는 영업 양수인 또는 대표자는 본사에 가맹금을 지급해야 한다.

3. 가맹점은 본인 또는 제3자의 명의로 동종 또는 유사한 업종의 영업을 할 수 없다.

제7조 【상품 및 제품의 공급과 가격】

1. 가맹점은 ○○삼치를 찾는 고객에게 통일된 맛과 표준화된 서비스를 제공하기 위해 본사가 공급 또는 지정하는 상품 및 제품만을 취급해야 하며, 본사가 허가하지 않는 타상품을 구입, 판매 또는 취급할 수 없다.

2. 본사는 가맹점의 주문에 따라 본사가 정한 배송일정계획에 따라 차량 또는 기타

의 방법으로 상품 및 제품을 공급한다.

3. 본사는 다음의 경우 상품 공급의 일부 또는 전부를 중단할 수 있다.

　1) 천재지변 또는 물품공급처에 긴급한 사정이 발생한 경우

　2) 가맹점의 채무가 본사가 정한 채권관리 한도액을 초과한 경우

　3) 가맹점이 위 1항을 위반한 경우에는 본사는 본 계약을 해지하기 전이라도 가맹점이 본 계약을 유지할 의사가 없는 것으로 판단하고 상품 및 제품의 공급을 중단할 수 있다.

　4) 가맹점이 본 계약조건을 위반한 경우

4. 상품의 반품 또는 교환은 본사가 가맹점에서 동 상품의 인도시 행한 검사에 따라 하자가 있는 상품에 한하여 현장반품으로만 이루어진다.

5. 상품의 공급 가격 및 제품의 판매가격은 본사가 정한다.

6. 본사가 공급한 상품의 관리책임은 상품 인수와 동시에 가맹점에게 귀속되며, 가맹점은 식품위생법 및 관련법규에 따라 위생관리 및 인허가상의 조건을 준수하여야 한다.

7. 가맹점은 어떠한 경우에도 본사로부터 공급받은 물품을 다른 점포에 제공하거나 대여할 수 없다.

제8조 【대금의 납입】

1. 가맹점은 인테리어 공사, 주방기기 및 집기비품 등을 포함한 초기시설투자비 총액의

○○%를 점포 시설공사 착수전까지 본사 또는 본사가 지정하는 업체에게 현금으로 지급하며, 잔금은 공사감리 및 시운전 완료 후 원재료가 인도되기 전까지 본사에 납입한다.

2. 가맹점은 본사로부터 공급받은 상품 등에 대한 대금을 상품 인수 즉시 현금으로 지급하며, 상품 대금의 지급을 지체하는 경우에는 본사는 물품의 공급을 중단할 수 있다. 이 경우 물품 공급은 ○일 이상 또는 월 ○회 이상 중단되며 본사는 최고절차 없이 본 계약을 해지할 수 있다.

제9조 【계약의 해지】

1. 다음의 경우 본사는 본 계약을 즉시 해지할 수 있다.

가맹점이

1) 본 계약 제7조 1항 또는 제8조의 규정을 위반한 경우

2) 본사의 영업방침 또는 운영규칙을 준수하지 않거나 ○○삼치의 명예를 훼손한 행위로 경고를 받고도 시정하지 않을 경우

3) 본사와 사전협의없이 점포의 운영을 중단하거나 ○일 이상 임의로 휴점하는 경우

4) 본 계약 조건을 위반한 경우

5) 발행, 배서 또는 교부한 어음, 수표, 기타 유가증권 등이 부도처리된 경우

6) 강제집행을 당할 우려가 있거나 당한 경우

7) 제세공과금을 체납하여 압류를 당한 경우

8) 신용이 악화되어 정상적인 영업활동을 할 수 없다고 본사가 판단한 경우

2. 위 1항에 따라 본 계약이 해지되는 경우 가맹점은 계약해지일로부터 ○일 이내에 본사에 대한 채무 전액을 본사에 지급해야 하며, 채무상환이 지연되는 경우에는 변제기일의 익일부터 기산하여 완제일까지 연리 ○%의 지연손해금을 가산 지급한다.

3. 본 계약의 해지 또는 종료시 가맹점은 점포의 영업, 본사의 등록 상표 상호의 사용을 즉시 중지해야 하며 모든 시설물을 자신의 비용으로 철거해야 한다.

제10조 【기기 및 판촉물】

1. 본사는 가맹점의 판매를 지원하기 위해 기기 및 시설물을 대여할 수 있으며, 가맹점은 대여받은 기기 및 판촉물을 본사가 정하는 용도로만 사용해야 하고 매매 또는 질권설정 등의 목적으로 사용할 수 없다.

2. 가맹점은 고의 또는 과실로 본사가 제공한 기기 또는 시설물을 분실 또는 훼손하여 그 사용이 불가능해진 경우에는 본사의 최초 구입가격으로 변상한다.

3. 가맹점은 본사의 반환 요구가 있을 경우 대여 기기 또는 시설물을 즉시 본사에 반환하여야 하며 고장 또는 훼손이 있을 때는

이를 원상회복하여 반환한다.

4. 가맹점은 대여 기기 및 시설물의 관리유지
   에 필요한 모든 비용을 부담하며, 본사는
   수리업체를 지정할 수 있다.

5. 가맹점의 사정에 의해 본사가 대여한 기기
   또는 시설물에 대하여 강제집행 등의 소송
   사건이 유발되었거나 본사가 보존유지에
   문제가 있다고 판단하는 경우에는 기기 및
   시설물을 최고절차 없이 회수할 수 있다.

제11조 【비밀 준수】

1. 가맹점은 본 계약 및 점포 경영상 알게 된
   본사와 관련된 비밀을 계약기간중에는 물론
   이고 계약의 해지 또는 종료 후에도 제3자
   에게 누설하지 않아야 한다.

2. 가맹점의 가족, 종업원, 기타 관계자들 또한
   비밀을 준수해야 하며, 이들이 본 조항을
   위반한 경우 가맹점은 그에 따른 민형사상
   의 책임을 진다.

제12조 【교육】

교육훈련에 소요되는 비용은 본사가 별도로 정
한다.

제13조 【점포시설】

1. 가맹점의 점포시설(인테리어 포함) 및 기
   기 등의 배치는 본사가 정하는 표준안에 따
   라 설계 시공한다.

2. 가맹점의 기기 및 비품은 본사가 정하는
   규격 및 모델로 설치한다. 단, 동종의 사업
   자로서 기기를 보유하고 있을 때는 본사와
   협의하여 그대로 사용할 수 있다.

   3. 점포의 시공에 관련된 인허가에 필요한 비용은 가맹점이 부담한다.

   4. 가맹점은 점포환경을 청결하게 유지하여야 하며 노후한 점포시설은 교체 또는 보수하여 사용한다.

제14조 【경영지도】

   1. 본사는 가맹점에 관리사원을 파견하여 아래와 같은 내용으로 점포경영에 관한 사항을 지도할 수 있다.

     1) 판촉 : ○○삼치 제품의 소개와 개개의 제품 특성을 살리는 방법에 대한 설명 및 지도

     2) 판로개척 : ○○삼치 제품의 판매증진을 위한 활동 지도

     3) 점포의 경영, 세무상담 및 기타 점포경영상 발생할 수 있는 여러 가지 문제의 분석 및 경영지도

   2. 가맹점은 본사에 훈련요원의 파견을 요청할 수 있으며 본사는 파견의 필요성이 인정될 경우에는 즉시 훈련요원을 파견한다. 훈련요원을 파견하는데 따른 비용은 본사가 정하는 기준에 따라 가맹점이 부담한다.

   3. 가맹점은 본사에서 파견한 관리사원 및 훈련요원의 경영지도 활동에 적극 협조한다.

   4. 가맹점은 본사가 모니터 요원 또는 관리사원 등을 통해 얻은 정보 등을 토대로 한 영업, 판매방법, 컴퓨터 관리, 시설물의 개보수 등의 제반 업무에 관한 개선안에 따라야 한나.

제15조 【보고】

1. 가맹점은 본사가 요구하는 사항을 본사가 정하는 기준과 기간에 맞추어 보고한다.

2. 가맹점은 본사가 파견한 관리사원 및 이에 준하는 경영지도 요원의 요구가 있을 때는 장부 등 서류 일체를 제시한다.

제16조 【복장】

점포관리 요원 및 종업원은 본사가 지정하는 복장을 착용해야 한다.

제17조 【광고 판촉】

1. 본사는 가맹점의 판매증진을 위하여 TV (케이블 TV 포함), 라디오, 신문, 잡지, 지역 정보지, 기타 매체에 판매촉진 광고활동을 계획 및 전개하며 그 비용의 일부 또는 전부를 가맹점에게 청구할 수 있다.

2. 본사가 가맹점의 판매증진을 위하여 판촉행사를 주관하는 비용은 본사가 정하는 기준에 따라 본사와 가맹점이 분담할 수 있다.

제18조 【가맹점 운영규칙】

본사는 가맹점 운영규칙을 제정하여 가맹점에게 통보하며 가맹점은 이를 반드시 준수한다.

제19조 【분쟁】

이 계약과 관련하여 발생하는 갑과 을간의 모든 분쟁은 상호 협의하여 해결하며 협의에 의해 해결되지 않을 경우에는 대한상사중재원의 중재에 따라 해결한다.

　　본 계약을 증명하기 위하여 갑과 을은 계약서 2통을
작성하여　각각 서명 날인 후 각 1통씩 보관한다.

　　　　　　20○○년 ○월 ○일

　　　　갑　주소　○○시 ○○구 ○○동 ○○○번지
　　　　　　상호　○○주식회사
　　　　　　성명　○ ○ ○ ㊞
　　　　을　주소　○○시 ○○구 ○○동 ○○○번지
　　　　　　상호　○○주식회사
　　　　　　성명　○ ○ ○ ㊞

〈 계약서 〉 가옥임대차계약서

가옥임대차계약서

주　소 :
임대인 :

주　소 :
임차인 :

　계약의 편의상 임대인을 　"갑"이라 칭하고 임차인
을 　"을"이라 칭하며 위 당사자간 다음 건물에 대하
여 임대차 계약을 체결함.

제1조 【부동산의 표시】
　　"갑"은 자기가 소유하는 다음 건물을 　"을"
에게 임대한다.
　1. 건물구조
　　　건평　　　평　　　홉　　　작
　　　2층　　　　평　　　홉　　　작
제2조 【보증금】
　　"갑"은 보증금으로 금 ○○○원을 　"을"로
부터 수령한다.
제3조 【공과금 기타 부담】
　　"갑"은 제1조 기재 건물에 관한 조세 기타의
공과 및 대수선을 부담한다.
제4조 【임대료】
　　임대료는 1개월 ○○○원으로 하고 매월 말일
"갑"의 주소에서 지급한다.

제5조 【배상책임】

　　　"을"은 그 책임이 될 사유로 인하여 임차건물을 훼손한 경우에는 그 배상의 책임을 진다.

제6조 【충당금】

　　　"을"이 위 2조의 임대료 또는 배상금의 지급을 해태한때는 "갑"은 보증금으로서 이 변제에 충당할 수 있다.

제7조 【보증금의 반환】

　　　"갑"은 본 건물의 명도가 완료되면 보증금을 "을"에게 반환한다. 전조의 규정에 의해서 변제에 충당한 보증금의 잔여분이 있을 때도 같다.

제8조 【원상회복】

　　　"을"은 명도에 있어서 본건 건물을 원상으로 회복하지 않으면 안된다. 그러나 "갑"의 승낙을 얻어 조작·건구 등을 매수하는 것으로 한다.

제9조 【건물용도】

　　　"을"은 본건 건물을 주거(혹은 점포)로 사용하고 다른 용도로 사용하지 못한다. "을"이 전항을 위반한 경우에는 "갑"은 계약을 해지할 수 있다.

제10조 【건물의 구조변경】

　　　"을"은 "갑"이 승낙을 얻지 않으면 건물 또는 조작의 형태를 바꿀수 없다.

제11조 【임대차 기간】

　　　본건 임대차 계약의 기간은 20○○년 ○월 ○일로부터 10년간(또는 ○년 ○월 ○일까지)으로 한다. (기간을 약정하지 않은 경우는 각 당사자 상호 변제는시 임대지의 계약을 해지 경기할 수 있다. 이 경우 "을"은 해약의 청구가 있는 후 6개월 이내에 본건 건물을 명도한다.)
전항의 경우 임대료는 명도기일까지 ○할로 계산한다.

　위 계약을 증명하기 위하여 본 증서를 2통 작성하며 각기 서명·날인하고 각1통씩 보존한다.

20○○년 ○월 ○일

　　　　주소
　　　　　　위 임대인　○ ○ ○　㊞
　　　　주소
　　　　　　위 임차인　○ ○ ○　㊞

《 계약서 》 거래사실확인서

거 래 사 실 확 인 서

1. 부동산의 표시

- ◦ 소 재 지 :
- ◦ 지 목 :
- ◦ 면 적 :

2. 인적사항

구 분	성 명	주민등록번호	주 소	비 고
매도인				
매수인				
양수인				

3. 거래내용

- ◦ 매매총액: 원 (₩)
- ◦ 계 약 일 자 :
- ◦ 잔금지급일자 :

상기 매도인 본인은 위 표시 부동산을 상기 거래내용과
매수인 같이 거래한 사실이 틀림없음을 확인합니다.

20○○년 ○월 ○일

위 확인자 주 소 :

성 명 : ○ ○ ○ ㉑

첨부 : 1. 인감증명서 1부

세 무 공 무 원 귀 하

거 래 신 청 서

　　본인은 귀사와 거래함에 있어 아래 각 조의 신의
성실로 이행할 것을 확약하여 연대보증인 등과 연서하
여 거래를 신청하오니 승낙하여 주시기 바랍니다.

－ 아　　　래 －

제1조 【채무범위와 성실이행】
　　　　본인(거래신청인, 이하 같음)은 귀사와 거래중
　　　　본인이 부담하는 모두 채무(본인이 귀사에 대하
　　　　여 현재 부담하고 있거나 장래 부담하게 될 상
　　　　품대금, 체당 기지급금채무, 손해배상채무, 지체
　　　　상금채무, 보증채무와 본인이 발행, 배서, 보증,
　　　　이수한 어음채무, 수표금채무와 지불증, 채무잔
　　　　액 확인서 및 상품수취증, 인수증 등과 기타 모
　　　　든 원인에 의한 채무 포함)를 성실히 이행 할
　　　　것을 확약합니다.
제2조 【상품관리】
　　　　본인은 귀사로부터 공급받은 상품을 규격, 품
　　　　질, 성능과 포장이 훼손되지 않도록 선량한 관
　　　　리자의주의의무로 관리, 취급하겠습니다.
제3조 【상품의 검수】
　　　　본인은 귀사로부터 상품을 귀사가 인도하는 장
　　　　소에서 인수하겠으며(다만 따로 특약할 경우에
　　　　는 예외로 함) 상품을 인수할 때에는 지체없이

이를 검사하겠으며 수량의 부족 또는 규격·품질에 하자를 발견할 경우에는 즉시 귀사에서 서면으로 그 통지를 송달하겠으며, 본인이 상품을 수령한 후 지체없이 서면에 의한 통지를 하지 아니한 경우에는 귀사에게 계약해제, 대금감액, 손해배상 기타 일체의 이의를 하지 않겠습니다.

제4조 【대금지급방법】

상품대금은 목적물의 인도와 동시에 전액 지급함을 원칙으로 하나, 외상거래인 경우에는 상품대금의 변제조로 또는 변제를 담보하기 위하여 수표나 은행도 어음을 교부하거나, 기타 귀사가 지정하는 시기 및 방법으로 지급하겠습니다. (변제충당)의 순서와 방법은 귀사의 임의로 하여도 이의 없습니다.

제5조 【사업자등록증】

본인은 귀사에 매년 1월과 7월(법령이 변경된 경우에는 그 변경된 월. 일)에 관할세무서에서 갱신 또는 검열을 필한 사업자등록증을 제시하겠으며 (사본 1매를 별도로 제출하겠습니다) 사업자 등록증상의 변경사조는 지체없이 귀사에 서면으로 통보하겠습니다.(이 경우에도 변경된 사본 1부를 별도로 제출하겠습니다)

제6조 【담보제공】

1. 본인은 귀사와의 거래상, 부담하게 될 이 거래신청서에 규정된 일체의 채무를 담보하기 위하여 귀사가 정하는 현금, 유가증권 또는 부동산 기타 상당한 담보(신용보증서, 지급보증서, 지급보증어음, 보증보험증권 등 포함)를 제공하겠으며 귀사가 추가담보, 교제

담보 또는 보증인의 추가나 교체를 요구할 경우에는 즉시 이에 순응하겠습니다.

또한 귀사의 판단에 의하여 담보물의 담보 가치가 충분치 못하다고 인정되었을 경우에는, 귀사가 본인과의 거래를 제한 또는 중단하더라도 본인은 이에 대하여 이의를 제기하지 않겠습니다.

2. 또한 외상거래인 경우에는 상품대금을 완제할 때까지 채권담보의 목적으로 당해 상품의 소유권을 귀사가 유보하고 있음을 확인합니다.

다만 본인의 보관중에 발생하는 당해 상품의 분실, 도난, 화재 등과 기타 모든 위험과 책임은 본인이 부담하며, 당해 상품을 판매하는 경우에는 본인의 책임과 비용으로 판매대금을 회수하고, 회수된 판매대금 중 귀사에 대한 외상매입금은 귀사가 정하는 바에 따라 즉시 귀사에게 제공하겠으며, 당해 수금된 외상매입금은 귀사의 소유임을 확인합니다.

3. 본인은 이 거래신청서에 의하여 귀사에 대하여 부담하는 모든 채무에 대한 담보조로 금액과 지급기일이 백지인 백지약속어음을 귀사에 제공하겠으며, 어떠한 채무라고 불이행하였을 때에는 귀사가 동 어음의 백지부분을 임으로 보충기재하여 어음상 권리를 행사하여도 이의하지 않겠습니다.

제7조 【기한의 이익상실】

본인은 다음의 각 경우에 해당하는 경우에는 즉

시 모든 채무의 기한의 이익이 상실되고, 귀사의 사전최고없이도 일시에 채무 전부를 즉시 이행하겠습니다.

1. 본인이 발행한 수표, 어음 등이 부도되거나 거래 중지된 때

2. 본인이 가압류, 가처분, 압류, 경매, 체납처분 기타 강제집행 또는 파산, 회사정리, 화의 동의 신청을 당하였거나 당할 염려가 있다고 인정될 때

3. 귀사의 승낙없이 점포(또는 회사)의 대표자, 채무자 등을 변경하여 귀사의 채권행사에 지장을 초래하거나 초래할 염려가 있다고 인정될 때

4. 제품의 부당한 은닉, 채무 면탈 기도 또는 본 거래신청서상의 기재사항 중 어느 하나의 불이행 등의 사유로 계속적인 거래관계를 유지할 수 없다고 인정된 때

제8조 【재고상품의 반환 또는 회수】

본인은 제7조의 사유가 발생한 경우에 본인이 귀사로부터 인도받아 본인의 점포 및 창고내에 보관중인 상품은 모두 귀사의 소유임으로 귀사에 변제해야 할 채무의 범위내에서 귀사의 요청이 있을때에는 즉시 당시 재고상품을 귀사에 반환하겠으며, 또한 귀사에서 재고상품을 임의로 직접 회수하여도 이의없으며(재고상품을 귀사가 직접 회수해 가는 것에 사전 승낙임) 민사·형사 및 행정상 일체의 이의를 제기치 않겠습니다.

제9조 【재고상품의 임의처분】

제8조에 의하여 귀사에 반환받거나 회수한 재

고싱품을 귀사가 임의의 시기에, 상품성있는 재
고상품에 대하여는 본인이 당해 상품을 귀사로
부터 공급받은 가격으로, 그리고 규격, 품질, 성
능과 포장이 훼손된 재고 상품에 대하여는 귀사
의 선택에 따라 적정한 방법으로 처분하거나 기
타 적당하다고 인정하는 가격으로 평가하여 귀
사의 채권에 임의의 순서와 방법으로 변제 충당
하여도 본인은 아무 의의가 없습니다.

제10조 【거래신청에 의한 계약의 해제 등과 담보권
　　　　의 실행】

본인이 제7조 각 호의 어느 하나에 해당되거나,
이 거래신청서에 규정된 조목 중 어느 하나라도
위반 또는 불이행할 때에는 귀사는 본인에 대
하여 사전최고없이 일방적으로 이 거래신청을
기초로하여 거래하는 계약을 해제 또는 해지
할 수 있으며, 이 경우 귀사에게 발생한 손해
는 제6조의 담보권을 실행하여 우선 변제충
당할 수 있으며, 그 부족분이 있으면 그 부족
분에 대해서도 본인은 즉시 이행하겠습니다.

제11조 【지연손해금】

제10조에 의하여 이 거래신청에 의한 거래계약
이 해제 또는 해지된 경우에 귀사가 요청하는
경우에는 본인이 귀사에 지급할 의무있는 모든
채무의 불이행에 따른 지연손해금을 추가하여
지급하겠으며, 지연손해금은 지급하여야 할 금
액 원금에 대하여 일반시중은행의 일반대출금
연체시에 적용하는 연체이자율(동 연체이자율이
변경될 경우에는 별도의 의사표시없이 당연히
그 변경된 연체이자율)에 의하기로 하겠습니다.

제12조 【연대채무】

　본인이 복수일 경우에는 본인 등의 귀사에 대하여 부담하는 일체의 채무는 본인 등의 연대채무로 하겠습니다.

제13조 【합의관찰】

　본인과 연대보증인들은 귀사와의 거래상 발생한 모든 분쟁에 관하여 서울 민사지방법원(본원)을 제1심 관할 법원으로 하는 데 합의합니다.

제14조 【연대보증】

1. 연대보증인들은 위 각조를 모두 승인하고 본인(거래신청인)이 귀사에 대하여 이 신청서에 의하여 부담하는 채무 일체를 연대하여 이행할 것을 보증합니다.

2. 연대보증인들이 본인(거래신청인)이 귀사에 대하여 부담하는 일체의 채무를 담보하기 위하여 제6조에 따라 귀사에 담보제공을 하는 경우에도(귀사가 제10조에 의거하여 담보권을 실행한 후에도 부족한 부분이 있거나, 귀사의 판단으로 부족할 우려가 있을 경우도 포함합니다) 그 제공된 담보와 별도로 귀사의 청구에 따라 연대보증인들은 즉시 본인(거래신청인) 이 귀사에 부담하는 제1조의 채무 일체를 연대하여 이해하겠습니다.

3. 연대보증인들은 본인(거래신청인)이 귀사에 대하여 부담하는 일체의 채무를 담보하기 위하여 본인(거래신청인)이 발행한 금액과 지급기일이 백지인 백지약속어음에 대하여 보증 또는 배서하여 귀사에 제공하겠으며,

동 백지 약속어음의 백지부분을 보충하여 귀사가 임의로 어음상의 권리를 행사할 수 있음을 확인합니다

제15조 【잔존효력】

본인과 연대보증인들은 제6조 제1호에 의하여 본인(거래신청인)과 귀사와의 거래가 중단되거나, 제10조에 의하여 이 거래 신청서에 의한 계약이 해제 또는 해지되는 경우에도, 본인과 연대보증인들의 귀사에 대한 모든 채무가 이행 완료될 때까지 동 채무이행에 관하여는 이 거래 신청서의 각 조조가 계속 효력이 존속함을 확약합니다.

20○○년 ○월 ○일

위거래신청인 : 상   호
영업장소재지
사업자등록번호
대표자의성명   ㉑
주   소
주민등록번호
대표자의성명   ㉑
주   소
주민등록번호

연대 보증인 : 주   소
성   명   ㉑
주민등록번호

연대 보증인 : 주　　　　소
　　　　　　　성　　　　　명　　　　　　㊞
　　　　　　　주민등록번호

연대 보증인 : 주　　　　소
　　　　　　　성　　　　　명　　　　　　㊞
　　　　　　　주민등록번호

건물매매계약서

매도인 ○○주식회사를 "갑"으로 하고, 매수인 ○○주식회사를 "을"로 하여 "갑"과 "을" 간에 다음과 같이 계약을 체결하였다.

제1조 【목적】

"갑"은 "을"에 대해 아래 표시의 건물을 현상태 그대로 부지의 임차권과 함께 매도할 것을 서약하고, "을"은 이것을 매수한다.

제2조 【매매대금】

매매가격은 금 ○○○만원으로 하고, "을"은 "갑"에게 다음과 같이 지급한다.

1. 금일 계약금으로 금 ○○○만원(잔금 지급시 대금으로 충당)

2. 잔금 ○○○만원은 "갑"이 토지소유자로부터 임차권양도에 관한 내용을 통지하고, 토지 소유자로부터 승낙이 확정된 후, 30일 이내에 아래 표시 건물의 소유권이전등기신청과 함께 지급하도록 한다.

제3조 【이행의무】

1. "갑"은 "을"에게 아래 건물에 대해 다음과 같이 의무를 이행한다.

   (1) 본 계약 체결 후 2주일 이내에 토지소유자로부터 임차권양도에 관한 승낙을 얻어내도록 한다.

    (2) 본 조항에 따른 토지소유권자의 임차권 양도 승낙이 확정되어 임차권 양도가 가능해진 후 30일 이내에 위 제2조 제2호의 잔금 지급과 동시에 아래 건물의 소유권이전등기를 신청하고 동 건물을 빈 상태로 인도하도록 한다.

  2. 위 제(1)항 제(2)호의 소유권이전등기신청 시, 아래 건물의 소유권은 "을"에게 이전된다.

제4조【계약의 해제】

  1. "갑" 또는 "을"의 책임이 아닌 사유로 인해 아래 건물이 멸실되었을 때는 즉시 자동적으로 본 계약은 해제된 것으로 하고, "갑"은 "을"에 대해 제2조 제1호의 계약금을 반환한다. 훼손의 경우에 그 정도가 심해 계약의 목적을 달성할 수 없을 때에도 동일하다.

  2. 위 1항의 정도에 미치지 않는 훼손인 경우는 그 정도에 따라 대금을 감액한다.

제5조【제한권 소멸과 비용부담】

  1. 갑은 을에게 제3조 제1항의 소유권이전등기 신청시까지 아래 건물에 대한 저당권, 임차권 기타 일체의 담보권, 이용권, 청구권 등의 부담을 소멸시켜 완전한 소유권을 이전해야 한다.

  2. 토지임차권에 대해서도 마찬가지로 하자없는 권리를 을에게 양도하도록 한다.

  3. 토지임차권 양도에 관한 일체의 비용, 예를 늘면 승낙의 소건이 된 토지소유자에 대한

연체임대료의 지급 등 모든 명목의 어떤 것
이든 을이 하자없는 임차권을 취득하는데
필요한 지출은 갑의 부담으로 한다.

제6조 【제세공과금】

아래 건물에 대한 제세공과금 및 임대료는 제3
조의 소유권이전 등기일을 기준으로 등기일 이
전에 대응하는 금액을 "갑", 그날 이후에 대
응하는 금액을 "을"의 부담으로 한다.

제7조 【등기비용의 부담】

1. 아래 건물의 소유권이전등기에 필요한 취득
   세, 등록세 및 제 비용, 매도증의 작성비용
   은 "을"의 부담으로 하고, 그 소유권이전
   등기까지 그 전제로서 필요한 표시변경 등
   의 등기신청 제 비용은 "갑"의 부담으로
   한다.

2. 본 계약서의 작성에 소요되는 비용은 이것
   을 2분하여 "갑"과 "을" 각자 부담한
   다.

제8조 【손해배상】

1. "갑" 또는 "을" 어느 쪽인가가 이 계약
   의 이행에 착수할 때까지는 "갑"은
   "을"에게 계약금의 배액을 반환하고,
   "을"은 "갑"에 대해 계약금을 포기함으
   로써 각각 본 계약을 해제 할 수 있다.

2. 위 1항의 경우는 서로 손해배상청구를 할
   수는 없다.

제9조 【의무불이행과 계약해제】

1. "갑" 또는 "을"이 본 계약상의 채무를
   불이행했을 경우는, 상대방은 각각 불이행한

상대방에 대해 이행을 최고한 후, 본 계약
을 해제할 수 있다.

2. "갑"이 토지소유자의 승낙을 얻지 못했을
경우는 본 계약은 자동적으로 당연 해제된
것으로 하고 "갑"은 "을"에게 계약금을
반환함으로써 일체의 책임을 면할 수 있는
것으로 한다. 단, "갑"의 고의 혹은 중대
한 과실이 있는 경우에는 손해배상으로 계
약금과 같은 액수의 금전을 부가하여
"을"에게 지급해야 한다.

3. 위 항의 경우 이외에 본 조항 제1항에 의
거 계약이 해제된 경우, "갑"이 불이행할
때는 계약금의 배액을, "을"이 불이행할
때는 계약금과 같은 액수를 상대방에게 지
급해야 한다.

위와 같이 계약이 성립되었으므로 계약서 2통을 작
성하고, "갑"과 "을"은 각 1통을 보관한다.

20○○년 ○월 ○일

매도인("갑")   주 소 :
                상 호 :
                대표자 :   (인)

매수인("을")   주 소 :
                성 명 :
                대표자 :   (인)

《별지》

부동산의 표시

1. 등기부상
   소 재 :
   가옥번호 :
   종 류 :
   구 조 :
   건면적 :   평방미터
   실 측 :   평방미터
2. 부지의 표시
   면 적 :   평방미터
   (별지도면 [생략] 과 같음)
   소유자 :

《 계약서 》 건물매매계약서(건축중 주택 매매)

주택매매계약서

매도인 김○○(이하 "갑"이라 한다)과 매수인 박○
○(이하 "을"이라 한다)은 ○○시 ○○구 ○○동 ○
○번지 상에 신축중인 건물을 아래 조건으로 매매한다.

아   래

제1조 【매매대금 및 지급일】

매매대금	금 일억이천만원(120,000,000원)
계 약 금	금 20,000,000원, 계약시 지급하였음
중 도 금	금 40,000,000원, 20○○년 ○월 ○일
잔 금	금 60,000,000원, 20○○년 ○월 ○일

제2조 【목적물 인도】
　　　목적물을 계약당시 시공된 상태대로 계약당일에
　　　인도한다. 다만 건축현장에 반입되어 아직 시공
　　　되지 아니한 자재 및 시공회사 소유의 공구·기계
　　　등은 계약 일로부터 3일 이내에 반출한다.
제3조 【공사도급관계의 정리】
　　　본 계약체결 이전까지의 매도인과 시공회사간의
　　　채권·채무는 매수인에게 승계 되지 아니하고 전
　　　부 매도인이 책임 정리한다.
제4조 【토지이용관계】
　　　매도인은 본 건 건물을 신축중인 토지소유자에
　　　대하여 매도인이 본 계약 당시 가지고 있는 토
　　　지임차권과 동일한 조건의 토지 임차권(단, 임
　　　차기간은 20○○. ○. ○일 까지)을 매수인이

가지는 내용의 임대차계약이 잔금 지급일 진까
지 매수인과 토지 소유자간에 맺어질 수 있도록
협력한다.

제5조 【행정 관련사항】

매도인은 건축주 명의변경 등 제반 행정 관련사
항의 명의변경에 협력한다.

제6조 【계약의 해제 및 손해배상액의 예정】

본 계약이 당사자 일방의 채무불이행으로 해약
되는 경우 타방 당사자가 청구할 손해배상액은
금이천만원(20,000,000원)으로 한다.

이 계약의 성립을 증명하기 위하여 본 계약서를 2통
작성, 매도인과 매수인이 각각 서명·날인하고 각 1통
을 보관한다.

20○○년   ○월   ○일

매도인	주 소					
	성명 또는 상호	㉑	주민등록번호 또는 사업자등록번호	−	전화 번호	
매수인	주소					
	성명 또는 상호	㉑	주민등록번호 또는 사업자등록번호	−	전화 번호	

《 계약서 》 건물매매계약서(임차인이 건물만 매수한 경우)

건물매매계약서

부동산의 표시

부동산의 표시	소재지	○○시 ○○구 ○○동 ○○	목적물	위 지상건물
	면적및구조	건평 : 45평	건물구조:연와조등	대지 : 80평
매 매 대 금		금 일억원정　　(금100,000,000원)		

계약조건

계 약 금	1,000 만원정은 계약시 지불하고 영수함.
중 도 금	5,000 만원정은 20○○년 ○월 ○일 임차인의 임대인에 대한 임차보증금 반환채권 5,000만원으로 대체한다.
잔 금	4,000 만원정은 20○○년 ○월 ○일 지불하기로 한다.

제1조 【차지권에 대한 약정】

　　임차인(매수인)은 임대인(매도인)에 대하여 위 소재 위 지상 건물을 소유하기 위해 위 매매대금을 지급하고 그 부지에 대한 임대료는 1개월 금 200,000원, 매월 말일 지급하기로 하고, 존속기간은 20년의 임차권을 인정하기로 한다

제2조 【인도와 등기】

　　매도인은 잔금수령시 간이 인도하고, 소유권 이전(등기)에 필요한 서류를 매수인에게 주고 소유권이전등기절차에 협력한다. 매도인은 위 소재 건물에 대한 저당권, 질권 등의 등기가 있을 때는 소유권 이전 등기할 때까지 이를 말소하여야 한다.

제3조 【위험부담】

　　　이 계약 성립 후 본 건 건물을 인도할 때까지 본 건 건물의 멸실 또는 그 손실은 매도인의 부담으로 한다.

제4조 【하자담보】

　　　매수인이 매도인으로부터 본 건 건물의 인도를 받은 후에 본 건 건물에 하자가 있다고 해도 매수인은 이를 이유로 해약 또는 대금 감액의 청구를 하지 않기로 한다.

제5조 【부담의 귀속】

　　　본건 건물에 대한 고정자산세 기타 공과금은 본 건 건물의 이전 분은 매도인이, 그 이후 분은 매수인이 부담한다.

제6조 【계약해제】

　　　매도인 매수인중의 어느 일방이 이 계약의 각 조항을 위반할 때는 상대방은 즉시 이 계약을 해제할 수 있다.

제7조 【위약금】

　　　본 계약을 매도인이 위약시는 계약금의 배액을 변상하며 매수인이 위약시는 계약금을 무효로 하고 반환을 청구 할 수 없다.

　위 계약의 성립을 증명하기 위하여 본 계약서 2통을 작성하고 각각 서명·날인하고 각1통씩 보관한다.

20○○년　　○월　　○일

매 도 인	주 소					
	성명 또는 상호	㉑	주민등록번호 또는 사업자등록번호	-	전화 번호	
매 수 인	주소					
	성명 또는 상호	㉑	주민등록번호 또는 사업자등록번호	-	전화 번호	

《 계약서 》 건물매매계약서(토지소유자별도)

건물매매계약서

부동산의 표시

부동산의 표시	소재지	○○시 ○○구 ○○동 ○○	목적물	위 지상건물
	면적및 구조	건평 : 50 평	건물구조:연와조등	
매 매 대 금		금 일억원정　　(금100,000,000원)		

계약조건

계 약 금	1,000만원정은 계약시 지불하고 영수함.
중 도 금	4,500만원정은 20○○년 ○월 ○일
잔　　　금	4,500만원정은 20○○년 ○월 ○일 지불하기로 한다.

제1조 【명도】

　　위 부동산의 명도는 20○○년 ○월 ○일로 한다.

제2조 【제세공과금】

　　매도인은 잔금지급일 현재의 위 부동산에 관련된 채무 및 제세공과금을 변제하기로 한다.

제3조 【소유권이전】

　　매도인은 잔금 수령시 소유권 이전(등기)에 필요한 서류를 매수인에게 교부한다.

제4조 【위약금】

　　본 계약을 매도인이 위약시는 계약금의 배액을 변상하며 매수인이 위약시는 계약금을 무효로 하고 반환을 청구할 수 없다.

〈특 약〉

1. 위 매수인이 명의이전서류를 받고도 명의이전을 해태하는 경우 부동산등기부상 명의이전접수일까지 매 1일당 손해배상금으로 금○○○원을 매도인에게 지급한다.

2. 매도인이 토지소유주로부터 토지의 사용허락을 득하지 못할 경우 본 계약은 무효로 한다.

위 계약의 성립을 증명하기 위하여 본 계약서 2통을 작성하여 각각 서명·날인하고 각1통씩 보관한다.

20○○년 ○월 ○일

매도인	주 소					
	성명 또는 상호	인	주민등록번호 또는 사업자등록번호	－	전화 번호	
매수인	주소					
	성명 또는 상호	인	주민등록번호 또는 사업자등록번호	－	전화 번호	

《 계약서 》 건물매수청구서

건물매수청구서

  본인은 귀하가 ○○○의 임차인 ○○○에게 임차한 동 번지의 대지 ○○평의 부지 위에 임차인의 소유인 다음의 건물을 20○○년 ○월 ○일한 임차인으로부터 매수하고 동시에 토지의 임차권을 양수하였습니다.
  그러나 귀하는 임차권의 양도를 승인하지 않으므로 시가 ○○○만원(단, 감정은행의 감정가격)으로 다음 건물의 매수를 청구합니다.

주 소			
건물구조		건 평	

20○○년 ○월 ○일

주 소 :
매수청구인 :   (인)

주 소 :
토지소유자 :   (인)

《 계약서 》 건물일시임대차계약서

건물일시임대차계약서

○○○을 갑, ○○○을 을로 하여 갑과 을 사이에 아래 표시의 건물(이하 '본 건 건물'이라 한다)의 일시 임대차에 관해 다음과 같이 계약한다.

제1조【목적】
 갑은 본 건 건물을 을에게 일시 임대하고, 을은 이를 빌린다.

제2조【용도】
 을은 본 건 건물을 자기가 ○○○에 건축중인 건물의 완성때까지의 가주거로 사용하는 것으로 하고, 그 이외의 목적으로는 사용치 않는다.

제3조【임대료】
 임대료는 1개월당 금 ○○○원으로 하고, 을은 매월 말일까지 다음달치 임대료를 갑의 주소에 지참 혹은 송금의 방식으로 지급한다.

제4조【원상복구의무】
 을은 본 건 건물에 부속물을 설치할 수 있다. 단, 이 계약 종료시에 을은 본 건 건물을 원상으로 복구하여 갑에게 반환하여야 한다.

제5조【계약의 갱신】
 본 건 임대차계약은 제2조의 을의 주거용 건물이 완성되어 을이 그것을 인도받았을 때 종료하고 그후 이를 갱신할 수 없다.

제6조 【전대의 금지】

을은 본 건 건물에 관한 임차권을 제3자에게 양도 혹은 본 건 건물을 전대할 수 없다.

제7조 【보증금】

① 을은 이 계약의 채무이행을 확보하기 위해 일금 ○○○원을 보증금으로 당일 갑에게 기탁한다. 단, 이 보증금에는 이자가 붙지 않는다.

② 갑은 위 항목의 보증금을 을이 본 계약에 기초하여 부담하는 임대료, 손해배상금으로 충당할 수 있다.

③ 본 계약 기간의 만료 혹은 계약의 해지 등에 의해 을이 본 건 건물을 갑에게 반환했을 때는 갑은 신속히 보증금을 을에게 반환한다.

제8조 【손해배상책임】

을은 고의 혹은 과실로 본 건 건물을 멸실 또는 훼손했을 때는 그로 인해 갑에게 입힌 손해를 배상해야 한다.

제9조 【계약의 해제】

을이 다음 각 호 중 하나에 해당할 때는 갑은 아무런 최고 없이 즉시 본 계약을 해제할 수 있다.

1. 임대료의 지급을 2개월분 이상 지체했을 때
2. 제6조를 위반했을 때

이상과 같이 계약했으므로 계약서 2통을 작성, 갑과 을은 각기 서명날인한 후 각 1통씩 이를 보관한다.

20○○년 ○월 ○일

임대인(갑) 주소 :
　　　　　 성명 :　　　　　(인)
임차인(을) 주소 :
　　　　　 성명 :　　　　　(인)

《계약서》 건물임대차계약서(창고사용목적)

건물임대차계약서

　임대인○○○(이하 "갑"이라 한다)과 임차인◎◎◎(이하 "을"이라 한다)은 아래표시의 부동산(이하 "표시부동산"이라 한다.)에 관하여 다음과 같이 합의하여 계약을 체결한다.

<부동산의 표시>

소재지	구 조		면 적	
	용 도			

　제1조 【목적】
　　　갑은 표시부동산을 임대하고 을은 이를 임차하여 상품홍보용 공간으로 사용한다.
　제2조 【기간】
　　　임대차 기간은 20○○년 ○월 ○일부터 20○○년 ○월 ○일로 함
　제3조 【임차료】
　　　임차료는 금 ○○○원으로 하고 다음과 같이 지급하기로 한다.

계약금	금 ○○○원은 계약체결시에 지급하고
잔　금	금 ○○○원은 20○○년 ○월 ○일에 지급하기로 함

　제4조 【부동산 명도 등】
　　　① 위 부동산의 명도는 20○○년 ○월 ○일로 함.

② 갑이 제1항의 인도기일까지 인도하지 못할 경우에는 금 ○○○원의 손해를 배상하여야 한다.

제5조 【증축 및 전대 등 제한】

표시 부동산의 구조변경 또는 증·개축시, 표시부동산의 전부나 일부를 용도 변경시, 표시부동산의 전부나 일부를 전대, 임차권의 양도하려 할 때에는 갑의 동의를 얻어야 한다.

제6조 【제세공과금】

제세공과금 등은 임차기간 동안 갑이 일체 부담하기로 한다.

제7조 【계약의 해제 및 해지】

① 을의 잔금 지급 전까지 갑은 계약금의 배액을 상환하고, 을은 계약금을 포기하고 이 계약을 해제할 수 있다.

② 갑은 다음과 같은 경우에 최고 없이 계약을 해지할 수 있다.

  1. 을이 제5조에 위반한 경우

  2. 표시부동산을 심하게 파손하고 갑의 요구에도 원상회복하지 않는 경우

  3. 기타 공동생활의 질서를 문란하게 하는 행위가 있을 경우

제8조 【원상회복】

① 을은 임대기간 중 그의 귀책사유에 의한 표시부동산의 파손·오손 또는 무단 변경하였을 때에는 원상회복 후 갑에게 명도 하여야 한다.

② 표시부동산의 일부 또는 전부가 을의 부주의로 인하여 화재 기타 원인으로 멸실되었

을 때에는 시가 상당액의 손해를 배상하어야
한다.

  이 계약을 증명하기 위하여 계약서 2통을 작성하여
갑과 을이 서명·날인한 후 각각 1통씩 보관한다.

20○○년 ○월 ○일

임대인	주소					
	성명	인	주민등록 번호	－	전화 번호	
임차인	주소					
	성명	인	주민등록 번호	－	전화 번호	
입회인	주소					
	성명	인	주민등록 번호	－	전화 번호	

《 계약서 》 건물임대차계약서

건물임대차 계약서

임 대 인		주 소	
임 차 인		주 소	

위의 두 사람 사이에 다음의 건물을 임대차계약한다.
건물의 표시

주 소			
건물구조		건 평	

제 1 조 보증금은 ○○○만원으로 정하고 임차인(이
하 '을'이라 한다.)은 이 계약성립과 동
시에 임대인(이하 '갑'이라 한다.)에게
지급하기로 한다.

제 2 조 임대료는 1개월 ○○○원으로 정하고 을은
매월 말일까지 갑에게 지급하기로 한다.

제 3 조 이 임대차계약의 존속기간은 이 계약일로부
터 ○년간(○○년 ○월 ○일)으로 한다.

제 4 조 을은 갑의 승낙 없이 이 건물의 전부 혹은
일부라도 다른 사람에게 양도 또는 전대해
서는 안된다.

제 5 조 이 건물에 관계되는 세금이나 공과금 및 건
물유지에 관계되는 수리비는 ○○○이 부담
한다.

제 6 조　을은 갑의 승낙 없이 마음대로 건물의 형태
　　　　를 조작하거나 바꿀 수 없다.
제 7 조　을이 제 4 조를 위반하거나 또는 임대료지
　　　　불을 ○개월 이상 체납했을 때에는 갑은 최
　　　　고장을 내지 않고도 이 계약을 해지할 수
　　　　있다.
제 8 조　보증금은 을이 이 건물을 명도했을 때 반환
　　　　한다. 다만, 임대료의 체납이 있을 때에는
　　　　그에 충당한다.

　　위의 계약을 증명하기 위하여 본 계약서 2통을 작성
하고 서명 날인한 다음 각 1통씩 보관한다.

　　　　　20○○년 ○월 ○일

　　　　　　임대인 :　　　　　　　(인)

　　　　　　임차인 :　　　　　　　(인)

《계약서》 건물추가담보계약서

건물추가담보계약서

1. 부동산의 표시

　　서울시 ○○○　○○○
　　철근콘크리트 슬래브지붕 단층주택
　　　　○○㎡. 끝.

　　금번 위 건물에 대하여 제○번의 저당권을 설정하고 20○○년 ○월 ○일 귀하로부터 차용한 채권이 금 ○○○원, 변제기 20○○년 ○월 ○일, 이자 ○푼, 이자지급 시기 매월 ○○일로 등기를 한 20○○년 ○월 ○일 신청 접수 제○○○호 저당권 설정등기의 추가 담보로 한다.

　　　　　　　　　20○○년 ○월 ○일

　　　　　　　　　저당권 설정자 ○　○　○
　　　　　　　　　　　　서울 ○○○　○○○

○　○　○　귀하
서울 ○○○ ○○○

건물하도급계약서

○○시 ○○구 ○○동 ○○가 ○○번지
수급인 ○　○　○
○○시 ○○구 ○○동 ○○가 ○○번지
하수급인 ○　○　○

위 당사자 사이에 ○○공사 하도급을 위하여 다음 계약을 체결한다.

제1조 위 하수급인 ○○○은 수급인 ○○○에 대하여 도급인 ○○○가 수급인 ○○○에게 도급하였 던 ○○도(시) ○○구 ○○동 ○○가 ○○번지의 주택건축의 기초공사에 한하여 하 도급을 하며 이의 완성을 약속하고 위 수급인 은 이에 대한 보수를 지급할 것을 정한다.

제2조 이 계약에 관한 기초공사의 범위는 모두 이 계 약서에 첨부한 설계도에 의한다.

제3조 도급한 일에 필요한 재료는 모두 수급인 ○○○ 가 도급인 ○○○로부터 이것을 수취하여 하수 급인 ○○○에게 교부한다.

제4조 전후의 재료는 하수급인의 청구에 따라 필요할 때 수급인이 이를 하수급인에게 교부한다.

제5조 공사에 요하는 일체의 노동자는 모두 하수급인 이 이을 고용하며 그 비용일체는 하수급인의 부담으로 한다.

제6조 하수급인은 20○○년 ○월 ○일 그 도급공사에 착수하고 20○○년 ○월 ○일까지 설계도에 기재된대로 이를 완성하여 인도하여야 한다.

제7조 하수급인은 공사의 재료로 사용하지 못하게 된 것 또는 잉여품이 있을 전조의 공사완성일에 이를 완성하여야 한다.

제8조 수급인이 도급공사의 결과에 대하여 급여하여야 할 보수는 ○○○원으로 하고, 이 도급공사가 완료되고 목적물을 수급인이 인도받았을 때에 수급인은 그 보수를 하수급인에게 교부하여야 한다.

제9조 하수급인이 제6조의 기일에 작업을 완성하지 못하여 수급인에게 지급하여야 한다.

제10조 하수급인은 목적물의 인도후라도 작업으로 인하여 생긴 하자가 있을 때에는 20○○년간 담보책임을 부담한다.

위 계약의 성립은 증명하기 위하여 본서 2통을 작성하고 각자가 서명날인한 다음 각자 1통씩 소지한다.

20○○년 ○월 ○일

위   수급인 ○ ○ ○ (인)

위 하수급인 ○ ○ ○

경영위탁계약서

김갑동(이하 "갑"이라 한다)과 이을동(이하 "을"이라 한다)은 경영위탁에 관하여 아래와 같이 계약(이하 "본 계약"이라 한다)을 체결한다.

제1조 【목적】
　　본 계약은 갑이 을에게 회사의 경영을 위탁하는 데 있어 필요한 제반사항을 정함을 그 목적으로 한다.

제2조 【갑의 지위】
　　갑은 대한상사주식회사(이하 "본 회사"라 한다)의 주식 60%를 소유하고 있는 대표이사이다.

제3조 【갑의 의무】
　　본 계약체결 이후 갑은 지체없이 본 회사의 임시주주총회와 이사회의 개최 및 의결 등을을 본 회사의 대표이사로 선임하는데 필요한 모든 절차를 이행한다.

제4조 【경과조치】
　　본 계약체결 이후 제3조에 정한 바에 따라 을이 본 회사의 대표이사로 선임될 때까지의 기간 동안 갑은 을을 본 회사의 고문으로 선임하여 본 회사를 경영함에 있어 을의 자문을 구하고, 특별한 사정이 없는 한 을의 지시에 따른다.

제5조 【협력의무】

① 갑은 을의 본 회사 경영 전반에 대하여 성실하게 협력한다.

② 갑은 특별한 사정이 없는 한 을이 입안한 본 회사 경영개선계획이 주주총회에서 의결 내지는 승인될 수 있도록 성실하게 협력한다.

제6조【비밀준수】

갑과 을은 본 계약의 이행과정에서 알게 된 상대방의 영업비밀을 상대방의 서면동의 없이 제3자에게 유출하거나 본 계약의 이행 이외의 목적으로 이용하여서는 아니된다.

제7조【양도 등 금지】

갑과 을은 상대방의 서면동의 없이 본 계약상의 일체의 권리, 의무 등을 제3자에게 양도·증여·대물변제·대여하거나 담보로 제공할 수 없다.

제8조【계약의 변경】

본 계약의 일부 또는 전부를 변경할 필요가 있는 경우에는 갑과 을의 서면 합의에 의하여 이를 변경하고, 그 변경내용은 변경한 날 그 다음 날부터 효력을 가진다.

제9조【계약기간】

본 계약기간은 본 계약체결일로부터 1년으로 하고, 계약기간 만료일 1월전까지 별도 서면에 의한 의사표시가 없는 한 동일한 조건으로 1년씩 자동 연장되는 것으로 한다.

제10조【해제】

① 갑 또는 을은 상대방이 정당한 사유없이 본 계약 또는 본 계약에 따라 별도로 체결한 약정에서 정한 사항을 위반하거나 본 계약

을 이행하기 어려운 정당한 사유가 있는 경
우 상대방에 대한 서면통지로써 본 계약을
해제할 수 있다.
② 제1항의 해제는 갑과 을의 손해배상 청구에
영향을 미치지 아니한다.

제11조 【유보사항】
① 본 계약에서 정하지 아니한 사항이나 해석
상 내용이 불분명한 사항에 대해서는 관계
법령 및 상관습에 따라 상호 협의하여 결정
한다.
② 제1항과 관련하여 필요한 경우 갑과 을은
별도의 약정을 할 수 있으며, 이는 본 계약
의 일부를 이룬다.

제12조 【관할법원】
본 계약과 관련하여 소송상의 분쟁이 발생한 때
에는 본 회사의 본점 소재지 관할법원을 관할로
한다.

본 계약의 내용을 증명하기 위하여 계약서 2부를 작
성하고, 갑과 을이 서명 또는 날인한 후 각 1부씩 보
관한다.

20○○년 ○월 ○일

갑   을
서울 강남구 삼성동 141의35   서울 강남구 대치동 996의16
주민등록번호 561213-1234567 주민등록번호 551010-1034567
　　　김 갑 동 (인)　　　　　　　이 을 동 (인)

《계약서》 계속적상거래계약서

<table>
<tr><td colspan="5" align="center">계속적 상거래계약서</td></tr>
<tr><td>주　　　소</td><td></td><td></td><td>전　화</td><td></td></tr>
<tr><td>주민등록번호</td><td></td><td>판매</td><td colspan="2">（인）</td></tr>
<tr><td>주　　　소</td><td></td><td></td><td>전　화</td><td></td></tr>
<tr><td>주민등록번호</td><td></td><td>구매자</td><td colspan="2">（인）</td></tr>
</table>

　　판매자 ○○○와 구매자 ○○○는 판매자가 판매하는 물품의 매매에 관하여 기본적 사항을 정하기 위하여 하기 계약을 체결한다.

제1조【개별조약】
　　판매자로부터 구매자에 대하여 매도되는 물품의 품명, 수량, 단가, 인도조건, 대금지급기한, 그 방법 기타 매매에 관하여 필요한 조건은 이 계약에 정하는 사항을 제외하고는 개별적 매매가 있을 때마다 쌍방이 협의하여 결정한다.

제2조【변 제】
　① 매매대금은 개별적 계약에 따·라 지급기한에 현금(또는 수표)으로 지급하기로 한다. 다만, 개별적 계약에서 별도의 규정을 한 때에는 어음에 의할 수 있다.
　② 어음 또는 수표에 의하여 지급되는 경우에는 그 어음 또는 수표의 결제가 완료되기까지 채무변제의 효력은 발생하지 아니하는 것으로 한다.

제3조 【지연손해금】

　구매자가 매매대금채무의 변제를 태만히 한 때는 판매자에 대하여 지급기한의 이튿날부터 완제하는 날까지 금○○○원에 대하여 일변전의 비율에 의한 지연손해금을 지급하여야 한다.

제4조 【기한이익의 상실】

　구매자에게 다음 각호의 1에 해당하는 사유가 발생한 때는 구매자는 이 계약에 의한 모든 채무에 관하여 기한의 이익을 상실하며, 통지최고가 없어도 지체없이 각 채무의 전액을 판매자에게 지급하여야 한다.

1. 각 개별계약의 채무의 하나라도 기일에 지급을 하지 아니한 때
2. 가압류·압류, 경매의 신청, 파산·화해·회사정리, 회사갱생절차의 신청이 있은 때
3. 조세공과를 체납하여 독촉을 받은 때
4. 지급을 정지한 때
5. 어음교환소의 거래정지처분이 있은 때

제5조 【해제】

　제4조 각호의 1에 해당하는 사유가 발생한 때는 판매자는 최고를 하지 아니하고 개별계약의 해제를 할 수 있다.

제6조 【유효기간】

① 이 계약의 유효기간은 20○○년 ○월 ○일부터 ○년간으로 한다.
② 전항의 기간만료 1월 전까지 당사자로부터 신청이 없는 경우에는 이 계약은 다시 ○년간 자동적으로 갱신되며, 이후 또한 같다.

제7조【기간중의 해약】

　　당사자는 전조의 기간중이라 하더라도 서면에
　　의한 3개월 전의 예고로써 이 계약을 해약할
　　수 있다.

제8조【이 계약 이외에 채무에 대한 준용】

　　제4조 각호의 1에 해당되는 사유가 발생한 경
　　우에는 동조 및 제5조의 규정을 이 계약에 의
　　하지 아니하는 이외의 채무에도 준용한다.

제9조【별도협의】

　　이 계약에 규정이 없는 사항에 대해서는 쌍방이
　　별도로 협의한다.

20○○년 ○월 ○일

판 매 자 : ○　○　○　(서명 또는 인)

구 매 자 : ○　○　○　(서명 또는 인)

《 통지서 》 계약해제통지서

계약해제통지서

수신인 :

20○○년 ○월 ○일 귀사와 체결한 대리점계약은, 이번에 발생한 사유로 인하여 계약서 제○조, 제○조에 의해 해제하고자 하여 계약해제의 통지를 하는 바입니다.

따라서 귀사와 체결한 대리점계약은 본 통지서가 귀사에 도착하고 나서 개월을 경과한 날에 그 효력을 상실하게 됩니다.

20○○년 ○월 ○일

통지인 : ○ ○ ○ (인)

《계약서》 고용계약서

<table>
<tr><td colspan="5" align="center">고 용 계 약 서</td></tr>
<tr>
<td rowspan="3">근
로
자</td>
<td>주민등록번호</td>
<td></td>
<td>생년월일</td>
<td>년 월 일생</td>
</tr>
<tr>
<td>성   명</td>
<td></td>
<td></td>
<td></td>
</tr>
<tr>
<td>현 주 소</td>
<td colspan="3">TEL.</td>
</tr>
<tr><td colspan="5">하기 근로조건으로 계약합니다.</td></tr>
<tr><td colspan="2">고 용 기 간</td><td colspan="3">년 월 일부터   년 월 일 까지</td></tr>
<tr><td colspan="2">취 업 장 소</td><td colspan="3"></td></tr>
<tr><td colspan="2">업 무 내 용</td><td colspan="3"></td></tr>
<tr><td colspan="2">취 업 시 간</td><td colspan="3">오(전·후) 시 분부터 오(전·후) 시 분까지</td></tr>
<tr><td colspan="2">휴 게 시 간</td><td colspan="3"></td></tr>
<tr><td colspan="2">휴   일</td><td colspan="3"></td></tr>
<tr><td colspan="2">임   금</td><td colspan="3"></td></tr>
<tr><td colspan="2">수   당</td><td colspan="3"></td></tr>
<tr><td colspan="2">임 금 지 급</td><td colspan="3"></td></tr>
<tr><td colspan="2">승   급</td><td colspan="3"></td></tr>
<tr><td colspan="2">기   타</td><td colspan="3"></td></tr>
<tr><td colspan="5">
20○○년 ○월 ○일

고 용 자 ○ ○ ○   (인)
근 로 자 ○ ○ ○   (인)
</td></tr>
</table>

《약정서》 공동사업약정서

공동사업약정서

[사업의 내용]
∘사 업 명 :
∘위　　치 :
∘지역지구 :
∘대지면적 :
∘규　　모 :

상기 사업을 위하여 ○○○를 "갑"이라 하고 ○
○○을 "을"이라 하여 "갑"과 "을"은 공동 사
업시행자로서 본 사업을 위하여 다음과 같이 약정한
다.

– 다　　　　　　　음 –

제1조 【대지매입조건】

구　　분	금 액(원)	지급조건	지급일자
1) 계약금			계약체결일
			계약체결일부터 50일
2) 잔 금			대지 소유권 이전시
3) 명도 및 중개료			잔금 지불시
총 대 지 매 입 비			

제2조【토지대금 지불방법】

1. 계약금은 "갑"이 지불한다.

2. 잔금은 본대지로 총 ○○○원을 대출받아 그중 ○○○원은 토지 잔대금으로 지불하고 나머지는 공사비에 충당한다.

제3조【시공 및 분양】

1. 시공은 "갑"이 책임진다.

2. "을"은 분양 타당성조사 및 홍보, 기획, 분양업무에 대해 책임진다.

3. 분양수입금은 "을"의 지급보증시 금액과 "갑"의 공사비용을 대비 참고하여 "갑"은 "을"과 협의 작업한다.

4. 공사예상대금 : ₩ × 평 = ₩

제4조【특별 약정사항】

1. 이익금 분배는 "갑" 60%, "을" 40%로 하며, 여기서 이익금이란 총 투자비용(금리, 재세공과금, 사업진행 및 분양경비 등 포함)를 제외한 금액을 의미한다.

2. 경리, 회계는 "갑"이 "을"과 협의하여 한다.

3. 4항의 정산시점은 별도 협의한다.

4. 준공 후 건물관리 및 운영은 "갑"이 한다.

20○○년 ○월 ○일

"갑"　주　소 :
　　　상　호 :
　　　대표자 :　　　　(인)

"을"　주　소 :
　　　상　호 :
　　　대표자 :　　　　(인)

《 계약서 》 공장매매계약서

공장매매계약서

매도자 ○○주식회사(이하 갑이라 한다)와 매수자
◎◎주식회사(이하 을이라 한다)의 사이에 다음과 같
이 공장매매에 관한 계약을 체결한다.

〈공장의 표시〉
대지권의 표시 : 경기도 ○○시 ○○동 ○○번지
대지 1,497㎡
건물의 표시 : 위 지상 철근콘크리트 슬래브지붕
단층 공장 1,157㎡
                 (등기부상의 건물내역 전체포함)
부대설비 및 기계의 표시 : 별지 목록 기재 (생략)

제1조【매매대금】
매매대금은 다음과 같이 지급하기로 한다.

매매대금	금	원정 중			
계 약 금	금	원정은	년	월	일에 지급하고
중 도 금	금	원정은	년	월	일에 지급하고
잔 금	금	원정은	년	월	일에 지급하기 로 함.

제2조【매매범위】
갑은 을에게 공장을 현 상태 그대로 매도할 것
을 약정하고 을은 공장을 매수한다

제3조【이행의무】

갑은 을에게 다음과 같이 본 계약상의 의무를
이행한다

1. 20○○년 ○월 ○일 중도금 지급 시까지
공장을 비우고, 공장 토지 건물에 설정한
저당권 등의 담보물권, 가등기 등 등기부상
의 부담을 일체 말소한다.

2. 20○○년 ○월 ○일까지 잔금지급과 동시
에 위 표시의 공장 토지 건물의 소유권이전
등기 신청, 공장 토지 건물, 부속 설비기계
를 인도한다.

제4조【위험부담】

공장의 토지 건물 소유권이전등기 및 인도까지
공장건물 또는 기계설비가 갑의 책임 있는 사유
로 훼손되거나 또는 멸실 되었을 때는 일체의
손해는 갑의 부담으로 한다.

제5조【하자담보】

을은 계약체결 후 목적물의 일부 훼손으로 공장
으로서의 기능을 잃지 않았을 때는 갑에 대해
훼손에 상당한 가격을 매매대금에서 공제할 것
을 청구할 수 있고, 훼손의 정도가 심하거나 혹
은 멸실 되었을 시 본 계약은 해제하기로 한다.

제6조【계약해제】

① 갑의 귀책사유로 공장건물 또는 기계설비가
멸실 혹은 훼손되었을 때, 을은 즉시 본 계
약을 해제하고, 계약금의 반환 및 손해배상
으로 계약금과 같은 액수의 금전을 청구할
수 있다.

② 을이 본 계약상의 의무를 이행하지 않을 때
는 갑은 본 계약을 해제할 수 있으며 지급된
계약금은 갑에게 귀속된다.

제7조【보증책임】

갑은 을에 대해 건물, 기계 및 부대 설비를 인
도한 후 1년 간의 생산능력을 보증하는 책임을
진다. 매매대금 중 10%상당 금액을 하자담보
보증금으로 유보한다.

이 계약의 성립을 보증하기 위하여 본 계약서 2통을
작성하여 갑과 을이 각 1통씩 보관키로 한다.

20○○년   ○월   ○일

매도인	주소					
	성명 또는 상호	인	주민등록번호 또는 사업자등록번호	-	전화 번호	
매수인	주소					
	성명 또는 상호	인	주민등록번호 또는 사업자등록번호	-	전화 번호	

공장임대차계약서

임대인 "갑"과 임차인 "을"은 다음과 같이 공장 임대차계약을 체결한다.

제1조 "갑"은 그 소유인 ○○제조공장의 별지 명세표상의 대지, 건물 및 공장설비일체(이하 "공장"이라 한다)를 "을"에게 임대하면 "을"은 이를 임차한다.

제2조 차임은 월금 ○○○원으로 하고 "을"은 매월 ○일까지 당월분 차임을 현금으로 "갑"의 사무소에 지참하여 지급한다.

제3조 "을"은 본 계약상의 채무를 담보하기 위하여 "갑"에게 보증금으로 금 ○○○원을 20○○년 ○월 ○일까지 지급하여야 한다. 위 보증금에는 이자를 부가하지 아니하면 "을"은 위 보증금을 차임에 충당하도록 요구하지 못한다.

보증금은 "을"의 채무불이행으로 인한 지연손해금 기타 "갑"에게 끼친 손해의 전보에 충당하며 본계약의 소멸시에는 정산후 "을"에게 반환한다.

제4조 "갑"은 20○○년 ○월 ○일 "을"로부터 위 보증금을 수령함과 동시에 공장을 "을"에게 명도하여야 한다. 명도·인도하여야 할 설비는 별지 명세표상의 부동산과 동

산이며 공장의 명도·인도 후 즉시 공장이 가동가능 한 상태이어야 하며 "갑"은 이를 보증한다.

제5조 본계약 체결일 현재 공장내에 현존하고 있는 공장가동을 위한 소모품은 "갑"·"을" 쌍방이 별도 명세표로서 그 종류와 양을 확인하여 "갑"은 "을"에게 공장의 명도와 아울러 동시에 무상으로 인도하여야 한다.

제6조 "을"은 공장의 사용에 있어서 선량한 관리자의 주의로서 이를 사용하여야 하며, 사용에 있어서 통상의 필요비, 수선비, 관리비를 부담하여야 한다. 또 공장을 "을"이 채무의 담보로 제공하여서는 아니된다.

제7조 공장기계의 사용으로 인한 기계손실의 감가상각비로써 "을"은 "갑"에게 월금 ○○○원의 금품을 차임과 함께 지참하여 지급하여야 한다.

제8조 "갑"은 위 공장을 담보로 하는 공장저당권의 실행을 본계약기간동안 실행되지 아니하도록 조치함으로써 "을"에게 이로 인한 손해를 입혀서는 아니된다.

제9조 공장에 설정된 공장저당권은 20○○년 ○월 ○일 ○○지방법원 ○○등기소접수 제○○호로 경료한 채권최고액 금 ○○○원 채권자 ○○은행으로 된 것 이외에는 하등의 본 계약기간동안 이를 계속하여야 한다.

담보물권이 설정되어 있지 아니함을 "갑"은 보장한다. 아울러 "갑"은 본 계약기간 동안 공장에 어떤 담보물권도 설정하여서는 아니된다.

제10조 "을"은 공장의 명도를 받은 후 즉시 "갑"이 지정하는 보험금을 지정보험회사의 공장에 관하여 화재보험계약을 체결하고

제11조 "갑"·"을" 쌍방의 귀책사유없는 불가항력에 의한 공장의 멸실의 경우에 잔존부부분만으로 계약의 목적을 달성할 수 없을 때에는 본 계약은 소멸하고 목적달성이 가능한 경우에는 "을"은 "갑"에게 멸실부분에 상응하여 차임과 감가상각비의 감액을 청구할 수 있으며 "갑"은 이에 응하여야 한다.

제12조 "을"은 공장의 인도를 받은 날 이후 공장에 과하여지는 공조공과를 부담하고 "갑"의 청구가 있는 즉시 당해 금액을 "갑"에게 지급한다.

제13조 "갑"·"을" 쌍방이 본 계약조항의 어느 하나라도 불이행할 때에는 상대방은 최고를 하고 본 계약을 해지할 수 있다.

제14조 "을"이 "갑"에 대하여 부담하는 금전채무의 이행을 지체할 때에는 "을"은 월 ○○분의 비율에 의한 지연손해금을 지급하여야 하고 "갑"은 위 보증금에서 이를 공제 충당할 수 있다.

제15조 "을"이 계약을 해지당하였거나 공장의 멸실 기타의 원인으로 계약종료의 사유가 발생했을 때에는 즉시 "갑"에게 공장을 명도하여야 한다. 이 경우 "을"은 공장에 부가한 물건 등을 수거하여 계약 이전의 상태로 회복한 후 공장을 명도하여야 한다.

제16조 "을"은 임차구획내에서 위생상 유해위험이나 인근에 방해가 되는 업무 기타 공장을 손상·파괴하는 행위를 하여서는 아니된다.

제17조 "갑"은 다음의 경우에 차임의 증액을 청구할 수 있고 "을"은 이의없이 이에 응한다.

　　1. "갑"이 공장에 개량공사를 시행한 후
　　2. 경제상정의 변동 등에 의하여 차임 적정하지 못한 경우

제18조 임대차기간은 20○○년 ○월 ○일부터 20○○년 ○월 ○일까지 ○년간으로 한다. 단, 임대차기간 만료 후에는 "갑"·"을" 쌍방협의하여 동일조건으로 본 계약을 갱신할 수 있다.

제19조 본 계약에 분쟁이 발생했을 경우에는 "갑"의 사무소 소재지를 관할하는 법원을 관할법원으로 한다.

제20조 계약종료시 영업으로 이하여 각 관청에 부담하고 있는 의무는 "을"이 모두 책임을 지기로 한다.

제21조【특약사항】

　　이 계약을 증명하기 위하여 이 증서를 작성, 당사자와 중개업자가 서명날인하고 각자 1통씩 보관한다.

20○○년 ○월 ○일

임 대 인 성   명 :
         주민등록번호 :
         주   소 :
         전   화 :

임 차 인 성   명 :
         주민등록번호 :
         주   소 :
         전   화 :

중개업자 성   명 :
         주민등록번호 :
         주   소 :
         허 가 번 호 :

《 계약서 》 근로계약서

근 로 계 약 서

1. 양당사자

<table>
<tr><td rowspan="3">사용자
〈갑〉</td><td>성 명</td><td></td><td>사업종류</td><td></td></tr>
<tr><td>사업체명칭</td><td colspan="3"></td></tr>
<tr><td>소 재 지</td><td colspan="3"></td></tr>
<tr><td rowspan="2">근로자
〈을〉</td><td>성 명</td><td></td><td>생년월일</td><td>년 월 일생</td></tr>
<tr><td>주 소</td><td></td><td>주민등록번호</td><td></td></tr>
</table>

2. 근로조건

  (1) 임 금 : (일급, 월급, 도급, 주급) 금 　　　원

  (2) 근로시간 : 1일 　시간(1주간 　시간)

  (3) 휴게시간 : 　분(　시 분부터 시 분까지)

  (4) 휴일 : 주(또는 월) 　　　회

  (5) 취업장소 : ① 직　종

           ② 근로장소

  (6) 기타근로조건 : 당사 취업규칙 및 관례에 의함

3. 근로계약(고용)기간 : 20○○. ○. ○. ~ 20○
○. ○. ○. (○○개월간)

위와 같이 근로계약을 체결함.

20○○. ○. ○.

갑 : 사용자 ○ ○ ○ ⑩
을 : 근로자 ○ ○ ○ ⑩

《계약서》 근저당권설정계약서

근저당권설정계약서

수입
인지

채권자 겸 근저당권자 :　　　　　　　회 사

채　무　자　소　속 :

　　　　　　　주　소 :

　　　　　　　성　명 :

근저당권설정자　주　소 :

　　　　　　　성　명 :

채　권　액　금　　　　원정(₩　　　　　　　　　)

　위 당사자 사이에 다음과 같이 근저당권 설정계약을 체결함.

제1조【근저당권의 설정】

　　① 채권자의 채무자에 대한 주택자금 대부금과 그 이자, 연체이자 및 기타 이에 관련되어 발생하는 채무자가 부담할 제 비용 등으로 채무자가 채권자에 대하여 현재 부담하는 또는 장래 부담하게 될 채무(이하 '본 채무' 라고 함.)를 담보하기 위하여 설정자 소유의 아래 목록에 적은 물건(이하 '근저당 물건' 이라 함.)에 순위 제 번의 채권액 금 ○○○원(₩　　　　　　　　)의 근저당권을 설정함.

② 근저당물건의 증축, 개축, 수리, 개조 기타 각종 원인으로 근저당 물건에 부가종속될 물건(입목 포함)에도 전항의 근저당권 효력이 당연히 미치는 것으로 함

제2조 【변제방법, 이자, 연체이자 등】

① 채무자는 본 채무를 약정한 변제기일에 채권자의 지정하는 방에 따라 이행하겠음.

② 본 채무에 대한 이자 및 연체이자의 율, 지급시기와 지급방법 등은 채권자의 정하는 바에 의함.

제3조 【담보보존의무】

① 설정자는 채권자의 사전승낙 없이는 근저당 물건에 대하여 소유권의 이전, 저당권, 지상권, 임차권 등 각종 권리의 설정 또는 등기, 등기상황의 이동 기타 그 현상을 변경하지 아니하겠음.

② 설정자와 채무자는 근저당물건의 멸실, 훼손, 공용징수 기타의 원인으로 근저당물건에 이상이 생기거나 이상이 생길 염려가 있을 때에는 곧 이를 채권자에게 통지하겠음. 이 경우에 설정자가 제3자로부터 수령할 보상금, 교부금, 청산금 등의 금전이나 물건이 있을 때에는 그 채권을 채권자에게 양도하겠으며 채권자를 위하여 필요한 협력을 다하겠음.

③ 전항에 의하여 채권자가 금전을 수령한 때에는 본 채무의 변제기 여하에 불구하고 임의로 변제에 충당하여도 이의 없겠음.

제4조 【담보가치의 배지】

채무자는 근저당물건이 사변, 재해 등 불가피한 사유로 멸실 · 감소하거나 채권자가 담보가액이 부족하다고 인정하는 때에는 청구에 의하여 곧 부족금을 입금하거나 대담보 또는 추가담보를 제공하겠음.

제5조【보험】

① 설정자는 근저당물건에 대하여 채권자의 요구가 있을 시 보험에 가입하여야 함. 또한 채권자가 근저당물건의 보존에 필요하다고 판단하여 보험에 가입하여도 이의 없겠음.

② 설정자는 전항의 보험계약에 따른 권리를 채권자의 지정에 따라 채권자에게 양도하거나 이에 질권을 설정하겠음.

③ 채권자가 보험에 가입하였을 시 또는 보험료를 지급하였을 시 보험금을 채권자가 받은 때에는 본 채무의 변제기 여하에 불구하고 임의로 변제에 충당하여도 이의 없겠으며 이재 후의 처리에 관하여는 모두 채권자의 지시에 따르겠음.

제6조【근저당물건의 처분】

① 근저당물건은 반드시 경매절차에 의하지 아니하더라도 일반적으로 적당하다고 인정되는 방법, 시기, 가격 등에 의하여 채권자가 임의처분하고 그 취득금으로부터 제비용을 차감한 잔액을 법정순서에 불구하고 본 채무의 변제에 충당하여도 이의없겠으며 잔존채무가 있는 경우는 곧 변제하겠음.

② 채무불이행의 경우에는 채권자가 설정자를 대위하여 근저당물건을 관리하고 그 임대수

익으로써 전항에 의하여 본 채무의 변제에
충당하여도 이의 없겠음.

③ 전 2항의 경우에는 설정자와 채무자는 채권
자를 위하여 소요서류의 조인 기타 필요한
협력을 다하겠음.

제7조【기한의 이익상실】

채무자가 다음 각호의 1에 해당될 때에는 채권
자로부터의 통지, 최고 등이더라도 채권자에 대
한 본 채무의 기한의 이익을 당연히 상실하고
곧 채무를 변제하겠으며 전조에 의하여 채권자
가 근저당물건을 처분하여도 이의 없겠음.

① 주택자금을 그 목적 이외의 용도에 사용하
였을 때

② 채무자가 주택자금 완제 전에 퇴직하였을
때

③ 대부금에 대한 할부변제금을 6개월 이상 연
체하였거나 또는 6개월 이내의 연체분일지
라도 그 회수가 극히 우려된다고 회사로부
터 판단되어질 때

④ 차용금으로 매입 또는 신축한 주택에 대하
여 정해진 기간 동안(매입시 3개월, 신축시
6개월) 소유권에 관한 등기 후 가옥등기부
등본을 제출하지 아니하였을 때

⑤ 기타 복지기금운영규정의 제 규정에 해당될
때

제8조【제 절차의 이행과 비용】

채권자가 이 계약에 의한 근저당권의 설정, 변
경, 갱정, 이전, 이관등에 관한 등기, 등록 기타
의 보는 설차를 정구할 때에는 재부사와 설성사

는 곧 이를 이행하겠으며 제 절차에 관한 비용을 부담하겠음.

제9조【근저당물건의 보고조사】
근저당물건의 상황에 관하여 채권자로부터 청구가 있는 때에는 곧 보고하겠으며 언제든지 조사하여도 이의 없겠음.

제10조【담보변경】
설정자는 채권자가 필요에 따라 담보를 변경하거나 해제하여도 이의 없겠음.

제11조【채무자의 연대채무】
채무자는 이 계약의 각 조항에 의한 설정자의 채무를 연대하여 이행하겠음.

제12조【합의관할】
이 계약에 관하여 소송의 필요가 생긴 때에는 채권자의 본사 소재지를 관할하는 법원을 관할법원으로 할 것을 합의함.

20○○년 ○월 ○일

채권자 겸 근저당권자 주 소 :
성 명 :
채 무 자 주 소 :
성 명 :
근저당권설정자 주 소 :
성 명 :

(부 동 산 목 록)

《계약서》 금전소비대차계약서

금전소비대차계약서

제1조 채권자 갑은 20○○년 ○월 ○일에 금 ○○
○만원을 채무자 을에게 빌려주고 채무자 을
은 이것을 차용하였다.

제2조 차수금의 변제기한은 20○○년 ○월 ○일로
한다.

제3조 ① 이자는 월 ○할 ○푼의 비율로 하고 매월
○일까지 지불하기로 한다.

② 원리금의 변제를 지체했을 때는 채무자는
일변 ○리의 비율에 의한 지연손실금을
가산해서 지불해야 한다.

제4조 채무의 변제는 채권자 현재의 주소 또는 지정
장소에 지참 또는 송금해서 지불한다.

제5조 채무자 을이 다음의 어느 하나에 해당하는 경
우에 있어서는 채권자 갑으로부터의 통지, 최
고 등이 없이도 당연히 기한의 이익을 잃고
채무 전부를 즉시 변제하지 않으면 안된다.

① 본건 이자의 지불을 ○개월분 이상 지체했
을 때

② 다른 채무 때문에 강제집행, 집행보전처분
을 받거나, 파산 또는 경매의 신청이 있었
을 때

③ 채무자 을이 주소를 변경하고, 그 사실을
채권자 갑에게 고지하지 않았을 때

제6조 채무자 을은 그 채무불이행시에는 그의 전재산에 대해 곧 강제집행에 따를 것을 승낙했다.

20○○년 ○월 ○일

채권자(갑) : ○ ○ ○ (인)
      주   소 :   (전화 :   )
      주민등록번호 :

채무자(을) : ○ ○ ○ (인)
      주   소 :   (전화 :   )
      주민등록번호 :

《 계약서 》 금전차용계약서

금전차용계약서

제1조【당사자】

채권자 ○○○(이하 "갑"이라고 함.)는 20○○
년 ○월 ○일 금○○○원을 채무자◎◎◎(이하
"을"이라고 함.)에게 대여하고 을은 이를 차용
한다.

제2조【변제기】

차용금의 변제기한은 20○○년 ○월 ○일로 한
다.

제3조【이자 및 지연손해금】

① 이자는 연 ○%의 비율로 한다.

② 원리금의 변제를 지체했을 때에는 을은 연
○○%의 비율에 의한 지연손해금을 가산해
서 지불해야 한다.

제4조【변제방법】

채무의 변제는 갑의 주소 또는 갑이 지정하는
지정장소에 지참 또는 송금해서 지불한다.

제5조【기한이익의 상실】

을이 다음 각호의 1에 해당하는 경우에 있어서
는 갑으로부터 기한의 이익을 상실하고 채무전
부를 즉시 변제하여야 한다.

1. 본 건 이자의 지불을 ○개월 분 이상 지체
했을 때

2. 다른 채무 때문에 강제집행, 집행보전
처분을 받거나, 파산 또는 경매의 신청이
있었을 때

3. 을이 주소를 변경하고, 그 사실을 갑에게 고
지하지 않았을 때

갑과 을은 상기 계약을 증명하기 위하여 본 계약서 2
통을 작성하고, 각자 서명 날인한 후 1통씩을 보관한
다.

20○○년 ○월 ○일

채권자	주소					
	성명	인	주민등록번호	–	전화번호	
채무자	주소					
	성명	인	주민등록번호	–	전화번호	

《 **계약서** 》 기계임대차계약서

기계임대차계약서

○○주식회사(이하 "갑"이라 함)와 ○○주식회사 (이하 "을"이라 함)는 기계 임대차에 관해 다음과 같이 계약을 체결한다.

제1조【목적】
　갑은 을에 대해서 갑 소유의 후기 표시의 기계 (이하「본건기계」라 함)를 임대하고 을은 이 것을 임차한다.

제2조【임대료】
　본 건 기계의 임대료는 월 ○○○원으로 하고 을은 매월 말일까지 익월 분을 갑이 지정한 방 법으로 지불한다. 단, 1개월에 미치지 않는 기 간의 임대료는 일당으로 계산한다.

제3조【기간】
　본 건 기계의 임대차기간은 19○○년 ○월 ○ 일부터 ○년간으로 한다. 단, 기간만료 2개월 전까지 갑·을 누구로부터 별도의 신청이 없는 경우는 다시 1년간 연장하고 이후에도 동일하 다.

제4조【선량한 관리주의의무】
　① 을은 본 건 기계를 선량한 관리자의 주의의 무를 갖고 관리하며 본 건 기계에 대해서 양도, 전대, 담보제공, 그 밖의 어떤 처분을 일체 해서는 안된다.

② 을은 본 건 기계가 갑의 소유물인 것을 명시하고 제3자가 본 건 설비에 대해서 압류, 가압류 등의 집행을 하려고 할 때는 갑의 소유물인 사실을 주장하고 이것을 방지해야 한다.

제5조 【보수관리】

을은 그 책임과 비용부담에 있어서 본 건 기계에 대해서 부품교환, 수선, 그 밖의 보수관리를 해야 한다.

제6조 【비밀유지】

① 을은 갑으로부터 임차한 본 건 기계의 구조, 사양, 능력, 그 밖의 설비에 관한 일체의 정보를 엄중히 지키고 이것을 제3자에게 개시해서는 안된다.

② 앞 항의 의무는 본 계약이 해약되거나 종결된 후라고 해도 효력을 갖는다.

제7조 【보증금】

① 을은 갑에 대해서 본 계약으로 발생한 일체의 채무를 담보하기 위해 보증금으로써 금 ○○○원을 예탁해야 한다.

② 앞 항의 보증금에는 이자를 붙이지 않고 갑은 본 계약 종료 후에 본 건 기계의 반환인도를 받음으로써 이것을 을에게 반환한다.

제8조 【보험】

을은 본 건 기계에 대해 손해보험을 부가하여 보험금청구권상 갑을 위해 질권설정절차를 취한다.

제9조【해약 등】

을이 본 계약을 위반하였을 경우 갑은 어떤 통지나 최고없이 곧바로 본 계약을 해약하고 아울러 갑이 입은 손해배상을 을에게 청구할 수가 있다.

이상 본 계약의 성립을 증명하기 위해 본 계약서 2통을 작성하여 갑과 을이 기명날인 후 각각 1통씩을 보유한다.

20○○년 ○월 ○일

갑   ○○시 ○○구 ○○동 ○○○번지
      ○○주식회사
      대표이사 ○○○ (인)

을   ○○시 ○○구 ○○동 ○○○번지
      ○○주식회사
      대표이사 ○○○ (인)

* 기계의 표시
○○주식회사 제품
○○○○기 (기계번호 ○○번) ○대

납 품 계 약 서

물품납품자인 한국스피커 주식회사(이하 "갑"이라 한다)와(과) 물품매입자인 주식회사 오세오(이하 "을"이라 한다)은(는) 물품(이하 "본 계약의 물품"이라 한다)의 납품에 관하여 아래와 같이 계약(이하 "본 계약"이라 한다)을 체결한다.

제1조【목적】

본 계약은 갑이 을에게 본 계약의 물품을 제작하여 납품함에 있어 필요한 제반사항을 정함을 그 목적으로 한다.

제2조【용어의 정의】

본 계약에서 사용하는 용어의 정의는 다음 각 호와 같다.

1. 검수 : 물품매입자 또는 물품매입자가 지정하는 대리인이 납품된 본 계약의 물품의 수량이나 품질을 검사하는 행위
2. 지체상금 : 물품납품자가 정해진 납품기일에 본 계약의 물품을 납품하지 못할 경우 그 경과된 일수에 비례하여 물품매입자에게 지급하여야 하는 지연손해금

제3조【물품의 범위】

본 계약의 물품은 다음과 같다. 다만, 제4호 및 제5호에서 정한 사항은 갑과 을의 합의에 의하여 변경할 수 있다

   1. 품목 : 컴퓨터 스피커 1쌍 및 그 부속물

   2. 품명 : 입체스피커 S-578

   3. 규격 : 가로 5㎝, 세로 12㎝, 폭 6㎝

   4. 수량 : 1만개

   5. 단가 : 금1만원 (부가세포함)

제4조【개별계약】

① 본 계약의 물품의 제작방법, 납품기일, 납품 장소, 물품대금 지급기일 등에 관한 사항은 본 계약 및 갑과 을 사이에 체결되는 개별 계약(이하 "개별계약"이라 한다)으로 정 하고, 본 계약에서 정한 사항과 개별계약에 서 정한 사항 사이에 차이가 있는 경우 개 별계약이 우선한다.

② 개별계약은 을의 물품주문서에 의한 요청에 대하여 갑이 승낙을 한 경우 성립한다. 다 만, 갑과 을의 합의에 의해 별도의 방법으 로 할 수 있다.

제5조【사양】

갑은 본 계약, 개별계약 및 을이 갑에게 교부하 는 생산지시서, 도면 기타 도서 및 을의 지시에 따라 본 계약의 물품을 제작한다.

제6조【견본승인】

갑은 본 계약의 물품을 제작하기 전에 을의 생 산지시서 등에 의하여 제작한 견본에 대하여 을 의 승인을 받아야 한다. 물품의 외형검사기준은 을의 검사기준에 따른다.

제7조【납기 및 물품납품방법 등】

① 갑은 본 계약의 물품을 개별계약에서 정한 납품기일과 납품장소에 납품하여야 한다.

② 납기에 본 계약의 물품을 납품할 수 없을만한 사정이 발생한 경우 갑은 지체없이 그 사실을 을에게 서면으로 통지하고, 을의 지시에 따라야 한다.

제8조【검수】

① 갑이 본 계약의 물품을 납품한 경우 을 또는 을이 지정하는 대리인은 지체없이 검수를 실시한다. 을은 납품된 물품이 검수에 합격할 경우 갑에 대해 검수통지를 한다.

② 을은 제1항의 검수시 물품의 품목, 규격, 수량 및 품질 등에 대하여 본 계약 및 개별계약 등에서 정한 사항과 차이를 발견한 경우 즉시 갑에게 그 사실을 통지하고, 그 처리에 대하여 지시를 내릴 수 있다.

③ 갑은 제2항에 따라 을로부터 지시를 받은 경우 지체없이 그 지시에 따라야 한다. 갑이 을의 지시에 따르지 않는 경우 을은 갑의 비용으로 스스로 그 처리를 할 수 있다.

④ 갑이 합리적 이유 없이 제1항에서 정한 검수에 응하지 아니하여 을에게 손해가 발생할 경우 갑은 을에 대하여 그 손해를 배상할 책임이 있다.

⑤ 제1항의 검수 결과 불량품이 있는 경우 갑은 이를 사유로 납품기일을 연장할 수 없다.

제9조 【하자담보】

① 갑은 을에게 을이 지시한 사양에 합치하고 정해진 품질 및 성능을 구비한 완전한 물품을 납품하여야 한다.

② 납품한 물품에 하자가 발견된 경우 갑은 무상으로 하자있는 물품의 수리, 대체물품의 납품, 기타 을이 요구하는 조치를 취하여야 한다. 다만, 제8조에 따른 검수통지 후 1년이 경과한 때에는 그러하지 아니하다.

③ 납품한 물품의 숨겨진 하자로 인하여 을에게 손해가 발생한 경우 갑은 을에 대하여 이를 배상할 책임이 있다. 다만, 제8조에 따른 검수통지 후 1년이 경과한 때에는 그러하지 아니하다.

제10조 【소유권 및 위험부담】

본 계약의 물품의 소유권 및 위험부담은 제8조의 검수통지가 이루어졌을 때 갑으로부터 을에게 이전한다.

제11조 【물품대금】

① 을은 갑에게 제8조의 검수통지를 한 후 개별계약에서 정한 물품대금 지급기일에 제8조에 따라 검수에 합격한 수량에 제3조에서 정한 단가를 곱한 금액을 물품대금으로 지급한다. 이에 대하여는 개별계약에서 달리 정할 수 있다.

② 을이 갑에 대하여 금전채권을 가지는 경우 을 또는 갑은 당해 금전채권과 제1항의 물품대금채권을 대등액에서 상계할 수 있다.

제12조 【지체상금】

갑이 제5조 제1항에 따른 납품기일 내에 본 계약의 물품을 납품하지 못하는 경우 갑은 다음 각 호에서 정한 경우 외에는 을에게 그 경과된 1일에 대하여 물품대금의 1000분의 3에 해당하는 금액을 지체상금으로 지급하여야 한다. 을은 갑에게 지체상금을 공제한 후 남은 금액을 본 계약의 물품대금으로 지급할 수 있다.

1. 천재지변 등 불가항력적인 경우
2. 을에게 책임있는 사유로 인한 경우
3. 을이 납품 지연에 대하여 미리 동의한 경우

제13조【담보제공】

① 본 계약의 이행 및 납품한 물품의 하자, 기타 본 계약과 관련하여 갑의 책임있는 사유로 인하여 을에게 발생할 수 있을 것으로 예상되는 모든 손해를 담보하기 위하여 을이 요구하는 경우 갑은 을에 대하여 적절한 담보를 제공하여야 한다.

② 갑이 정당한 사유없이 본 계약상의 의무를 이행하지 아니하거나 갑의 책임있는 사유로 인하여 을에게 손해가 발생할 경우 갑은 기한의 이익을 상실하고 을은 최고 또는 이행의 제공 후 즉시 제1항에 따른 담보권을 행사할 수 있다.

제14조【비밀준수】

① 갑이 을로부터 본 계약의 물품의 제작에 관하여 자료, 도면 그 밖의 서류를 제공받은 경우 갑은 선량한 관리자의 주의로 이를 보관·관리하여야 하고, 을의 사전 서면동의 없이 제3자에게 개시 또는 누설하거나 본 계

약의 이행 이외의 목적을 위하여 사용하여
서는 안된다.

② 본 계약이 종료되거나 해제된 경우 갑은 지
체없이 제1항 소정의 서류의 원본 및 복사
본을 모두 을에게 반환하여야 한다.

③ 갑과 을은 본 계약의 이행과정에서 알게 된
상대방의 영업비밀이나 고객관련정보를 본
계약 기간 중은 물론 본 계약의 종료 이후
에도 상대방의 사전 서면동의 없이 제3자에
게 유출하거나 본 계약의 이행 이외의 목적
으로 사용하여서는 안된다.

제15조 【상표관리】

① 갑은 본 계약의 물품에 을이 요청하는 상표
및 상호를 명시적으로 부착하거나 사용하여
야 한다. 본 계약의 물품의 제작 완료 후에
도 본 계약의 물품에 부착하고 남은 상표
및 상호가 있는 경우 갑은 을의 지시에
따라 나머지 상표 및 상호 전부를 을에게
반납하거나 을의 입회하에 폐기하여야 한
다.

② 갑은 을의 사전 서면 동의 없이 자사 또
는 제3자의 물품에 을의 상표 또는 상호
기타 이와 유사한 표지를 부착하거나 사
용하여서는 안된다.

제16조 【통지】

갑과 을은 본 계약 체결 당시에 알고 있는 상
호, 대표자, 소재지, 업종 및 기타 계약당사자의
주요사항이 변동되거나 합병, 영업양도, 부도,
화의, 회사정리, 파산 등 신용상태에 변경이 있

기나 변경될 우려가 있는 경우 이를 지체없이 상대방에게 통지하여야 한다.

제17조【하도급 금지】

갑은 을의 서면에 의한 사전동의없이 본 계약의 물품의 제작을 제3자에게 하도급 주어서는 아니된다.

제18조【판매목적 생산 금지】

갑은 제3자에게 판매할 목적으로 을이 제공한 디자인과 동일 또는 유사한 물품을 생산하여서는 아니된다.

제19조【양도 등 금지】

갑과 을은 상대방의 서면동의 없이 본 계약상의 일체의 권리, 의무 등을 제3자에게 양도·증여·대물변제·대여하거나 담보로 제공할 수 없다.

제20조【해지】

① 갑 또는 을은 다음 각 호의 사유가 발생한 경우에는 계약기간에 관계없이 상대방에 대한 서면통지로써 본 계약을 해지할 수 있다.

  1. 상대방이 정당한 사유없이 본 계약에서 정한 사항을 위반하고 서면으로 시정요구를 받은날로부터 7일 이내에 해당 위반사항을 시정하지 않은 경우

  2. 자신 또는 상대방의 주요재산에 대한 보전처분결정 및 강제집행, 화의, 회사정리, 파산 등의 개시로 더 이상 계약유지가 곤란한 경우

  3. 기타 본 계약을 수행하기 어려운 중대한 사유가 발생한 경우

② 제1항의 해지는 갑과 을의 손해배상 청구에

영향을 미치지 아니한다.

제21조【계약의 변경】

　　본 계약의 일부 또는 전부를 변경할 필요가 있는 경우에는 갑과 을의 서면 합의에 의하여 이를 변경하고, 그 변경내용은 변경한 날 그 다음날부터 효력을 가진다.

제22조【유보사항】

　　① 본 계약에서 정하지 아니한 사항이나 해석상 내용이 불분명한 사항에 대해서는 관계 법령 및 상관습에 따라 상호 협의하여 결정한다.

　　② 제1항과 관련하여 필요한 경우 갑과 을은 별도의 약정을 할 수 있으며, 이는 본 계약의 일부를 이룬다.

　　③ 본 계약에 기초하여 별도로 체결한 개별계약 및 약정 등의 효력은 본 계약 효력의 소멸과 동시에 상실된다.

제23조【관할법원】

　　본 계약과 관련하여 소송상의 분쟁이 발생하는 경우 을의 영업소 소재지 관할법원을 관할로 한다.

　　본 계약의 내용을 증명하기 위하여 본 계약서 2부를 작성하고, 갑과 을이 서명 또는 날인한 후 각 1부씩 보관한다.

20○○년 ○월 ○일

갑	을
서울 강남구 삼성동 141의35	서울 강남구 대치동 996의 16
남경센타빌딩 11층	육인빌딩 1층
한국스피커 주식회사	주식회사 오세오
대표이사 김 갑 동 (인)	대표이사 이 을 동 (인)

《 **계약서** 》 대리점계약서

대리점계약서

(갑) 주 소 :
　　　상 호 :
　　　대표자 :

(을) 주 소 :
　　　상 호 :
　　　대표자 :

　상기 "갑"과 "을"간에 다음과 같이 대리점계약을 체결한다.

－ 다 음 －

제1조【대리점계약의 목적】
　　　본 계약은 "갑", "을"간의 대리점계약에 관한 전반적인 사항을 규정하고 상부상조하여 상호 믿음으로써 본 계약을 성실히 준수하여 공동의 번영과 발전에 이바지함을 목적으로 한다.

제2조【매매목적물 및 방법】
　　　1. "갑"은 "갑"이 생산 판매하는 제품 및 취급하는 상품(이하 "상품"이라 칭함)을 "을"에게 공급하고, "을"은 이를 "갑"으로부터 공급받아 국내의 실수요자에게 판매한다.

2. "을"은 사전에 소재지, 상호, 공급량, 판매계획 등 필요한 정보를 "갑"에게 제출하고 그 동의를 얻어 하위대리점 등을 둘 수 있다. 단, 하위대리점 등의 행위로 인하여 "갑"이 입은 손해에 대하여는 "을"은 "갑"에 대하여 배상책임이 있다.

3. "을"은 상품을 직·간접적으로 외국에 수출할 수 없다.

제3조 【영업장소】

1. "을"의 영업장소는 다음과 같으며 "갑"과 협의를 통해 이를 변경할 수 있다.

　┌─ 소재지:
　├─ 상　호:
　└─ 사업자등록번호 :

2. "을"은 "갑"과 협의를 통해 분점을 둘 수 있다.

제4조 【상품종류, 공급량】

1. "을"이 취급할 상품의 종류, 규격은 "갑"의 사양에 의해 상호협의하여 결정한다.

2. 상품의 공급량은 "을"의 요청에 의하여 "갑"이 정하되 "갑"은 재고량, 수급실정 및 기타 사정을 고려하여 이를 적의 조정할 수 있다.

제5조 【판매가격】

"갑"이 "을"에게 공급하는 상품의 공급가격에 대하여는 "갑"이 이를 정하고(이하 "대리점 공급가격"이라 칭함), "을"이 실수요자에게 판매하는 상품의 가격에 대하여는

"갑"이 별도로 권장가격을 정하여 권장할 수
있다.

제6조 【DEMO 장비】

"을"은 계약체결과 동시에 다음과 같은
DEMO 장비를 구입하여야 하며, 이 경우
"갑"은 대리점 공급가격에 10%를 할인한다.

1. 286 또는 386SX 기종 중에서 1대

2. 386 또는 486 기종 중에서 1대

3. TI NOTEBOOK 1대

제7조 【상품의 운송, 인수, 검수】

1. 상품의 인도장소는 "갑"의 영업장소를 원
   칙으로 하되 쌍방의 사전 합의가 있을 때에
   는 합의된 장소로 한다. 단, 이 경우 운송비
   는 "을"이 부담한다.

2. "을"은 상품 인수시 수량을 확인하고 이
   상이 없을 경우 "갑"에게 인수증을 교부
   한다.

3. "을"은 외관상의 하자나 수량부족 등 곧
   발견할 수 있는 하자에 대하여 상품을 인수
   한 다음날까지 "갑"에게 통보하지 아니한
   때에는 이에 대한 모든 청구권을 상실한다.

제8조 【상품대금결제 등】

1. 상품대금의 결제는 "을"이 상품인수시에
   결제일을 90일 이내로 하는 은행도 어음으
   로 지불한다. 단, "갑"은 필요시 별도로
   결제방법을 정하여 "을"에게 통보할 수
   있다.

2. "을"은 "갑"에게 지불하여야 할 상품대
   금과 기타 채무의 변제를 지체할 경우 결제

기일로부디 기신하여 변제일까지 연 25%의 연체이자를 가산하여 "갑"에게 지불한다.

제9조【담보제공 등】

1. 본 계약에 의한 상품거래 기타 이에 부수하여 "갑", "을" 간에 발생할 "을"의 "을"에 대한 현재 또는 장래의 모든 채무(이하 ""을"의 채무"라 칭함)를 담보하기 위하여 "을"은 부동산, 유가증권 기타 상당한 재산권을 "갑"에게 제공하여야 하며, 거래상 담보력이 부족하다고 인정될 경우 "갑"의 요청에 따라 추가담보를 제공하여야 한다. 단, 그에 추가하여 "을"은 담보물건이 건물인 경우에는 "갑"을 수익자로 하여 화재보험에 가입함과 동시에 "갑"을 위하여 보험금상에 질권 설정을 하여야 하며, 토지인 경우에는 지상권 설정을 하여야 한다.

2. "을"은 ("을"의 채무)의 이행을 보증하기 위하여 변제능력이 있는 2인 이상의 연대보증인을 입보하여야 한다.

3. "을"은 계약체결과 동시에 "을" 발행의 은행도 백지당좌수표(어음)와 아울러 "갑"이 ("을"의 채무)의 한도내에서 금액의 표시등을 보충할 수 있도록 백지수표(어음) 보충권 위임장과 동 수표(어음)의 결제를 담보하기 위하여 "을"이 재고로 보유할 상품의 소유권을 "갑"에게 양도하는 취지의 증서를 작성하고 공증을 받아 "갑"에게 제공하여야 한다.

4. "갑"은 전 3항의 담보에 대하여 일반적인
타당하다고 인정되는 방법, 시기, 가격으로
처분하고, 그 취득점에서 제 비용 등을 차
감한 금액으로 ("을"의 채무)의 변제에
임의 충당할 수 있으며, "을"은 이에 대
하여 이의를 제기하지 않는다.
이외에도 잔액이 있는 경우 "갑"은
"을"에게 반환하여야 한다.

제10조 【광고 및 판촉】

1. "갑"은 상품판촉을 위하여 필요 "갑"
단독 또는 "갑", "을" 연합으로 광고선
전 및 판촉행사를 실시할 수 있으며,
"을"이 단독 또는 연합으로 실시하는 광
고를 위하여 소요되는 경비에 대하여
"을"의 요청이 있을 경우 "갑"이 정하
는 일정한 비율이 보조할 수 있다.

2. "갑"은 상품 카다로그 등 "갑"이 상
품판촉을 위하여 필요하다고 판단하는 자
료를 무상으로 "을"에게 공급한다.

3. "갑"은 필요하다고 판단할 경우 "갑"
에게 다음 사항의 협조를 요청할 수 있으
며, "을"은 "갑"의 요청에 최대한 협
조한다.
(1) 판매촉진에 관한 사항
(2) 상품의 광고선전에 관한 사항
(3) 기타 "갑"이 판촉정책상 필요하다
고 인정되는 사항

제11조 【상품에 대한 AFTER SERVICE】

1. "을"은 상품 판매시 제품보증서에 필요한 사항을 기재하고 교부하여야 하며, 구입자에게 사용방법 및 유의사항을 주지시킬 의무를 진다.

2. "을"은 "갑"으로부터 공급받아 판매한 상품에 대하여 "갑"의 기준에 의거 AFTER SERVICE를 실시할 의무가 있으며, 사용자의 요구가 정당하다고 인정될 경우에는 지체없이 교환, 환불, 수리 기타 필요한 조치를 취하여야 한다.

3. "을"은 상품 판매 후 1년간은 사용자에게 AFTER SERVICE의 대가를 청구할 수 없다. 단, 사용자의 귀책사유 또는 천재지변 등으로 인한 하자의 경우에도 예외로 한다.

4. "을"은 "갑"이 상품을 공급하기 이전에 발생한 하자에 대하여는 매월말 처리내역 보고서 사본을 첨부하여 결함부품을 "갑"에게 송부할 수 있으며, "갑"은 정당한 사유라고 판단될 경우 해당 SPARE 부품을 무상으로 교환하여 줌으로써 모든 책임을 면한다.

5. 결함상품의 책임소재가 분명하지 않은 경우 "을"은 "갑" 및 사용자와 성실하게 협의하여 처리토록 한다.

6. "을"은 자신이 판매하지 않았으나 "갑"이 유통시킨 상품에 대하여 사용자로부터 불만신고가 있는 경우 이를 신속

히 접수하고 관할 서비스 지정점에게 이첩 기타 필요한 조치를 취하여야 한다.

7. "을"은 원활한 AFTER SERVICE를 위하여 계약기간 중 상시 적절한 장비, 인력, 조직을 유지하고 충분한 SPARE 부품을 구입, 보유하여야 한다. "을"은 "갑"의 요청이 있는 경우 자체 비용으로 제조회사가 실시하는 기술교육에 참가하여야 하며, 동 교육이수 후 "갑"과 별도의 계약을 체결하고 공식 서비스지정점으로 지정받을 수 있다.

8. "을"은 처리내역보고서, 사용자 상품 내역, 예방정비일지를 작성하고, 그 영업장소에 비치하여야 한다.

제12조【보고 및 조사, 가격정책, 판매장려금 등】

1. "을"은 매 월말 판매실적 보고서와 차 3개월간의 판매계획서를 제출하여야하며, "갑"의 요구시 판매상황, 자금상태, 재고조사 및 장부열람에 응하여야한다.

2. 상품 구입 실적별 특별 할인율, 현금 결제 할인율 등 필요한 가격정책은 "갑"이 별도로 정하여 "을"에게 통보한다.

3. "갑"은 별도로 정한 바에 의하여 "을"에게 판매장려금, 판매수수료, 판매촉진 보조금(광고보조비 등) 및 기타 지원금을 지급할 수 있다. 단, 본 계약이 계약일로부터 1년 이내에 해지될 경우 그때까지 "갑"이 지급한 판매촉진 보조금과 기타 지원금은

즉시 "갑"에게 반환되어야 하며 이 경우
동 금액은 (을의 채무)에 포함된다.

제13조【특별판매조건】

"갑"이 "을"에게 판매하는 상품에 대하여
특별 판매조건이 필요한 경우에 "갑"은 그에
대한 사항을 별도로 정하여 "을"에게 통보한
다.

제14조【소유권의 이전 등】

1. "을"은 "갑"으로부터 공급받은 상품에
   대하여 그 상품대금 전액을 완불한때에 소
   유권을 취득하며, 그때까지 선량한 관리자로
   서 상품에 대한 모든 위험을 부담한다. 단,
   지불수단이 어음, 수표 기타의 유가증권인
   경우에는 그 결제가 완료된 때에 상품대금
   이 완불된 것으로 본다.

2. "을"은 전항에 의거 소유권을 취득하기
   전에 제3자의 압류신청 기타 "갑"의 소유
   권이 침해될 위험이 발생하는 경우, 즉시
   이 사실을 "갑"에게 통지함과 아울러 소
   유권이 "갑"에게 있음을 항변하는 등 필
   요한 조치를 취하여야 하며, "갑"의 요청
   이 있는 때에는 지체없이 상품을 "갑"에
   게 반환하여야 한다.

제15조【계약의 해지】

1. "갑"은 다음의 경우 최고없이 즉시 본 계
   약을 해지할 수 있다.

   (1) "을"이 발행 또는 차입한 수표나 어
       음의 부도 또는 거래정지된 경우

(2) "을"에 대하여 강제집행, 경매, 파산, 회의 또는 회사정리 절차가 개시되거나 개시될 우려가 있는 경우

2. "갑"은 다음의 경우 15일 이상의 기간을 정하여 "을"에게 최고하고 동 기간내에 시정되지 않을 때에는 본 계약을 해지할 수 있다.

(1) "을"이 상품대금을 연체하거나 지급약정을 위반하는 경우

(2) "을"이 제9조 또는 제11조의 의무를 성실히 이행하지 않는 경우

(3) "을"이 "갑"의 사전동의 없이 영업권을 타인에게 양도하거나 "을"이 법인일 경우 "갑"에게 사전통지 없이 대표이사를 교체하였을 때

(4) "을"이 본 계약조건을 위반하거나 판매능력이 현저히 부족하여 본 계약의 목적달성이 곤란하다고 판단되는 경우

3. "갑" 또는 "을"은 상대방에 대한 3개월 전의 서면통지로서 본 계약을 해지할 수 있다.

4. 본 계약이 해지되는 경우 ("을"의 채무)는 기한의 이익을 상실하며 "갑"은 즉시 모든 채무를 현금으로 변제하여야 한다. 이 경우 "갑"은 재고상품의 회수, 제9조의 담보의 실행 등 편으한 조치를 취할 수 있으며, 이에 대하여 "을"은 이의를 제기할

수 없다.

5. 본 계약이 해지되는 경우 "을"은 "갑"의 특허권, 의장권, 상표권 및 기타의 지적재산권의 사용을 즉시 중지하여야 한다.

제16조【계약기간과 변경】

1. 이 계약의 존속기간은 계약체결일로부터 ○년간이다.

2. "갑" 또는 "을"이 계약기간 만료 2개월 전에 상대방에게 서면에 의한 계약해지의 의사표시를 하지 않는 한 제1항의 규정에 불구하고 본 계약은 동일한 조건으로 갱신된 것으로 본다.

제21조【계약의 변경】

본 계약의 일부 또는 전부를 변경할 필요가 있는 경우에는 갑과 을의 서면 합의에 의하여 이를 변경하고, 그 변경내용은 변경한 날 그 다음 날부터 효력을 가진다.

제22조【유보사항】

① 본 계약에서 정하지 아니한 사항이나 해석상 내용이 불분명한 사항에 대해서는 관계 법령 및 상관습에 따라 상호 협의하여 결정한다.

② 제1항과 관련하여 필요한 경우 갑과 을은 별도의 약정을 할 수 있으며, 이는 본 계약의 일부를 이룬다.

제17조【계약의 양도】

"갑" 또는 "을"은 본 계약 또는 본 계약상의 권리, 의무의 전부 또는 일부를 상대방의 사전동의없이 제3자에게 양도할 수 없다.

단, 상품판매를 전담하기 위한 신규법인이 설립
되는 경우 "갑"은 "을"에게 그 취지를 통
보하고 "갑"의 모든 권리, 의무를 신규법인에
게 승계시킬 수 있다.

제18조 【보충규정】

본 계약에서 규정되지 아니한 사항과 본 계약의
해석에 관하여 이견이 있을 경우는 일반상관례
에 의한다.

제19조 【분쟁의 해결】

본 계약과 관련하여 분쟁이 발생하는 경우
"갑"과 "을"은 1차적으로 상호형평원칙에
입각한 자율적 해결을 위하여 노력하며, 이에도
불구하고 해결되지 못한 일체의 분재에 대하여
는 "갑"의 본점 소재지를 관할하는 법원을
관할법원으로 한다.

부 칙

본 계약을 증하기 위하여 계약서 2통을 작성 "갑",
"을" 쌍방이 기명날인하고 한통씩 보관한다.

20○○년 ○월 ○일

```
(갑) 주 소 :
     상 호 :
     대표자 :
(을) 주 소 :
     상 호 :
     대표자 :
연대보증인
     주 소 :
     성 명 :
     주민등록번호 :
```

〈 계약서 〉 도급계약서

도 급 계 약 서

제1조 건축할 건물의 표시
　　　○○시 ○○구 ○○동 ○○번지의 지상
　　　건평 : ○○평
　　　위 건물의 설계도 및 도면은 별지 목록과 같음.
　　　도급대금 금 ○○○원

제2조 수급인 ○○○(이하 '을' 이라 함.)은 20
　　　○○년 ○월 ○일 공사에 착수하여 20○○년
　　　○월 ○일까지 완료함과 동시에 도급인 (이
　　　하 '갑' 이라 함.)에게 인도한다.

제3조 갑은 20○○년 ○월 ○일까지 도급대금을 지
　　　급하여야 한다.

제4조 공사에 요하는 기계·노무·공임 및 인원 등
　　　은 을이 일체를 부담한다.

제5조 갑은 을이 필요로 하는 한 분지를 무상으로
　　　사용하게 한다.

제6조 공사중 갑은 설계 또는 재료의 변경 등을 청
　　　구할 수 있으나 이로 인하여 발생한 비용은
　　　모두 갑이 부담한다. 또한 이로 인하여 공사
　　　완료가 지연되므로 인한 손해는 갑에게 돌아
　　　간다.

제7조 건물을 인도한 후일지라도 을은 공사의 하
　　　자에 대하여 법규가 정하는 바에 따라 책임
　　　을 부담한다.

제8조 갑은 공사의 하자를 발견한 경우 을에게 상당
    한 기간을 정하여 그 하자의 보수를 청구할
    수 있다.

제9조 갑은 하자의 보수에 갈음하여 또는 그 보수와
    동시에 손해배상을 청구할 수 있다. 단, 이 경
    우에는 민법 제 667 조의 규정에 따른다.

제10조 전 7조의 공사의 하자가 갑의 지시에 따라
    생겼을 경우는 예외로 한다. 단, 을이 그 지
    시가 부적당한 것을 알면서 통고하지 않았을
    때는 예외로 한다.

제11조 전 8조에 규정한 하자보수 또는 손해보상은
    건물의 인도로부터 1년 이내에 청구하여야
    한다.

2000. 0. 0.

주 소 :
도급인 : ○ ○ ○ ㊞
주 소 :
수급인 : ○ ○ ○ ㊞

〈계약서〉 동산매매계약서

동산매매계약서

매도인 ○○○(이하 "갑"이라 한다)과 매수인 ◎
◎◎(이하 "을"이라 한다)은 아래 표시의 동산에 관
하여 다음과 같이 합의하여 계약을 체결한다.

매매목적물의 표시 : 여성용의류 20벌

제1조【목적】
　　갑은 그 소유의 위 여성용의류 20벌을 을에게
　　매도하고 을은 이를 매수한다.
제2조【매매대금】
　　① 매매대금은 금 ＿ 원으로 하고 다음과 같이
　　　　지급하기로 한다.
　　　　계약금 : 금　　　원은 계약체결시에 지급하고
　　　　중도금 : 금　　　원은　　년　월　일에 지
　　　　　　　　　급하며
　　　　잔　금 : 금　　　원은　　년　월　일에 지
　　　　　　　　　급하기로 함.
　　② 제1항의 계약금은 잔금 수령시에 매매대금
　　　　의 일부로 충당한다.
제3조【매매물건의 인도】
　　갑은 을의 잔금지급과 동시에 갑의 비용과 책임
　　으로 매매물건을 을에게 인도하여야 한다.
제4조【매도인의 담보책임】
　　매매물건은 계약시 상태를 대상으로 한다.

제5조 【위험부담】

① 매매물건이 인도 이전에 불가항력으로 인하여 매매물건이 멸실 또는 훼손되었을 경우에는 그 손해는 갑의 부담으로 한다.

② 제1항의 경우에 을이 계약을 체결한 목적을 달성할 수 없을 때에는 을은 계약을 해제할 수 있으며 이 때 갑은 이미 수령한 대금을 을에게 반환하여야 한다.

제6조 【계약의 해제】

① 제2조의 중도금 지급시까지 을은 계약금을 포기하고 갑은 계약금의 배액을 상환하고 계약을 해제할 수 있다.

② 당사자 어느 일방이 본 계약을 위반하여 이행을 태만히 한 경우 상대방은 1주간의 유예기간을 정하여 이행을 최고하고, 일방이 이 최고의 기간 내에 이행을 하지 않을 경우에 상대방은 계약을 해제할 수 있다.

제7조 【위약금】

제6조제2항에 의하여 일방이 계약을 해제하였을 때에는 상대방은 계약금 상당액을 손해배상금으로 지급하여야 한다.

제8조 【비용】

매도증서작성 비용 및 이에 부대하는 비용, 그리고 이 매매물건의 매도로 부과되는 부가가치세는 갑이 부담하고 매매물건의 인도에 소요되는 비용은 을이 부담한다.

이 계약을 증명하기 위하여 계약서 2통을 작성하여 갑과 을이 서명·날인한 후 각각 1통씩 보관한다.

20○○.　○.　○.

매도인	주소					
	성명 또는 상호		인	주민등록번호 또는 사업자등록번호	−	전화 번호	
매수인	주소					
	성명 또는 상호		인	주민등록번호 또 는 사업자등록번호	−	전화 번호	
입회인	주소					
	성명 또는 상호		인	주민등록번호 또 는 사업자등록번호	−	전화 번호	

《 계약서 》 동산증여계약서

동산증여계약서

제1조 "갑"은 "을"에 대해 "갑" 소유에 관계된 아래 표시의 도서를 무상으로 증여하고, "을"은 이를 승낙한다.

제2조 "갑"은 위 증여도서를 20○○년 ○월 ○일 까지 "을"에게 인도하기로 한다.

제3조 "을"은 인도받은 수증도서를 "을"이 속한 협회 내의 회원도서열람실에 비치하고, 또 그 보존관리를 하여, 회원이 자유로이 열람할 수 있도록 하며 보존관리의 비용은 "을"의 부담으로 한다.

제4조 "을"이 수증도서의 보존관리에 필요한 주의 의무를 아주 소홀히 한 경우에는 "갑"은 본 계약을 해제하고, 증여도서를 반환시킬 수 있다.

제5조 "을"이 속한 협회가 장래 해산할 경우는, 수증도서의 처분은 "갑"의 생존중에 한해 "갑"의 지시에 따르기로 한다.

위와 같이 계약했으므로 본서 2통을 작성하여, "갑"과 "을"은 서명날인 한 후 각자 1통을 보관한다.

20○○년 ○월 ○일

증여자("갑") 주소 :

　　　　　　　　　　성명 : ○ ○ ○ (인)

수증자("을") 주소 :

　　　　　　　　　　성명 : 사단법인 ○○협회

　　　　　　　위 대표자 이사장 ○ ○ ○ (인)

【 증여도서의 표시 】

1.　출판사 발행 ：　　　권

2.　출판사 발행 ：　　　권

3.　출판사 발행 ：　　　권

4.

5.

《계약서》 동업계약서

동업계약서

○○○(이하 '갑'이라 한다.)과 ○○○(이하 '을'이라 한다.)는 ○○을 경영하여 생기는 이익을 공동으로 분배키 위하여 다음과 같은 계약을 체결한다.

제1조【갑의 출자의무】

갑은 ○○○을 경영하는 데 필요한 ○○○를 제공하여 을이 ○○○을 개설케 함으로써 출자의무가 완료된다.

제2조【을의 현존재산】

을이 현재 위 영업을 위하여 공여하고 있는 설비는 별지목록 기재와 같은바, 그 가액은 ○○○원으로 갑·을이 이의 없이 평가하였음을 확인한다. 단, 을의 현존 채권·채무는 모두 평가되었다.

제3조【을의 영업경영의무】

을은 선량한 관리자의 주의로서 위 영업을 경영하고 재산을 관리하여야 하며 갑에 대한 모든 의무를 성실히 이행하여야 한다.

제4조【을의 이익분배의무】

을은 20○○년 ○월 ○일부터 이 계약종료에 이르기까지 매월 이익 중 ○○%에 해당하는 이익금을 갑에게 분배하여야 하며 동시에 대차대조표를 갑에게 제시하여야 한다.

제5조【을의 대표의무】

위 영업을 경영힘에 필요한 제 3 자와의 거래,
영업명의 기타 영업에 부수되는 행위는 을이 이
를 대표하며 권리 의무를 을이 부담 취득한다.

제6조【을의 보증의무】

을은 갑에 대한 이익분배의무를 보증키 위하여
갑이 추천하는 ○○○를 ○○○으로 채용하여
야 한다.

제7조【손실에 대한 을의 책임】

을이 위 영업의 경영으로 인하여 손실을 보았을
지라도 갑의 출자액에 대하여 월 ○○%에 해
당하는 금액을 갑에게 지급하여야 한다.

제8조【갑의 영업에 대한 감시권】

을은 갑의 요구에 따라 언제든지 서면으로 경리
에 관한 사항과 영업 및 거래에 관한 대차대조
표를 제시하고 영업전반에 관한 사항을 보고하
여야 한다.

제9조【갑의 겸업금지의무】

갑은 을이 경영하는 위 영업의 동종 부류에 속
하는 업을 경영할 수 없으며, 이를 위반한 경우
갑은 을이 입은 손해를 배상하여야 하고 제 4
조에 정한 이익분배를 청구할 수 없다.

제10조【계약의 존속기간】

본 계약은 특별한 사정이 없는 한 ○년간 존속
하며, 기간만료의 경우 갑의 이의가 없으면 같
은 기간 동안 위 계약은 연장된다.

제11조【갑의 계약해지권】

① 갑은 다음 각 호의 경우에 을에 대한 최고
기간 없이 계약을 해지할 수 있다.

1.

　　　2.

　　　3.

　② 을은 다음의 경우에 갑에 대하여 1개월간의
　　최고기간을 두어 계약을 해지할 수 있다.

　　　1.

　　　2.

제12조【계약의 해지 및 종료로 인한 원상회복】

　　을은 계약이 해지되거나 종료된 경우 위 갑의
　　출자액을 그 사유가 있는 날로부터 ○일 이내
　　에 현금으로 갑에게 지체없이 반환하여야 한다.

제13조【손해배상】

　　갑·을은 이 계약이 당사자 어느 일방의 귀책
　　사유로 해지 또는 종료된 경우 상대방에게 그
　　손해를 배상하여야 한다.

제14조【관할법원】

　　이 계약으로 인하여 분쟁이 생긴 경우 관할법원
　　은 ○○○의 주소지 법원으로 할 것을 합의한
　　다.

　이상의 계약을 준수키 위하여 갑·을은 계약서 2통
을 작성하여 각 1통씩 소지하며 갑이 소지하는 것에
공증을 행한다.

　　　　20○○년 ○월 ○일

　　　　　　주소 :
　　　　　　(갑) :　○　○　○　　(인)
　　　　　　주소 :
　　　　　　(을) :　○　○　○　　(인)

《 계약서 》 매매계약서

매 매 계 약 서

매도인을 ' "갑" ' 이라 하고 매수인을 "을" 이라
하여 "갑" · "을" 당사자간에 다음과 같은 매매계
약을 체결한다.

제1조 매도인 "갑" 은 매수인 "을" 에 대하여 다
음 물건을 아래 조항의 약정으로 매도하고
"을" 은 이를 매수한다.

제2조 매매대금은 ○○○원으로 정하고 매수인
"을" 은 매도인 "갑" 에 대하여 다음과 같
은 방법으로 그 대금을 지급키로 한다.

　　1. 계약금 ○○○원은 본 계약성립과 동시에
"갑" 의 주소지에서 지급한다.

　　2. 중도금 ○○○원은 본 건 ○○○를 "을"
의 소유인 ○○지 소재의 ○○○에 반입
완료함과 동시에 지불한다.

　　3. 잔금 ○○○원은 ○○○의 결과 매수인 ○
○○의 ○○○에서 본 건 ○○○가 제4조
와 같은 ○○○을 인정받은 때에 지불한다.
단, 계약금은 잔대금의 지급에 충당하기로
한다.

제3조 매도인 "갑" 은 20○○년 ○월 ○일까지 본
건 ○○○를 전조의 ○○○에 반입 완료한
후 ○월 ○일 매수인 "을" 의 입회하에 그
○○○을 하기로 한다.

제4조 매도인 "갑" 은 본 건 ○○○와 일시간에 ○
○○의 ○○○이 있음을 보증한다.

제5조 "갑"·"을" 양 당사자의 일방이 본 건 계
약을 위반할 때는 매수인 "을"은 계약금을
포기하고 매도인 "갑"은 그 배액을 제공하
여 본 계약을 해약하기로 한다.
제6조 본 건 계약이행에 관한 비용 기타 이 계약에
의한 매매에 관한 일체의 비용은 매도인
"갑"의 부담으로 한다.
제7조 "갑"·"을" 양자의 일방이 본 건 계약을
위반시 그 상대방은 최고 없이 본 건 계약을
해제할 수 있다. 단, 이 해제로 인하여 생기는
각종 비용에 대해서는 그 손해배상을 청구할
권리가 있다.

위 계약을 체결함에 있어 후일에 증하기 위하여 계약
서를 2통 작성, 날인하여 "갑"·"을" 각각 1통씩
보관한다.

20○○년 ○월 ○일

주　소 :
매도인 : ○ ○ ○ (인)
주　소 :
매수인 : ○ ○ ○ (인)

《통지서》 매매계약해제통지서

해 제 통 지 서

수 신 : △ △ △ 귀하
주 소 : ○○시 ○○구 ○○동 ○○

   20○○년 ○월 ○일 귀하와 체결한 ○○계약에 의한 귀하의 ○○채무는 20○○년 ○월 ○일까지는 이행되어야 할 것임에도 불구하고 아직까지 이행하지 않았으므로 오는 20○○년 ○월 ○일까지는 반드시 이행하여 주시기 바랍니다. 만일 위 기일까지 이행이 없는 경우는 별도로 해제의 통지가 없더라도 계약은 해제된 것이라고 지득하여 주시기 바랍니다. 최고를 겸하여 통지합니다.

        20○○년 ○월 ○일

        통 지 인(매도인) ○ ○ ○ (인)

《 계약서 》 매장임대차계약서

매장임대차계약서

　　○○대표이사 ○○○(이하 "갑"이라 칭함)과 ○
○○(이하 "을"이라 칭함)간에 하기내용에 관한 매
장사용에 임대차계약을 유통업의 상업도덕을 성실히
이행하기로 다음 조항과 같이 체결한다.

- 다　　　　　음 -

목적물의 표시
○○시 ○○동 ○○번지의　　○호
○○층 ○○코너 ○호

1. 임대차매장
　점유면적　　　　　　㎡(　　　　　　평)
　공유면적　　　　　　㎡(　　　　　　평)
　계　　　　　　　　　　㎡(　　　　　　평)
2. 임대보증금 : 일금　　　　　만원정(₩　　　　)
　"을"은 다음과 같이 기일엄수 납입하며 인테리
　어 공사가 있을시는 사전 완납한다.

구 분	계약금　　%	중도금　　%	잔금　　%
불입일	년　 월　 일	년 월 일	년　 월　 일
금 액	일금	일금	일금

3. 기준임대료월액 : 일금　　만원정(₩　　　　)
4. 업 종

5. 임대차기간 ┌─ 자 :   년   월   일
                │   개월간
                └─ 지 :   년   월   일

임 대 차 매 장 표 시 도

임대차계약서

	주 소 변 동 사 항

제 1 장 보증금 및 임대료

제1조【임대차】
　　"갑"은 전기의 목적물을 "을"에게 임대하
고, "을"은 본 ○○유통(○○쇼핑센타 가칭)
점의 점규와 영업규칙 및 본계약 조항에 의하여
임차한다.

제2조【임대보증금】
　　"을"은 전기 매장을 임차함에 있어서 계약과
동시 계약금 35%, 약정일 중도금 30%와 개점
2개월전 인테리어 확장공사시 잔금 35%를 불
입 완료하였을 때 매장 임차권을 취득한다.

제3조【업종 및 취급상품】
　　1. "을"은 "갑"으로부터 임차한 매장에서
　　　　"갑"이 지정한 업종과 별지에 작성된 취
　　　　급상품에 한하여 상행위를 영위할 수 있다.
　　2. "을"은 항시 상품구색을 구비하고 최우량

124

품목만을 취급하여야하며 위생관리를 철저
히 이행하고 고객에 대한 환품, 교환, 수리
등 판매관리 일체는 "갑"의 규정에 따라
한다.

제4조【임대료 기산】

본 계약에 의한 임대료는 입주일로부터 계산한
다. (부가가치세 별도)

제5조【임대료 납입】

1. "을"은 매월 15일까지 전월분 임대료를
"갑"이 지정하는 방법에 따라 납부하여야
하며, "을"이 정당한 이유없이 임대료 납
입 최종일인 15일을 경과하여 임대료납입을
지연한 경우에는 그 지연일수에 대하여 위
약금으로 월 2%의 이율의 지체상금을
"갑"에게 배상하여야 한다.

2. "을"의 계약기간이 만료되거나 "갑"의 재
계약요구 등 임대차계약을 조정할 시
"을"이 계약을 기피, 지연 또는 쌍방의 합
의가 되지 않은 상태에서 "을"이 영업을
계속하다 철수하는 경우의 임대료 상당손
해금 징수는 다음 각호와 같이 처리한다.

   (1) 영업일수는 종전 계약만료 익일부터
   "갑"의 매장에서 철수하는 당일을 포
   함하는 기간으로 한다.

   (2) 징수임대료는 "갑"이 제시한 종전 계
   약평당 단가를 기준하여 영업일수로
   계산한다. 단, 종전 계약만료 시점부
   터 영업일수는 1개월을 초과할 수 없
   다.

제6조 【기준 임대보증금】

　　"갑"은　　기에　　임대차보증금　　○○○원을
"갑"에게 전액 예치하여야 하며, 기준 임대보
증금에 대한 금리는 인정치 않는다.

(1) 기준 임대보증금은 계약일 경과 15일간은
　　연체료 없이 납입할 수 있다.

(2) 부득이한 경우 16일부터 30일까지 납입하
　　는 경우는 연체일 동안 월 2%의 연체료를
　　함께 납입하여야 한다.

　　단, 연체일수는 매장 임대차 계약서 제4
　　조의 계약일(납입기한일) 또는 기존 계약
　　만료일(재계약시점일)부터　납입전일까지
　　의 기간으로 한다.

(3) 상기 1, 2항의 기간이 경과하여도 기준 임
　　대보증금이 완납되지 않을 때는 계약 자체
　　를 해제하며 "을"은 "갑"의 조치에 응
　　해야 한다.

제7조 【보증금 및 임대료의 개정】

　　"갑"은 본 계약 유효기간 중이라도 본 건물
을 유지관리하고 영업함에 불가피하다고 인정할
시 또는 제물가의 변동이 심할 때에는 사정변경
의 원칙을 적용, 쌍방 협의하여 임대차보증금
및 임대료를 변경할 수 있다.

제8조 【장소변경】

　　"갑"과 "을"은 건물 관리 운영상 또는 매
장 운영상 불가피한 경우에는 쌍방이 합의하여
"을"의 임대장소를 이전 또는 위치 변경할
수 있다.

제2장 제관리비용

제9조 【관리비】

"을"은 다음 각호의 제비용을 설비를 기준으로 하여 "갑"이 산출한 방법에 의거 지정 기일내에 매월 납부하여야 한다.

단, 지연납부시는 제5조에 준하여 처리한다.

1. 공익비(공익부분 관리비)

    건물설비 관리인(보안, 경비, 청소, 보수관리비), 전기, 수도, 냉난방, 공조, 소모품비, 주차장 사용료, 공용잡비, 기타 공익부분에 사용되는 제비용)

2. 직접비(점내 관리비)

    전기, 가스, 수도, 냉난방, 공조, 교환대, 전화료 및 교환대 사용료 등

제10조 【시설사용료】

1. "을"은 "갑"이 설치한 점포의 고정성 장치·장식에 대하여 "갑"의 산정기준에 따라 일정한 금액의 시설사용료를 매월 "갑"에게 지불하고 이를 사용한다.

2. "을"은 "갑"이 설치한 점포의 이동성 장치·장식에 대한 비용을 "갑"의 사정기준에 따라 보증금 납입시에 우선 납부하고 추후 최종비용 확정시 정산한다.

제11조 【시설 변경에 따른 양여 및 원상회복】

"을"은 임대차 기간 중 "갑"이 설치한 고정성 장치·장식의 보수, 변경, 일부 시공 또는 전기, 수도, 전화, 냉난방 장치, 기타 대소를 막론하고 일체의 시설보수 및 변경은 "을"의

부담으로 하여야 하고, 비용이 자담이라 할지라도 반드시 "갑"의 사전승인을 얻어야 하며, 계약기간의 만료시 또는 해약시는 "을"이 설치한 고정시설 일체를 "갑"에게 무상으로 양여하거나 "갑"의 원상회복 요구시는 이에 응하여야 한다.

단, 자비부담으로 설치한 이동성 장치 장식은 "을"이 소유로 한다

제12조【비품 대여】

1. "갑"은 "을"에게 임대한 매장의 유지 관리상 필요한 비품을 대여하며 "을"은 "갑"이 별도 정하는바에 따라 본 대여품 사용료를 매월 15일까지 "갑"에게 납부한다.

2. 전항의 대여품의 자연 마멸 및 정기보수는 "갑"이 부담하며 "을"의 부주의 내지사용결함에 따라 발생한 제보수 비용은 "을"이 부담한다.

제13조【비품 설치】

"을"은 "갑"이 설치한 시설 이외의 비품 등을 비치할 시는 "갑"의 사전 승인을 득해야한다.

제14조【선관 의무】

"을"은 "갑"으로부터 대여받은 시설물 일체에 대해 선관의무자로서 유지 관리 책임을 진다.

제15조【경비 지불 기준일】

1. 모든 경비의 지불은 매월 15일을 기준으로

하며 15일이 "갑"의 휴무일 경우에는 그
익일까지 납부하여야 한다.

2. "을"이 본 계약상 지불하여야 할 금액중
미납금이 있을 경우에는 "갑"이 "을"G
에게 지불하여야 할 일체의 대금중에서
"을"의 미납금 전액을 대치 영수 할 수
있다.

제3장 영업행위 및 금지사항

제16조【사용인 채용 및 교육】

1. "을"이 그 사용인을 채용할 때에는
"갑"이 별도로 정하는 소정의 절차에 따
라 "갑"의 사전승인을 받아야 한다.

2. "을" 또는 "을"의 사용인은 "갑"이
별도로 실시하는 소정의 교육을 받아야 한
다.

3. "을"과 그 사용인을 "갑"의 점규를 준
수하여야 하며, "갑"이 지정한 책임자의
감독, 지시, 승인을 받아야 하며, 위반시는
"갑"은 "을" 또는 그 사용인의 출입을
정지시킬수 있다.

4. 전항의 "을"의 사용인이라 함은 "을"
의 영업에 관련된 일체의 종업원을 말한다.

제17조【상품관리】

1. "을"은 그 취급상품을 자기 책임하에 보
관하고 발점후에는 각 진열장에 제건하여야
하며, "갑"은 "갑"의 귀책사유로 발생
한 "을"의 손실에 대하여 "을"에게 배
상한다.

2. "을"은 불의의 사고에 대비하여 반드시 "을" 소유상품 및 비품가격 전액을 화재 보험에 부보하여야 하며, 화재발생으로 인한 "을"의 손해에 대하여는 "갑"은 일체의 책임을 면한다.

3. "갑" 또는 "갑"의 사용인이 사전에 "을"의 양해를 구할 시간적 영유가 없는 비상사태 또는 건물관리상 급박한 경우에는 "을"의 부재시라도 "을"의 임대매장내 에서 상기 사태에 대응할 수 있다

제18조【인·허가】

1. "을"이 주무관청의 허가 또는 등록을 요 하는. 업종을 영위하거나 상품을 판매할 경 우에는 영업허가 또는 등록을 "을"의 명 의로 제출하고 영업상의 대외적 책임은 일 절 "을"에게 있다.

2. "을"이 "갑"의 명의로 된 허가, 면허증 에 의해 영업행위를 할 때에는 "을"은 이 에 대한 면허세, 영업세, 조합비등을 부담한 다.

3. "을"의 부주의 및 허가, 면허조건상의 업 무 불이행 등으로 허가, 면허 등이 취소되 는 경우에는 "을"의 책임으로 상기의 허 가 및 면허를 복구하여야 하며, 면허복구가 불가할시, "갑"은 계약해지 및 손해배상 을 청구할 수 있다.

제19조【영업시간 및 휴업일】

"을"은 영업기간 및 휴업일은 "갑"이 별도 로 정하는 영업규칙에 따른다.

제20조【금융등록기 설치】

"을"은 주무관청의 방침에 따라 "갑"이 지정한 금융등록기를 설치 운용해야 하며, 이에 의한 영수증을 발급해야 한다.

제21조【유가증권의 발행금지】

"을"은 "갑"의 사전승인없이 "갑"의 명의 또는 "을"의 명의로 보관증, 인환증을 발행할 수 없다.

제22조【금지사항】

"을"은 다음 각호의 행위를 하지 못한다

1. 공중에 대하여 불쾌감을 주거나 공용시설물에 방해가 될 만한 간판, 광고물의 설치, 게시 또는 상품 등을 방치하는 행위

2. 폭발물 등 위험성이 있는 물질 또는 인체에 유해하고 불쾌감을 주거나 재산을 파손할 염려가 있는 물품 등 "갑"이 그 사용을 금지하는 물품을 반입하는 행위

3. 소란스러운 행위, 악기사용·애완동물의 사육행위

4. 당국이 정한 부정외래품의 취급 및 판매행위

5. 기타 본 계약에 위반하는 행위

제23조【판촉물 및 기타 제작물 사용】

1. "을"은 "을"의 영업활동상의 선전을 위하여 행하는 광고, 선전, PR행위 등은 "갑"의 사전승인을 득해야 한다.

2. P.O.P 제작, 장치·장식 및 유니폼, 쇼핑백, 포장박스, 포장지, 안내문등의 각종 C.I.P의 제작, 작성 능은 "을"이 임의로 제작 사

용할 수 없으며, 반드시 "갑"의 사진승인
을 얻어 득해야 한다.

3. 전항에 의거 제작, 작성된 광고물 및 포장물
은 점내에서만 사용해야 한다.

제24조【신용카드】

"갑"이 발행, 관리하고 있는 신용카드는 의무
적으로 취급하여야하며, 이의 사용에 의한 매장
매출의 수수료율은 ○○%로 하고 월 임대료와
같이 납입한다.

제4장 해약권 및 손해배상

제25조【해약권 등】

"갑"은 다음 사유가 발생할 때에는 최고없이
이 계약을 일방적으로 해약처리 또는 영업정지
처분을 할 수 있으며, 이 처분에 불응할 때에
는, "갑"은 단전, 매대 및 진열품, 전화 등
"갑"의 대여비품을 회수하고 "갑" 및 사용
인 출입을 금지시킬 수 있다.

1. "갑"의 승인없이 명의변경 또는 제3자에
게 매장사용권을 양도, 전매, 전대하거나 질
권, 기타 이를 담보로 제공하였을 때

2. "을"이 파산 또는 지급불능에 빠지거나
"을"에 대한 회사정리절차의 신청이 있거
나 채무로 인하여 강제집행신청(가압류, 가
처분 포함)을 받거나 경매신청을 받았을 경
우

3. 계약자와 실운영자가 상이하거나 동업할 경
우

4. "갑", "을"간 약정된 임대료 납입 및 제 6, 9, 10, 11, 12, 15, 18조에 해당하는 비용등 "을"이 "갑"에게 납입하여야 할 제비용을 1개월 이상 연체할 경우

5. "을" 또는 "을"의 사용인이 "갑"이 규정한 관련규정 및 지침을 위반하였을 경우

6. "을"의 영업준비가 미비하여 개정이 불가능하다고 인정될 때

7. "을"의 사정에 의하여 1주일 이상 발점할 경우

8. "을" 또는 "을"의 사용인이 "갑"의 직원에게 어떠한 형태라도 사례를 베풀시

제26조【계약의 종료】

본 계약은 다음 각호의 사항에 해당될 경우 종료한다.

1. 임대차기간 종료시

2. 전조에 의거 "갑"이 해지한 경우

제27조【존속기간】

"갑"과 "을"은 임대차 유효기간 만료 1개월 전까지 쌍방이 서면으로 별도의 의사표시가 없는 경우에는 본 임대차계약을 1년간 연장하는 것으로 한다.

제28조【중도해약】

1. "갑", "을" 당사자가 유효기간 중에 중도해약하고자 할 경우에는 3개월 전에 상대방과 합의를 득하여야 한다.

2. 해약합의후 3개월이 경과하여도 "을"이 병노지 않을 경우에는 "갑"은 하시라노

제25조에 의하여 조치하여도 "을"은 이의를 제기치 못한다.

3. 제1항의 "갑"의 합의없이는 "을"이 상품을 철수하거나 "을"이 일방적으로 해약을 할 수 없으며, 또한 "갑"의 합의를 득하여 예고없이 해약할 시에는 3개월간의 임대료와 관리비를 "을"은 "갑"에게 납부하여야 한다.

제29조【보증금 반환】

1. 해약시 "을"이 "갑"에게 지불한 매장사용보증금은 해약일로부터 기산하여 3개월 초과치 않는 기간내에 반환하되, 임대료 및 제비용과 기타 "갑"에게 지불해야 할 비용 일체를 공제한 후 지불한다.

2. "을"에게 손해배상, 기타 본 계약상 외의 채무가 있는 경우, "을"의 보증금 중 일부 또는 전부로서 변제에 충당할 수 있다.

제30조【손해배상】

1. "을"은 본 임대차 물건을 선관 의무자로서 주의를 다하여 관리하여야 한다.

2. "을" 또는 그 사용인 및 그 고객의 고의, 과실을 불문하고 "갑"에게 손해를 입힌 경우에는, "을"은 지체없이 "갑"에게 통지하여야 하며, "갑"에게 입힌 손해를 즉시 배상하거나 원상복구하여야 한다.

3. 손해액의 규정은 배상당시의 시가에 따라 쌍방 협의하여 결정한다.

제5장 조사권 및 소송관할

제31조【영업조사권】

　　"을"의 현저한 계약조건위반 및 "갑"의 명
　　예와 신용에 차질을 초래할 우려가 인정될시는
　　"갑"은 "을"에 대한 조사를 할 수 있으며,
　　"을"은 이에 응해야 한다.

제32조【통지방법】

　　본 계약에 관한 "갑", "을" 간의 제반 공
　　지사항의 통지는 구두나 서면으로 "을"의 사
　　용인에게 전달함으로써 "을"에게 통지한 것
　　으로 본다.

제33조【통지의무】

　　"을"은 다음 각호에 해당하는 사실이 발생할
　　경우에는 지체없이 필요서류를 첨부, "갑"에
　　게 서면으로 통지하여야 한다.

　　1. 주소, 상호 및 대표가 직계상속으로 변경된
　　　　경우
　　2. 정관이 변경된 경우
　　3. 자본구성에 중대한 변경이 있는 경우
　　4. 개인사업자가 법인으로 변경되거나 법인이
　　　　개인사업자로 변경된 경우

제34조【보증인】

　　"을"의 보증인은 본 임대차계약조항에 의거
　　"을"이 부담하는 일체의 채무에 대하여
　　"을"과 연체하여 책임을 진다.

제35조【해　석】

　　본 계약에 정하지 아니한 사항 또는 이의가 발
　　생한 경우에는 일반 상관례 및 신의성실의 원칙
　　에 의하여 쌍방 협의하여 정한다.

제36조【소송관할】

본 계약으로 빌생하는 "갑", "을" 간의 소송은 "갑"의 소재지 관할법원으로 한다.

본 계약을 증명키 위하여 "갑"과 "을" 쌍방은 상기 계약조항을 확인하고 자필 서명 날인하여 본 계약의 효력을 발생시키며, "을"은 이행서류를 작성하여 "갑", "을" 각각 1통씩 보관하고 이의가 없기로 한다.

20○○년 ○월 ○일

(갑) 상   호 :
     주   소 :
     대 표 자 :   (인)

(을) 상   호 :
     주   소 :
     대 표 자 :   (인)

(보증인) 상   호 :
         주   소 :
         대 표 자 :   (인)

《 계약서 》 물품공급계약서

물품공급약정서

계약번호 :

주식회사 ○○ (이하 '갑'이라 한다.) 과 ○○
(이하 '을'이라 한다.)는 아래 조항과 같이 물품수
리계약을 체결한다.

제1조【목적물】
　　　갑은 아래 표시물품을 을로부터 수리 및 제
　　　작·납품하게 하고 을은 갑이 지정한 장소에
　　　수리 및 제작·납품한다.

순위	품 명	규 격	단 위	수 량	단 가	금 액
1						
2						
3						
4						
5						
6						
	합 계					

(※ 부가가치세 별도)

제2조【계약금액】
　　　계약금액은 일금 ○○○원정으로 한다.

제3조【계약보증금】

계약보증금은 일금 ○○○원정으로 하고, 을은 동 금액을 이 계약체결과 동시에 계약이행보증금조로 갑에게 예치한다.

단, 을은 계약이행 보증보험증권으로 대체할 수 있다. 이 때 보증(보험)기간은 20○○년 ○월 ○일까지로 한다.

제4조【납품기일】

① 을은 20○○년 ○월 ○일부터 20○○년 ○월 ○일까지 제1조의 물품을 갑의 공장 또는 갑이 지정하는 장소에 납품한다.

② 갑의 요구가 있을 때에는 을은 ○차 분할 납품한다.

③ 을이 납기내에 수리·납품하지 않았을 때는 연체 매 1일마다 계약금액의 일천분 지일점오의 연체료를 계산하여 갑이 지불할 대금에서 공제한다.

④ 천재지변 기타 갑이 인정할 때에는 연체료를 감면할 수 있다.

제5조【물품의 검수】

① 을이 납품한 물품은 갑이 지정한 검수자가 계약사양에 의거 검수한다. 다만, 검사 또는 시험으로 발생하는 제 비용 및 물량의 손실은 을의 부담으로 한다.

② 을은 검수시에 입회하고 검수에 합격함으로써 납품의 책임이 완료한 것으로 하며 검사 합격 전의 물품에 대한 책임은 을에게 있다.

③ 시운전을 요하는 품목은 납품 후 갑은 15일 이내에 시험을 하여야 하며 갑의 사정으로

인하여 시험검수가 지연될 경우에는 을의
요구에 의하여 기성고를 지불할 수 있다.

④ 검수완료 이전에 발생하는 제반사고(안전사
고 포함)는 전적으로 을이 책임을 진다.

제6조【대금의 지불】

① 물품의 대금 및 계약보증금은 계약한 수량
전량을 납품, 검수완료한 후 을의 청구에
의하여 지불한다.

② 분할납품된 물품에 대한 대금은 갑의 재량
에 의하여 분할 지불할 수 있다.

③ 을은 갑의 승인 없이 물품의 대금에 대한
채권을 제3자에게 양도하거나 질권으로 설
정할 수 없다.

제7조【선급금】

① 갑은 계약체결 후 선급금조로 일금 ○○○
원정을 을에게 지불하고, 을은 동 금액과
갑이 제공하는 수리 물품에 대한 보증금 일
금 ○○○원정, 합계 일금 ○○○원정의 지
급계약보증보험증권을 갑에게 담보금조로
예치한다.

단, 보증(보험)기간은 20○○년 ○월 ○일
까지로 한다.

② 제8조에 따라 해약시에는 을은 갑으로부터
지불받은 ①항의 선급금을 지체없이 갑에게
반환하여야 한다.

제8조【해약의 조건】

다음의 경우에는 갑은 을에게 아무런 최고등의
절차 없이 이 계약의 전부 또는 일부를 해약할
수 있다.

① 을이 이 계약의 전부 또는 일부를 이행하지 않을 때
② 납품한 물건이 사양, 시공 또는 도면 및 견본과 상이하여 용도에 부적합할 때
③ 을이 납기 내에 제 1 조의 목적물을 수리 및 제작납품 완료하지 아니하거나, 그 가능성이 없다고 갑이 인정할 때

제9조【위약】
　제8조의 각 조항에 의하여 해약되었을 때에는 계약보증금은 위약금으로 갑에게 귀속한다.

제10조【하자담보】
① 갑이 검수 완료한 날로부터 ○개월 이내에 발생하는 훼손, 고장, 변질 등으로 그 기능에 하자가 발생하였을 때 갑의 귀책에 속한 것을 제외하고는 을의 책임하에 수리 또는 대체 복구하고 그로 인한 제 손해를 을이 배상하기로 한다.
② 을은 하자보증금조로 일금 ○○○원정을 갑에게 예치한다. 다만, 갑은 지불할 대금 중에서 공제예치하거나 하자이행보증보험증권으로 대체할 수 있다.
　이 때 보증(보험)기간은 발생일로부터 ○개월간으로 한다.

제11조【보안 및 안전관리】
① 을은 갑이 제공한 도면, 기타 자료를 물품의 납품시 갑에게 반납하여야 한다.
② 을은 전항의 자료를 갑의 승인 없이 복사하거나 제 3 자에게 공개, 열람 기타 제작 이외의 목적에 사용하지 못하며 그 지득한 비

밀은 엄수하여야 한다.

제12조 【해석】

　이 계약의 해석에 이의가 있을 때에는 갑의 해석에 따르며 명시되지 않은 사항에 대하여는 일반관례에 준한다.

20○○년 ○월 ○일

(갑)

주식회사 ○○○
대표이사 ○○○

(을)

○ ○ ○

《 계약서 》 물품위탁판매계약서

물품위탁판매계약서

상품의 제조업자인 ○○○를 '갑' 판매대리상인 ○○○를 '을'이라 칭하여 당사자 사이의 물품위탁 판매계약을 다음과 같이 체결한다.

제1조 갑은 ○○○의 판매를 을에게 위탁하며, 을은 이를 수락한다.

갑이 을에게 위탁하는 상품의 종류 및 수량은 아래와 같다.

① 종류   수량
② 종류   수량
③ 종류   수량

제2조 갑은 을의 청구에 의하여 언제든지 전기의 품 종 및 수량을 을에게 공급한다.

제3조 을은 갑이 지정한 단가로 위탁물을 판매한다.

제4조 위탁물의 판매방법에 대하여 갑은 하등의 이 의를 제기하지 않는다.

제5조 갑은 위탁물의 판매대가로서 다음 비율에 의 한 수수료를 을에게 지급하기로 한다.

①   에 대하여   %
②   에 대하여   %
③   에 대하여   %

제6조 을은 매월 ○일까지 판매물품을 계산 정리하 며 그 대금을 매월 ○일까지 갑에게 송금한다.

단, 을은 송금시에 각월의 위탁물의 판매실정 을 갑에게 보고하여야 한다.

제7조 만약 을이 타처로부터 갑의 위탁물과 동종 및
　　　유사한 물품의 위탁판매를 받을 때에는 사전
　　　에 갑의 승낙을 얻어야 한다.
제8조 본 계약의 존속기간은 계약성립일로부터 ○
　　　년으로 한다.

　　위 계약을 입증하고자 본 계약서를 2통 작성하여
각각 1통을 보관한다.

20○○년 ○월 ○일

제 조 업 자 :　○　○　○　(인)

판매 대리상 :　○　○　○　(인)

〈계약서〉 부동산매매계약서

부동산매매계약서

　매도인 ○○○과 매수인 ○○○은 아래 표시 부동산에 관하여 다음 계약내용과 같이 매매계약을 체결한다.

제1조【부동산의 표시】

건물소재지		
면적	대지 :	건물 :
건물구조 및 용도		

제2조【매매대금】
　　위 부동산의 매매에 있어 매수인은 매매대금을 아래와 같이 지불하기로 한다.

대금총액	一金	원整
계약금	一金	원整을 계약시 지불
중도금	一金	원整 년 월 일 지불
잔 액	一金	원整 년 월 일 지불

제3조【부동산의 인도】
　　매도인은 매수인으로부터 매매대금의 잔금을 수령함과 동시에 매수인에게 소유권 이전등기에 필요한 모든 서류를 교부하고 위 부동산을 20○○년 ○월 ○일　인도한다.

제4조【소유권의 이전】
　　매도인은 위 부동산에 설정된 저당권, 지상권, 임차권 등 소유권의 행사를 제한하는 사유가 있거나, 조세공과 기타 부담금의 미납금 등이 있을 때에는 잔금 접수일까지 그 권리의 하자 및

부담 등을 제거하여 완전한 소유권을 매수인에
게 이전한다. 다만, 승계하기로 합의하는 권리
및 금액은 그러하지 아니하다.

제5조【각종부담금 등】

위 부동산에 관하여 발생한 수익과 제세공과금
등의 부담금은 위 부동산의 인도일을 기준으로
하되 그 전일까지의 것은 매도인에게, 그 이후
의 것은 매수인에게 각각 귀속한다. 다만, 지방
세의 납부책임은 지방세법의 납세의무자로 한
다.

제6조【각종 공과금 등】

매도인이 부담해야 할 매도일 전까지의 각종조
세와 공과금 등은 모두 매도일 전에 완납하고
그 영수증을 매수인에게 제시하여야 한다.

제7조【등기비용부담】

등기 신청에 소요되는 비용 중 매도증서의 작성
은 매도인, 신청서 작성의 비용 및 등기 등록세
는 매수인의 부담으로 한다.

제8조【계약부동산의 훼손 등】

계약 부동산이 거래가 완료되기 전에 천재·사변
등에 의하여, 일부 또는 전부가 원형을 상실했
을 경우 매도인은 수령한 계약금을 즉시 매수인
에게 반환하여야 한다.

제9조【명도 후의 하자】

매수인이 이 계약 부동산을 명도 받은 후에는
하자가 발견되더라도 이를 이유로 해약 또는
매매대금 감액 청구를 할 수 없다.

제10조【계약의 해제】

매수인이 매도인에게 중도금을 지불할 때까지는

매도인은 계약금의 배액을 상환하고, 매수인은 계약금을 포기하고 이 계약을 해제할 수 있다.

제11조【중계수수료】

중개수수료는 본 계약의 체결과 동시에 당사자 쌍방이 각각 지불하며, 중개업자의 고의나 과실 없이 거래당사자 사정으로 본 계약이 해약되어도 중개수수료는 지급한다.

제12조【매매대금의 증감청구】

계약 부동산의 평수·구조 등을 실측한 결과 등기상의 평수·구조와 차이가 있는 경우에는, 특히 정당한 사정이 인정되는 경우가 아닌 한, 계약당사자는 매매대금의 증감을 청구할 수 있다.

본 계약을 증명하기 위하여 계약당사자가 이의 없음을 확인하고 각자 서명,날인한다.

20○○년 ○월 ○일

매도인 주   소
       주민등록번호
       성   명 ○ ○ ○   (인)

매도인 주   소
       주민등록번호
       성   명 ○ ○ ○   (인)

《 계약서 》 부동산임대차계약서

부동산임대차계약서

임대인과 임차인은 아래 표시 부동산에 관하여 다음 계약내용과 같이 합의하여 임대차계약을 체결한다.

제1조 【부동산의 표시】

소재지				
토 지		m²	지 목	
건 물		m²	구소/용도	
임대부분				

제2조 【임대차 보증금】

위 부동산의 임대차에 있어 임차인은 임대차 보증금 및 차임(월세)을 아래와 같이 지불하기로 한다.

보 증 금	원정(₩)
계 약 금	원정은 계약시 지불함
중 도 금	원정은 년 월 일에 지불
잔 금	원정은 년 월 일에 지불
차 임	원정은 매월 일에 지불한다

제3조 【임대차기간】

임대차 기간은 20○○년 ○월 ○일부터 20○○년 ○월 ○일까지로 한다.

제4조 【임대인의 인도의무】

임대인은 임대부동산을 임대차 목적대로 사용·수익할 수 있는 상태로 하여 20○○년 ○월 ○일까지 임차인에게 인도한다.

제5소 【사용·복석】

임차인은 위 부동산을 임대차 이외의 다른 용도로 사용할 수 없다.

제6조【전대의 금지】

임차인은 임대인의 동의 없이는 위 부동산의 전대·임차권의 양도 또는 담보 제공을 하지 못한다.

제7조【계약의 해제】

임차인이 임대인에게 중도금(중도금 약정이 없는 경우에는 잔금)을 지불하기 전까지는 임대인은 계약금을 배액으로 상환하고, 임차인 또한 계약금을 포기하고 이 계약을 해제할 수 있다.

제8조【중개업자의 보수】

중개수수료는 당해 임대차계약의 체결과 동시에 임대인과 임차인 쌍방이 각각 지불하여야 한다.

본 계약을 증명하기 위하여 계약당사자가 이의 없음을 확인하고 각자 서명·날인한다.

20○○년 ○○월 ○○일

계약당사자 및 중개업자의 인적사항

임대인	주 소					
	주민등록번호		전화		성명	인
임차인	주 소					
	주민등록번호		전화		성명	인
중개 업자	주 소					
	주민등록번호		전화		성명	인
	상 호				대표	인

《 계약서 》 상품매매계약서

상품매매계약서

매도인 ○○(이하 갑이라 한다)과 매수인 ◎◎(이하 을이라 한다)는 제1조에 정하는 물품의 매매를 위하여 다음 계약을 체결한다

제1조【조건】
    1. 품　　명
    2. 수　　량
    3. 금　　액
    4. 인도기일
    5. 인도장소
    6. 대금총액
    7. 지급기한
    8. 지급방법

제2조【소유권이전】
    물품의 소유권은 물품의 인도가 있은 때에 갑으로부터 을에게 이전한다.

제3조【위험부담】
    물품의 인도전에 발생한 물품의 멸실, 훼손, 감량, 변질, 기타 일체의 손해는 그 원인이 을의 귀책사유인 것을 제외하고는 갑이 부담하며, 물품의 인도 후에 발생한 이들의 손해는 그 원인이 갑의 귀책사유인 것을 제외하고는 을이 부담한다.

제4조【검사 및 수령】

① 갑은 을의 지시에 따라 약정기일에 약정인 도장소에 물품을 지참하며, 을은 물품 수령 후 ○일 이내에 물품을 검사하여야 한다.

② 물품의 수령은 을의 검사종료와 동시에 완료한다. 검사지연으로 인하여 갑에게 발생한 손해는 을이 부담한다.

제5조【목적물 인수 등】

① 갑은 불합격품 또는 계약수량을 초과한 부분 및 계약을 해제당한 물품 기타 을로부터 반환되는 물품을 자기의 비용으로 을의 통지 발송일로부터 ○일 이내에 인수하여야 한다.

② 전항의 기간 경과후에도 갑의 인수가 없을 경우에는 을은 갑의 비용으로써 물품을 반송, 공탁하거나 물품을 매각하여 그 대금을 보관하거나 공탁할 수 있다.

제6조【지연손해금】

을이 매매대금채무의 변제를 하지 아니할 때에는 갑에게 지급기일의 다음 날부터 다 갚는 날까지 연 24%의 비율에 의한 지연손해금을 지급하여야 한다.

제7조【하자담보】

갑은 물품이 계약조건과 상이하거나 또는 인도 전의 원인에 의하여 발생한 물품의 품질불량, 수량부족, 변질, 기타의 하자에 관하여 책임을 부담하며, 을은 대금인도나 하자보수 또는 대금감액을 청구할 수 있다. 그 하자의 존재로 인하여 계약의 목적을 달성할 수 없을 경우에 을은 본 계약을 해제할 수 있으며 갑은 어떠한 경우에도 손해배상청구에 응하여야 한다. 단, 을은 곧 발견할 수 있는 하자에 관하여는 물품수령 후 검사를 한 날로부터 ○일 이내에 통지를 하지 아니할 경우 그 해제권 또는 청구권을 상실한다.

제8조【불가항력의 면책】

천재지변, 전쟁, 폭동, 내란, 법령의 개폐, 제정, 공권력에 의한 명령, 처분, 동맹파업, 기타의 쟁의행위, 수송기관의 사고, 기타 불가항력에 의하여 계약의 전부나 일부의 이행지연 또는 인도불능 사태가 발생하였을 경우에는 갑은 그 책임을 부담하지 아니한다.

제9조【합의관할】

본 계약에서 발생하는 권리의무에 관한 소송에 대하여는 ○○지방법원을 관할법원으로 한다.

위 계약체결의 증서로써 본 증서 2통을 작성하여 서명·날인하고 각자 1통씩 보관한다.

20○○년 ○월 ○일

갑	주소					
	성명 또는 상호	㉐	주민등록번호 또는 사업자등록번호	-	전화 번호	
을	주소					
	성명 또는 상호	㉐	주민등록번호 또는 사업자등록번호	-	전화 번호	

스톡옵션 표준계약서

　　○○주식회사(이하 '갑'이라 한다)와 ○○○(이하 '을'이라 한다)는 20○○년 ○월 ○일자 주주총회 결의에 의하여 '갑'이 '을'에게 증권거래법 제189조의4가 정하는 주식매수선택권(이하 '선택권'이라 한다)을 부여함에 있어 필요한 사항을 다음과 같이 약정한다.

제1조 【교부할 주식의 종류와 수】
　　　　을의 선택권의 행사에 대해 갑이 교부할 주식은 '갑'이 발생한 기명식 보통주식 ○○주로 한다.

제2조 【선택권의 부여방법】
　　　　을이 선택권을 행사할 경우 갑은 제1항의 주식을 발행한다.

제3조 【부여일】
　　　　선택권의 부여일은 20○○년 ○월 ○일로 한다.

제4조 【행사가격】
　　　　을이 선택권을 행사함에 있어 갑에게 지급하여야 할 1주당 금액(이하 '행사가격'이라 한다)은 ○○원으로 한다.

제5조 【행사가격과 부여할 주식의 수의 조정】
　　　　① 선택권의 부여일 이후 선택권의 행사 전에 '갑'이 자본 또는 주식발행사항에 변동이

있는 경우에는 제1조의 교부할 주식의 수 또는 제4조의 행사가격은 다음 각호와 같이 조정한다.

1. 준비금을 자본전입(무상증자)하는 경우 행사가격을 다음과 같은 산식으로 조정한다.

$$조정후행사가액 = 조정전행사가액 \times \frac{기발행주식수 - 감소주식수 \times \frac{1주당발행가}{시가}}{기발행주식수 + 감소주식수}$$

2. 주식분할을 하는 경우 행사가격은 액면가의 분할비율과 동등한 비율로 감소하고 교부할 주식의 수는 액면가의 분할비율의 역수로 증가한다.

3. 주식병합을 하는 경우 행사가격은 액면가의 병합비율과 동등한 비율로 증가하고 교부할 주식의 수는 액면가의 병합비율의 역수로 감소한다.

4. 자본감소, 이익소각, 상환주식을 상환하여 발행주식총수가 감소하는 경우 교부할 주식의 수는 발행주식총수의 감소비율과 같은 비율로 감소하고 행사가격은 다음 산식으로 조정한다.

$$조정후행사가액 = 조정전행사가액 \times \frac{기발행주식수 - 감소주식수 \times \frac{1주당발행가}{시가}}{기발행주식수 + 감소주식수}$$

② 제1항에 의한 조정은 제1항 각 호의 사정이 생긴 때에 별도의 절차 없이 이루어지는 것으로 하며, 이 경우 '갑'은 '을'에게 지체 없이 그 내용을 통지하여야 한다.

제6조 【행사기간】

선택권은 20○○년 ○월 ○일 이후 20○○년 ○월 ○일 이내에 행사하여야 하며, 이 기간 중 행사하지 아니한 선택권은 부여하지 않은 것으로 본다.

제7조 【행사방법 및 절차】

① 을은 제6조의 기간 내에 제1조가 정한 주식 수 또는 제5조에 의해 조정된 주식수의 전부 또는 일부에 관해 선택권을 행사하거나 분할하여 행사할 수 있다.

② 을이 선택권을 행사하고자 할 경우에는 갑이 작성한 신주발행청구서 2통에 선택권을 행사하고자 하는 주식의 종류와 수를 기재하고 기명날인 또는 서명을 하여 갑에게 제출하고 제4조의 행사가격 또는 제5조에 의해 조정된 행사가격을 제3항에서 규정하는 납입금보관은행에 납입하여야 한다.

③ 을이 행사가격을 납입할 장소는 ○○은행 ○○지점으로 한다.

제8조 【선택권행사의 효력】

을은 제7조 제1항의 납입을 한 때로부터 갑의 주주가 된다. 단, 납입을 한 날이 주주명부의 폐쇄기간중인 경우에는, 선택권의 행사로 주주가 된 자는 폐쇄기간중의 주주총회에서는 의결권을 행사하지 못한다.

제9조 【양도 및 담보의 제한】

을은 선택권을 양도하거나 담보로 제공하여서는 아니 된다. 단, 을이 선택권을 행사하기 전에 사망한 경우에는 그 상속인이 선택권을 승계한

　다. 선택권자가 20○○년 ○월 ○일 이전에 사
망한 경우에도 같다.

제10조【취소사유】

　① 주식매수선택권을 부여받은 을이 이를 행사
　　하기 전에 다음 각 호의 1에 해당된 때에는
　　갑은 이사회 결의로 주식매수선택권의 부여
　　를 취소할 수 있다.

　　1. 을이 20○○년 ○월 ○일 이전에 본인
　　　의 의사에 따라 퇴임하거나 퇴직한 경우.
　　　이사 또는 감사인 을이 이사 또는 감사
　　　를 퇴직하고 계속 갑의 종업원으로 근무
　　　하거나, 종업원인 을이 이사 또는 감사로
　　　선임된 경우에는 퇴임 또는 퇴직으로 보
　　　지 아니한다.

　　2. 을이 임무를 해태하여 갑에게 손해를 가
　　　한 경우. 이사 또는 감사인 을이 제3자
　　　에 대하여 상법 제401조의 책임을 지게
　　　된 경우에도 같다.

　　3. 갑의 파산 또는 해산 등으로 갑이 주식
　　　매수선택권의 행사에　응할 수 없는 경
　　　우

　　4. 을(이사인 경우에 한한다)이 상법 제
　　　397조에 위반하여 경업 또는 겸직을
　　　하거나 상법 제398조에 위반하여 자
　　　기거래를 한 경우. 을이 상근감사인 경
　　　우 상법 제397조가 규정하는 경업 또
　　　는 겸직을 한 경우에도 같다.

　　5. 주주총회에서 상법 제385조가 정하는
　　　정당한 사유(증권거래법 제193조 기

타 법령의 규정에 의해 감독기관으로부터 을의 해임을 권고받은 경우를 포함한다)로 을(이사 또는 감사인 경우에 한한다)을 해임하는 경우

6. 을(종업원인 경우에 한한다)이 갑의 인사규정 제00조, 제00조에 위반하여 징계를 받은 경우 또는 상법 제17조에서 규정하는 경업 또는 겸직을 한 경우

7. 을이 선택권을 타인에게 양도하거나 담보로 제공한 경우

8. 주식매수선택권이 압류된 경우

9. 주식매수선택권 행사를 위해 갑의 미공개 정보를 이용하거나 시세조종 등 불공정 거래는 한 경우

② 제1항의 취소는 이사회의 결의로 하며, 이사회는 제1항의 사유가 발생한 경우에는 지체 없이 취소의 결의를 하고 을에게 통지하여야 한다.

③ 제1항의 사유의 존부 또는 이사회의 취소의 효력을 다투는 소가 제기되고 이 소송에서 을이 승소한 판결이 확정된 경우에는 선택권부여를 취소한 이사회결의는 취소시에 소급하여 효력을 상실한다.

④ 상법 제385조에 의해 을의 해임을 청구하는 소가 제기되거나, 을을 이사 또는 감사로 선임한 주주총회의 결의의 효력을 다투느 소가 제기된 경우에는 다해 소에 대한

법원의 확정판결이 있을 때까지 을은 선택권을 행사할 수 없으며, 당해 소에서 을을 해임하는 판결이 확정된 경우에는 선택권의 부여를 취소하며, 을을 선임한 주주총회결의를 취소하는 판결(무효, 부존재판결을 포함한다)이 확정되는 경우에는 선택권을 부여하지 않은 것으로 본다.

제11조【합병, 분할로 인한 승계】

① 갑이 다른 회사에 흡수합병되는 경우에는 합병계약에 의해 다른 회사가 을에 대한 주식교부의무를 승계하지 않는 경우에는 을은 합병결의 후 2주일 내에 선택권을 행사하여야 한다. 단, 합병이 을에 대한 선택권부여일 이후 3년 내에 이루어지는 경우에는 갑은 다른 회사가 을에 대한 의무를 승계할 것을 합병계약의 내용으로 하여야 한다.

② 갑이 분할(물적분할을 제외한다)로 인하여 회사를 신설하거나 갑의 일부가 다른 회사와 합병하는 경우에는 분할계획 또는 분할합병계약에 의해 다른 회사가 선택권자에 대한 의무를 승계하지 않는 경우에는 을은 분할계획서 또는 분할합병계약서를 승인하는 주주총회의 결의일로부터 2주일 내에 선택권을 행사하여야 한다. 단, 분할이 을에 대한 선택권부여일 이후 3년 내에 이루어지는 경우에는 갑은 다른 회사가 을에 대한 의무를 승계할 것을 분할계획 또는 분할합병계약의 내용으로 하여야 한다.

제12조【준용】

　　이 계약에서 정하지 아니한 사항은 이 계약 체결일 현재 시행중인 관련 법규 및 갑의 정관과 당사자간의 합의에 따른다.

제13조【재판관할】

　　이 계약에 관련된 소송은 ○○법원에 제소하여야 한다.

제14조【서명날인 및 보관】

　　이 계약서는 2부 작성하여 갑과 을이 서명날인한 후 각 1부씩 보관하기로 한다.

20○○년 ○월 ○일

갑 : ○○주식회사
　　대표이사 : ○　○　○ (인)

을 : ○　○　○ (인)
　　주 소 :
　　주민등록번호 :

《계약서》 신원보증계약서

신원보증계약서

　김갑동(이하 "갑"이라 한다)와 주식회사 ○○(이하 "을"이라 한다)는 을의 피용자 박진수(이하 "병"이라 한다)에 대한 신원보증에 관하여 아래와 같이 계약(이하 "본 계약"이라 한다)을 체결한다.

제1조 【목 적】
　　본 계약은 갑이 을에 대하여 을의 피용자 병의 업무수행상의 행위로 인하여 을이 입게 되는 손해를 배상함에 있어 필요한 제반사항을 정함을 그 목적으로 한다.

제2조 【용어의 정의】
　　본 계약에서 사용하는 용어의 정의는 다음 각 호와 같다.
　　1. 사용자 : 근로계약의 당사자로서 피용자에게 임금을 지급할 의무가 있고 피용자에 대하여 지휘감독권을 가지는 자
　　2. 피용자 : 근로계약의 당사자로서 직업·직책의 종류를 불문하고 사업 또는 사업장에서 임금을 목적으로 사용자의 지휘·감독 하에서 근로를 제공하는 자로서 본 계약의 피보증인
　　3. 신원보증인 : 피용자가 업무를 수행하는 과정에서 그의 책임있는 사유로 인하여 사용자에게 손해를 입히는 경우 사용자에 대하여 이를 배상하여야 하는 책임이 있는 자

4. 근로계약 : 명칭을 불문하고 피용자가 사용자에게 근로를 제공하고 사용자는 이에 대하여 임금을 지급함을 목적으로 하여 체결되는 계약

제3조【본 계약의 전제요건】

① 본 계약은 사용자인 을과 피용자인 병 사이의 근로계약이 유효함을 전제로 하여 성립한다.

② 피용자 병의 인적 사항은 다음과 같다.

1. 성명 : 박진수

2. 주민등록번호 : 800000-1111111

3. 주소 : 서울시 서초구 서초동 123의 1

제4조【신원보증인의 의무】

① 병이 을과의 근로계약에서 정한 사항을 위반하는 등 병의 고의나 중과실에 의한 책임 있는 행위로 인하여 을에게 재산 또는 신용에 직접적·간접적으로 손해가 발생하는 경우 갑은 병의 을에 대한 모든 손해배상책임에 관하여 보증책임을 진다.

② 을의 손해가 근로관계 존속 중의 병의 행위로 인하여 발생한 것인 이상 그 손해가 근로관계의 종료 후에 발생하는 경우에도 갑은 제1항과 같은 책임을 진다.

③ 병이 을과의 근로계약을 해지하는 등 을과 병 사이의 근로관계의 종료는 근로관계 존속 중의 병의 행위로 인하여 발생하는 갑의 보증책임에 영향을 미치지 아니한다.

제5조【사용자의 통지의무】

다음 각 호의 사유가 발생하는 경우 을은 지체

없이 갑에게 통지하여야 한다.

1. 병이 업무상 부적격자이거나 불성실한 행적
   이 있어 이로 말미암아 갑의 책임을 야기할
   염려가 있음을 알게 된 때

2. 병의 업무 또는 업무지를 변경함으로써 갑
   의 책임을 가중시키거나 또는 병에 대한 감
   독이 곤란하게 될 염려가 있을 때

제6조【최고 및 검색의 항변권 포기】

갑은 을에게 병에 대한 최고 및 검색의 항변을
포기한다.

제7조【신의성실의 원칙】

갑과 을은 본 계약의 해석 및 이행과 관련하여
상호 견해가 대립될 경우 신의성실의 원칙에 따
라 협의하여 해결한다.

제8조【계약기간】

본 계약의 유효기간은 계약체결일로부터 1년으
로 하고, 계약기간 만료일 1월 전까지 별도 서
면에 의한 의사표시가 없는 한 동일한 조건으로
1년씩 자동 연장되는 것으로 한다.

제9조【권리, 의무의 승계】

본 계약상의 모든 권리와 의무는 을의 합병, 영
업양도, 경영 위임 등의 경우에도 을의 합병회
사, 영업양수인, 경영수임인 등에게 승계되며,
을은 그들로 하여금 본 계약상의 권리와 의무를
승계하는 것에 동의하도록 할 의무를 진다.

제10조【계약의 변경】

본 계약의 일부 또는 전부를 변경할 필요가 있
는 경우에는 갑과 을의 서면 합의에 의하여 이
를 변경하고, 변경내용은 변경한 날 그 다음날

부터 효력을 가진다.

제11조【해 지】

　① 갑은 다음 각 호의 사유가 발생한 경우에는 계약기간에 관계없이 서면으로 본 계약을 해지할 수 있다.

　　1. 제5조에 따라 을로부터 통지를 받은 때

　　2. 갑이 스스로 제5조의 각 호에 정한 사실이 있음을 안 때

　　3. 갑이 을에게 피용자인 병의 고의 또는 과실이 있는 행위로 인하여 발생한 손해를 배상한 때

　　4. 기타 본 계약의 기초되는 사정에 중대한 변경이 있는 경우

　② 을이 고의 또는 중과실로 제5조의 통지를 게을리함으로 인하여 갑이 제1항에 따른 본 계약의 해지를 하지 못한 경우 갑은 그로 인하여 증가된 손해에 대해서는 배상할 책임이 없다.

　③ 제1항에 따른 본 계약의 해지는 이미 발생한 갑의 보증책임에 영향을 미치지 아니한다.

제12조【신원보증계약의 상속성】

　본 계약은 갑의 사망으로 그 효력을 상실하지만 갑의 사망 전에 이미 발생한 보증책임은 유효하게 존속한다.

제13조【유보사항】

　① 본 계약에서 정하지 아니한 사항이나 해석상 내용이 불분명한 사항에 대해서는 관계 법령 및 상관습에 따라 상호 협의하여 결정

한다.
　　② 제1항과 관련하여 필요한 경우 갑과 을은
　　　　별도의 계약을 할 수 있으며, 이는 본 계
　　　　약 효력의 일부를 이룬다.
제14조【관할법원】
　　본 계약과 관련하여 소송상의 분쟁이 발생한
　　때에는 을의 주된 영업소 소재지 지방법원을
　　관할법원으로 한다.

　본 계약의 내용을 증명하기 위하여 본 계약서 2부
를 작성하고, 갑과 을이 서명 또는 날인한 후 각 1부
씩 보관한다.

　　　　　　　20○○년 ○월 ○일

　갑
　서울 서초구 서초동 1234-1

　주식회사 ○○
　대표이사　이 을 동　　(인)
　을
　서울 강남구 대치동 996의16
　주민등록번호 : 590210-1111111
　신원보증인 김 갑 동　　(인)

양도담보계약서

채권자 ○ ○ ○(이하 갑이라 함)과 채무자 ○ ○ ○(이하 을이라 함)은 별지 기재의 물건에 대하여 다음과 같이 계약한다.

제1조【목적】

을은 양도담보의 목적으로 별지 물건을 금일 금 ○○○만원에 갑에게 매도하기로 하며, 위 담보 물건의 소유권은 20○○년 ○월 ○일에 갑에게 이전됨을 확인한다.

제2조【대금지급방법】

갑은 을에 대하여 제1조의 매매대금을 20○○년 ○월 ○일에 현금으로 을의 주소지에서 지급하기로 한다.

제3조【사용권】

① 을은 별지 물건을 사용할 수 있다.

② 을이 별지 물건을 사용할 경우에는 사용료는 1개월에 금 ○○만원으로 하고 매월 말일 사용료를 갑에게 직접 지급하여야 한다.

③ 을이 사용료의 지급을 2회 이상 연체하였을 경우 갑은 즉시 사용계약을 해제하고 별지 물건의 인도를 청구할 수 있으며, 을은 갑의 인도청구를 받는 즉시 물건을 인도하여야 한다.

제4조【계약기간 등】

① 본 계약기간은 20○○년 ○월 ○일까지로 하며, 을은 계약 기간내에 을이 제1조의 매매대금을 현금으로 갑에게 반환하면 별지 물건에 대한 소유권은 그 즉시 다시 을에게 귀속한다.

② 을이 계약기간내에 위 매매대금을 갑에게 반환하지 못할 경우에는 별지 물건의 소유권은 확정적으로 갑에게 귀속되며 을은 별지 물건을 다시 살 수 없으며 즉시 갑에게 별지 물건을 인도하여야 한다.

제5조【물건관리 등】

① 을은 별지 물건을 사용함에 있어 선량한 관리자로서의 주의 의무를 다하여야 하고, 물건관리에 필요한 모든 비용은 을이 부담하기로 한다.

② 을은 위 ①항에 의한 물건관리를 함에 있어 발생할 지 모르는 사고에 대비하기 위하여 을의 비용부담으로 갑이 지정하는 보험회사와 손해배상보험에 가입하기로 하며, 이 경우 을은 보험금지급청구권에 대하여 갑을 권리자로 질권을 설정해 주어야 한다.

③ 을은 본 계약기간동안 양도담보된 별지 물건에 대하여 갑의 동의나 승낙없이 제3자에 대한 또다른 담보설정이나 임대 등의 일체의 처분행위를 하여서는 안된다.

제6조【분쟁 및 관할】

갑과 을 사이에 체결된 본 계약에 없는 사항의 문제가 발생되었을 때에는 민법 등의 법령을 참작하여 서로 협의로써 해결함을 원칙으로 하고,

협의가 되지 않을 경우 그 관할법원은 갑의 주
소지를 관할하는 법원으로 한다.

갑과 을은 이상과 같이 계약하고 본 계약서를 2통 작
성하여 각 서명·날인한 후 공증하여 각 1통씩 이를 소
유하기로 한다.

20○○년 ○월 ○일

채권자	주소						
	성명		인	주민등록번호	－	전화번호	
채무자	주소						
	성명		인	주민등록번호	－	전화번호	

【별 지】

양 도 담 보 물 건

연 번	물 건 명	제작회사(모델명)	제작년도	비 고
1	CNC 선반	○○공업사(NP 1230)	20○○	2대
2	프레스기계	○○기계산업사(Q-20)	20○○	1대
3	대형에어컨	○○전자(SS-1100)	20○○	3대
4	컴퓨터	○○컴퓨터(펜티엄Ⅳ,S9-880)	20○○	5대

《 계약서 》 연봉계약서

연 봉 계 약 서

　○○○○(주) 대표이사 ○○○ (이하 "회사"라 한다)과 ○○○은(는) (이하 "직원" 이라 한다) 회사가 직원에게 일년간 지급할 급여에 대하여 다음과 같이 계약을 체결한다.

- 계약기간 : 20○○년 ○월 ○일 ~ 20○○년 ○월 ○일
- 총 급여지급액 :　○○○원
- 지급방법 : 총 급여지급액 중 12/20은 균등 분할하여 매월 지급하고, 8/20은 회사가 정하는 방법에 따라 지급한다.
- 계약기간 중 승진 등 신분상의 변동이나 기타 사유로 인하여 연봉조정이 필요할 때에는 계약을 변경할 수 있다.
- 기타 급여지급에 관한 사항은 급여규정 및 취업규칙에서 정하는 바에 따른다.

　　　　　　20○○년 ○월 ○일

회사명 :　　　　　　　　소 속 :

　　　　　　　　　　　　직 급 :

대표이사 :　　　(서명) 성 명 :　　　(서명)

영업양도·양수계약서

　○○○(이하 "갑"이라 한다)와 ○○○(이하 "을"이라 한다)는 다음과 같이 영업 양도양수 계약을 체결한다.

제1조【계약의 목적】
　　갑은 을에게 아래의 영업 및 상호를 본 계약의 규정에 따라 을에게 양도하며 을은 이를 양수한다.
　　(1) ○○시 ○○구 ○○동 ○○번지 ○○건물 ○○층 점포(이하 "점포"라 한다)에서 경영하는 ○○영업
　　(2) ○○영업을 위하여 사용하는 상호 ○○○

제2조【양도의 대상】
　　본 계약에 의한 양도양수의 대상과 범위는 다음과 같다.
　　1. 점포에 현존하는 상품, 영업용 집기 및 비품
　　2. 전화번호 ○○번의 전화가입권
　　3. 제1조에 기재된 건물의 건구 등 공작물
　　4. 거래처에 대한 권리를 포함한 영업상의 권리
　　5. 점포의 임차권

제3조【양도양수 대금】
　　1. 본 계약에 의한 양도양수 대금은 총액 ○○

○원으로 한다.

2. 을은 본 계약 체결시 계약금 ○○○원을, 갑이 제4조와 제5조의 절차를 완료하였을 때 나머지 잔금을 갑에게 지불한다.

제4조【양도절차의 이행】

갑은 20○○년 ○월 ○일까지 점포를 임차권의 명의변경과 함께 을에게 명도하고, 동시에 제2조의 물품 전부와 영업용 장부 및 서류를 인도하며, 영업승계에 필요한 모든 절차를 완료한다.

제5조【등기절차】

갑은 을에 대하여 20○○년 ○월 ○일까지 제1조의 상호 양도 등기신청을 종료하며 제2조의 전화가입권의 명의변경 절차를 완료한다.

제6조【계약의 해지】

갑 또는 을은 상대방이 본 계약의 규정을 위반하였을 때는 최고절차 없이 본 계약을 해지할 수 있으며 이 경우 상대방은 제3조의 계약금과 동일한 금액의 손해배상을 해야 한다.

제7조【공조공과의 부담】

본 계약 체결전까지의 점포 영업관련 공과금은 본 계약 체결일 전일까지의 부분은 갑이, 그 후의 부분은 을이 부담한다.

제8조【동일영업의 금지】

갑은 본 계약 체결일로부터 ○년간 본 계약상의 영업과 동일한 영업을 할 수 없다. 만약, 이를 어겼을 경우에는 그로 인하여 을이 ○○○원의 손해를 보았다고 확정하고 갑은 이 금액을 을에게 지불한다.

제9조 【기타】

　　본 계약에 정하지 않은 사항은 갑과 을이 상호
　　협의하여 결정한다.

　이를 증명하기 위하여 갑과 을은 계약서 2통을 작성
하여　각각 서명날인 후 각 1통씩을 보관한다.

　　　　　　20○○년 ○월 ○일

　　　　　(갑)　주　소 :
　　　　　　　　성　명 : ○　○　○　(인)

　　　　　(을)　주　소 :
　　　　　　　　성　명 : ○　○　○　(인)

《 계약서 》 영업위탁계약서

영업위탁계약서

주식회사 ○○클리닝을 "갑"으로 하고, ○○○을 "을"로 하고, ○○○을 "병"으로 하여 당사자간에 다음과 같이 영업위탁계약을 체결한다.

제1조【목　적】
　　1. "갑"은 "을"에 대해 "갑"이 임대한 ○○시 ○○구 ○○동 ○○번지 ○○스토아 소재의 "갑의 점포 내의 크리닝영업(이하 본 위탁영업이라 한다)을 "을"에게 위탁한다.
　　2. 본 위탁영업장소의 위치 지정 및 변경은 "갑"에게 이를 행사하고, "을"은 이에 따르는 것으로 한다.

제2조【명　의】
　　본 위탁경영은, "갑"의 명의로서 이를 행사한다. 단, "을"의 명칭을 사용하는 경우라 하더라도, 이로써 본 위탁영업장소에 따라 "을"의 임대권 등이 발생하는 것이 아님을 확인한다.

제3조【신용유지의무】
　　"을"은 본 위탁영업을 함에 있어서 "갑"의 신용을 손상시키지 않도록 유의하여야 한다.

제4조【승인사항】
　　"을"은 본 위딕형입에 따른 판매품목, 판매가

격, 그 외 기본적인 사항에 대해서는 미리 "갑"의 승인을 얻는 것으로 한다.

제5조【내장설비】

"을"이 본 위탁영업을 행사하기 위해 필요한 내장 및 설비 등은 원칙적으로 "갑"이 설치하여 "을"에게 사용하게 한다.

제6조【기타비용】

"을"이 본 위탁영업을 행사하기 위하여 필요로 하는 집기 그외 비품 등은 "갑"과 "을"이 협의하여 결정한 것을 "을"의 부담하에 사용한다.

제7조【공공요금의 부담】

1. "을"이 본 위탁영업을 행사하기 위하여 필요로 하는 전기, 수도, 가스청소, 전화 등의 요금에 대해서는 원칙적으로 "을"의 부담으로 한다.

2. 냉난방비는 "갑"의 부담으로 한다.

제8조【광고비용】

본 위탁영업에 관한 광고, 선전, 장식 및 이에 필요한 비용부담은 그 때마다 "갑"과 "을"이 협의하여 이를 행한다.

제9조【종업원의 사용】

1. "을"은 본 위탁영업에 종사하는 종업원에 대해서, "갑"의 승인을 얻어야하고 또 그 근무에 대해서는 "갑"의 지시에 따르기로 한다.

2. "갑"이 전 항의 을의 사용인에 대하여 영업상 그 외의 이유에 따라 부적합하다고 인정할 경우는 언제라도 이를 변경할 수 있다.

제10조 【위반시 조치사항】

　　"을"은 미리 "갑"의 승인을 얻지 않으면, 본 위탁영업을 폐지 또는 휴지(休止)하는 것은 물론, 제3자에게 대행시킬 수 있다.

제11조 【손해배상】

　　"을" 또는 을의 사용인이 본 위탁영업에 관하여 "갑" 또는 제3자에게 피해를 준 경우는, 그 이유를 불문하고 "을"은 본인의 책임하에 이를 처리하며 손해배상을 하는 것으로 한다.

제12조 【위험부담】

　　영업시간중은 물론, 영업시간 외의 화재·도난·등의 원인에 의해 "을"이 손해를 입은 경우라 하더라도, "갑"은 그 원인을 불문하고 손해보상 등의 책임을 부담하지 않는다.

제13조 【보　수】

　　1. "을"은 본 위탁영업의 매상대금의 일체를 "갑"이 지정하는 방법에 의해 "갑"에게 입금하기로 한다.

　　2. 전항의 매상대금은 "갑"이 별도로 정한 기일마다 마감일에 계산하여 매상총액에서 제세 공과금을 공제한 후, 그 잔액의 ○%에 상당하는 금액을 보수(위탁료)로서 "을"에게 지급하는 것으로 한다.

　　3. 본 영업에 관한 부가가치세는 "갑"이 납부한다.

제14조 【표준매상액】

　　"갑"과 "을"은 협의하에 매월 표준매상고를 결정하는 것으로 한다.

제15조【계약의 해제】

　　1. "갑" 및 "을"은 그 상황에 따라 2개월 전의 예고를 통해 이 계약을 해제할 수 있다.

　　2. "을"이 본 계약의 각 조항 중 어느 것을 위반했을 때, 또는 "을"의 매상고가 6개월 이상 계속하여 제14조의 표준매상고에 미치지 못한 경우, "갑"은 최고통지 없이 본 계약을 해제 할 수 있다.

　　3. 제1항 또는 제2항의 경우는, "갑"과 "을" 모두 상대방에 대해 본 계약해제를 이유로 손해 배상의 청구를 하지 않는다.

제16조【원상복구】

　　"을"은 본 계약이 효력을 상실한 경우, "을" 소유의 설비 및 물품을 즉시 "갑"의 점 포 내에서 수거해야 한다. 만일, "을"이 이를 수거하지 않는 경우에 "갑"이 "을"의 비용으로 이를 수거하더라도 "을"은 어떤 이의를 제기할 수 없다.

제17조【규정외 사항】

　　본 계약에 정하지 않은 사항에 대해서는, 그 때마다 "갑"과 "을"이 협의하여 정한다.

제18조【계약기간】

　　본 계약의 유효기간은 20○○년 ○월 ○일에서 20○○년 ○월 ○ 일까지로 한다. 단, 본 계약 기간 만료 2개월 전에 "갑" 또는 "을"에게서 별다른 의사표시가 없는 경우, 다음 1년을 유효한 것으로 하고 이후 이 예에 따른다.

제19조【연대보증】
　　　"병"은 본 계약에 근거하여 "을"이 부담하
　　는 일체의 채무이행에 관하여 "을"과 연대하
　　여 그 책임을 부담하기로 한다.

　이 계약의 성립을 증명하기 위하여 본 계약서 3통을
작성하고, 각자 서명하고 날인한 다음 각 1통을 보관
한다.

　　　　　　　20○○년 ○월 ○일

　　　　　위탁자(갑)　주　소 :
　　　　　　　　　　　상　호 :
　　　　　　　　　　　대표자 :　　　　(인)

　　　　　수탁자(을)　주　소 :
　　　　　　　　　　　성　명 :　　　　(인)

　　　　　보증인(병)　주　소 :
　　　　　　　　　　　성　명 :　　　　(인)

용 역 계 약 서

본 계약의 당사자인 주식회사 ○○사(이하 "갑"이라 칭함)와 주식회사   ○○(이하 "을"이라 칭함)는 "갑"의 인터넷 홈페이지(이하 홈페이지라 칭함) 제작에 관한 용역 계약(이하 계약이라 칭함)을 아래와 같이 체결하고 이를 성실히 이행하기로 합의한다.

제1조【계약의 목적】

　　(1) 본 계약의 목적은 "갑"의 의뢰에 의해 "을"이 당해 홈페이지를 제작하는데 따른 제반 사항을 규정하는 데 있다.

　　(2) 계약서 작성 이후 본 계약의 내용을 달성하기 위해 필요하다고 인정되는 작업의 변경이 있을 경우 쌍방의 서면 합의 후 수정이 가능한 것으로 한다.

제2조【홈페이지】

　　본 계약에서의 홈페이지란 인터넷상에 "갑"의 관련 내용을 문자나 그림을 이용, HTML 등 프로그래밍 언어로 종합 구성해 표현한 것을 말한다.

제3조【저작권】

　　본 계약에 의하여 "을"이 제작 완료한 당해 홈페이지의 저작권은 "갑"에게 있다.

제4조【홈페이지 제작】

　　"갑"이 의뢰한 당해 홈페이지의 제작은 다음

과 같은 절차에 의한다.

(1) 자료의 제공

"갑"은 당해 홈페이지의 제작에 사용될 내용을 "을"에게 제공하고, "갑"의 승인에 따라 "을"은 제작에 착수한다. 제작 기간의 착수 시점은 "갑"이 승인한 날로부터 한다.

(2) 인도 및 검사

"을"은 제작된 홈페이지를 인터넷에 게시 및 "갑"에게 통보하고, "갑"은 제작된 홈페이지를 인수 일로부터 1주 이내에 검수하여 그 결과를 "을"에게 서면으로 통보한다. 이 때 검수 방법은 다음 제5조에 의거 시행한다.

(3) 제작 완료 확인

"을"이 인도한 홈페이지가 이상 없음을 "갑"이 확인하였을 때에 당해 홈페이지의 제작이 완료된 것으로 본다. 다만, 본조 제2항의 기간에 당해 홈페이지의 검수 결과를 통보하지 않는 경우, 본조 제2항의 기간이 경과한 시점에 당해 홈페이지 제작이 완료된 것으로 한다.

(4) 납품

"을"은 제작이 완료된 홈페이지를 인터넷에 게시 및 "갑"에게 검수하게 한다.

제5조【검수 방법 및 하자 보수】

(1) "을"이 당해 홈페이지를 제작 완료하였을 때에는 이를 "갑"에게 즉시 통보하여야 한다.

(2) 제작 완료된 당해 홈페이지의 검수는 "갑"이 진행하고, "갑"은 당해 홈페이지의 검수 결과를 "을"에게 통보하며 하자가 있는 곳은 "을"이 보수하여야 한다

(3) 보수에 있어 그 기간은 "갑"과 "을"이 별도로 협의하여 정하되, 다만, 제 4조 제3항에 영향을 줄 수 없다.

제6조【홈페이지 운영】

"갑"이 의뢰한 당해 홈페이지의 운영은 다음과 같은 절차에 의한다.

(1) 원활한 인터넷에의 게시

"을"은 당해 홈페이지의 제작이 완료된 시점으로부터 이를 원활하게 인터넷에 게시하여 운영한다. "갑"은 이에 따르는 제반 비용을 매월 "을"에게 지급한다.

(2) 내용의 추가 및 신규 홈페이지 제작

홈페이지의 구조가 변경되지 않는 한도 내에서의 내용의 추가는 매월 "갑"에게 지급하는 운영비용에 포함된다. 단 추가 비용이 운영비용을 넘어설 경우 "갑"은 "을"에게 별도의 제작비용을 지급한다. 그에 따르는 기준 단가는 "을"이 "갑"에게 제시하며 별도의 유지보수 계약을 체결한다.

(3) 홈페이지 운영 확인

"갑"은 수시로 인터넷을 통한 홈페이지 운영을 확인할 권한을 가지며 "을"은 갑의 요구가 있을 시 운영에 대한 사항은 "갑"에게 보고한 책임을 가진다.

제1편
계약서

제7조【비밀유지】

(1) "갑"과 "을"은 본 계약과 관련하여 상대방으로부터 제공받거나 또는 취득한 상대방의 기술상, 업무상의 비밀을 보장하며, 상대방의 서면 동의 없이 제삼자에게 누설하지 않는다

(2) 본 조는 본 계약이 해제 또는 해지되었을 경우에도 계속 유효하다.

제8조【각종 자료 및 내용의 관리】

당해 홈페이지에 넣기 위하여 "을"에게 제공되는 각종 자료 및 내용들은 최초 제공 상태를 유지하여야 하며, "을"의 관리 시점에서 하자 발생시에는 분실, 훼손 등에 따른 변상을 "갑"이 요구할 수 있다. 또한 그 각종자료 및 내용들을 "갑"의 허락 없이 타 목적으로 사용하여서는 안된다.

제9조【제작비의 지불】

(1) "갑"은 "을"의 당해 홈페이지 제작에 따른 개발비를 다음 (2)항의 지불 방법에 따라 지급한다.

(2) 지불 방법은 계약 후 1주일 이내에 총제작비(₩ ○○○만원, VAT 별도)의 50%(₩ ○○○ : ○○○)를 현금으로 지급하고, 제작 완료 후 1주일 이내에 총제작비의 나머지 50%(₩ ○○○ : ○○○)를 현금으로 지급한다.

제10조【운영비의 지불】

(1) "갑"은 "을"의 당해 홈페이지 운영에 따른 운영비를 다음 (2)항의 지불 방법에

따라 지급한다.

(2) 지불 방법은 매월 15일을 기준으로 1주일 이내에 총 운영비(₩ ○○○ : ○○○만 원, VAT 별도)을 현금으로 "을"에게 지급한다.

제11조【납기 및 지체 상금】

(1) 제작된 홈페이지의 납품 기한은 본 계약일로부터 1개월 이내로 한다.

(2) "을"이 납기를 정당한 사유로 인하여 지키지 못한 경우, 이를 즉시 "갑"에게 통지할 의무를 진다.

(3) 지체상금

"을"은 전쟁, 폭동, 홍수, 지진 등 불가항력적 사고 이외의 원인으로 납기를 지체한 경우 매 1일에 총 제작비의 1/1000에 해당하는 금액을 지체상금으로서 즉시 현금 지급하여야 한다.

제12조【계약의 해지】

(1) "갑"은 다음 각호의 경우 30일간의 기간을 두어 협력 사업의 성실한 이행을 요구하고, "을"이 이를 불이행하거나 시정할 의사가 없다고 "갑"이 판단한 경우 "갑"은 "을"에게 본 계약의 해지를 요구할 수 있다.

- "갑"의 시정 요구를 "을"이 정당한 사유없이 이행하지 않을 때
- "을"이 정상적인 경영을 할 수 없는 상태로 들어갔다고 판단한 경우
- "을"이 파산 선고를 받거나 해산, 청

산, 회사 정리 절차에 들어갔을 때

(2) "갑"의 협정 위반에 대한 "을"의 시정
요구를 "갑"이 정당한 사유없이 이행하지
않을 때 "을"은 "갑"에게 본 계약의 해
지를 요구할 수 있다.

(3) 위 (1)(2)항의 해지 효력은 "갑" 또는
"을"이 서면으로 해지 통보를 발송한 날
로부터 발생한다.

(4) "갑"에 의한 계약 해지의 경우, "갑"
은 총 계약 금액의 50%에 해당하는 금액
을 현금으로 "을"에게 보상하여야 한다.

(5) "을"에 의한 계약 해지의 경우, "을"
은 총 계약 금액의 10%에 해당하는 금액
을 현금으로 "갑"에게 보상하여야 한다.

제13조【불가항력】
본 계약의 이행에 있어 전쟁, 폭동, 홍수, 지진,
정부의 조치 등에 해당하는 불가항력적 사고로
인하여 발생한 계약 불이행이나 이행의 지체에
대하여는 그 어느 일방도 상대방에게 책임을 지
지 아니한다.

제14조【계약의 해석 및 재판관할】
(1) 본 계약에 명기되지 아니한 내용 및 계약
의 해석상 이의가 있을 경우에는 쌍방의 합
의에 의하여 그 내용의 수정 및 첨삭을 결
정한다.

(2) 본 계약과 관련하거나 혹은 쌍방의 계약
이행과 관련하여 이견이나 분쟁이 발생할
경우 쌍방은 이를 상호 원만히 해결하도록
노력하여야 하며, 이러한 이견이나 분쟁이

원만히 해결될 수 없을 경우 "갑"의 소재지를 관할하는 지방법원을 관할 법원으로 한다.

제15조【계약의 변경】

본 계약은 "갑"과 "을"이 서면 합의에 의해 본 계약의 내용을 변경할 수 있다.

제16조【신의 성실 및 협조】

본 계약서에 명시된 사항에 대하여 "갑"과 "을"은 신의와 성실로써 본 계약을 수행해야 하며, "갑"과 "을"은 본 계약에 의한 계약 기간 및 제작 기간 동안 원활한 제작이 이루어지도록 적극 협조한다.

제17조【계약의 효력】

본 계약은 "갑"과 "을"이 쌍방 서명 날인한 날부터 유효하다.

제18조【계약 유효 기간】

본 계약서의 유효 기간은 계약 후 6개월로 하며, "갑"과 "을"의 서면 합의에 의해서만 변경될 수 있다.

본 계약을 상호 자유로운 의지로 완전 합의하였음을 증명하기 위하여, 계약서 2부를 작성하고 "갑"과 "을"이 기명 날인 후 각각 1부씩 보관한다.

20○○년 ○월 ○일

【갑】 상 호 : 주식회사   【을】 상 호 : 주식회사
　　　 주 소 :   　　　 주 소 :
　　　 대표자 :   (인)   　　　 대표자 :   (인)

《 계약서 》 운송계약서

운 송 계 약 서

운송인 갑과 위탁자 을은 다음과 같은 약정에 의하여
상품운송계약을 체결한다.

제1조 【기간】
　　　　본 계약은 20○○년 ○월 ○일부터 20○○년
　　　　○월 ○일 까지 1년 간 유효하며, 기간 만료
　　　　전 1월 이내에 쌍방이 이의를 제기하지 않으면
　　　　동일한 조건으로 다시 1년 간 갱신된 것으로
　　　　한다.

제2조 【운송업무의 내용】
　　　　갑은 담당자의 지시에 따라 을이 지정하는 일
　　　　시, 장소에 신속, 적정하게 배당상품의 운송업
　　　　무를 실행한다.

제3조 【운송방법 및 책임】
　　　　갑의 담당자는 배달상품의 납품서 사본 또는 이
　　　　에 유사한 전표에 날인한 후 배달하며, 상품영
　　　　수증을 을의 담당자에게 교부할 때까지 갑이 모
　　　　든 책임을 부담한다.

제4조 【배달확인】
　　　　상품영수증 교부 후 을의 담당자는 납품서 사본
　　　　또는 이에 유사한 전표에 날인하여 갑의 담당자
　　　　에게 교부한다.

제5조 【배달연락】
　　　　을은 수송차의 필요여부, 시간 및 장소를 하루

전까지 갑에게 연락하여야 한다. 만일 을이 당일 연락을 한 경우에 갑은 신속한 배달을 위하여 최선을 다하여야 하고, 갑의 노력에도 불구하고 당일 배달이 불가능한 경우 을은 다음날 배달되는 것을 양해하여야 한다.

제6조【시외지역 상품】

시외지역으로 배달되는 상품은 최종편을 이용한다.

제7조【운임】

본 계약에 의한 지역별 운임은 별표와 같다. 경제사정의 변화나 관련 제세공과금의 현저한 변동 등의 사정으로 인하여 당사자 사이에 운임조정에 대한 합의가 성립할 경우에는 조정된 금액에 의한다.

제8조【운임지급】

갑은 매월 ○일까지 발생한 운임을 해당 월의 마지막 영업일까지 을에게 청구하여야 하며, 을은 익월 ○일까지 갑에게 운임을 지급하여야 한다.

제9조【책임】

본 계약에 의한 배달업무에서 발생하는 사고(상품사고, 교통사고 등)에 대하여는 갑이 일체의 책임을 부담하며, 갑은 을이 입은 모든 손해를 배상하여야 한다.

제10조【유예기간】

일방 당사자가 상대방의 의무위반이 없음에도 불구하고 본 계약을 해제할 경우에는 상대방이 해제의 통보를 받은 후 1월의 유예기간을 두기로 한다.

20○○년 ○월 ○일

(갑) 주   소 :
      회 사 명 :
      대표이사 : ○ ○ ○ (인)

(을) 주   소 :
      회 사 명 :
      대표이사 : ○ ○ ○ (인)

( ) 월세 계약서 NO.	☐ 임대인용 ☐ 임차인용 ☐ 업소보관용

부동산의 표　시	소재지				
	구조		용도	면적	m² 평

월세보증금	금　　　　　　　　　　　　　원정
	월세금액　　　　　　　　원정

제1조 위 부동산의 임대인과 임차인 합의하에 아래와 같이 계약함.

제2조 위 부동산의 임대차에 있어 임차인은 보증금을 아래와 같이 지불키로 함.

계 약 금	원정은 계약시에 지불한다고
중 도 금	원정은 20○○년 ○월 ○일 지불하며
잔　　금	원정은 20○○년 ○월 ○일 중개업자 입회하에 지불함.

제3조 위 부동산의 명도는 20○○년 ○월 ○일로 함.

제4조 임대차 기간은 20○○년 ○월 ○일로부터 ○개월로 함

제5조 월세금액을 매월 ○일에 지불키로 하되 만약 기일내에 지불치 못할시에는 보증금액에서 공제키로 함.

제6조 임차인은 임대인의 승인하에 개축 또는 변조할 수 있으나 계약 대상물을 명도시에는 임차인이 일체 비용을 부담하여 원상복구 하여야 함.

제7조 임대인과 중개업자는 별첨 중개물건 확인설명서를 작성하여 서명날인하고 임차인은 이를 확인 수령함. 다만 임대인을 중개물건 확인에 필요한 자료를 중개업자에게 제공하거나 자료수집에 따른 법령에 규정한 실비를 지급하고 대행케 하여야 함.

제8조 중개수수료는 부동산 중개업법 제○조 규정에 의한 금액을 계약시 50%, 잔금지급시 50%를 임대차 쌍방이 각각 지급키로 함.

제9조 본 계약을 임대인이 위약시는 계약금의 배액을 변상하여 임차인이 위약시는 계약금은 무료로 하고 반환을 청구할 수 없음

위 계약조건을 확실히 하고 후일에 증하기 위하여 본 계약서를 작성하고 각 1통씩 보관한다.

20○○년 ○월 ○일

임대인	주 소					
	주민등록번호		전화번호		성 명	
임차인	주 소					
	주민등록번호		전화번호		성 명	
중개업자	주 소				허가번호	
	주민등록번호		전화번호		성 명	

위 임 계 약 서

○○○를 "갑"이라 칭하고 ○○○를 "을"이라 칭하여 "갑"·"을" 양 당사자는 다음과 같이 위임계약을 체결한다.

제1조 위임자 "갑"은 수임자 "을"에게 제2조 이하의 약정에 따라 "갑"의 소유인 아래 부동산을 타에 매각할 것과 이에 관한 일체의 행위를 위임하며 수임자 "을"은 이를 승낙한다.

— 아   래 —

○○시 ○○동 ○○번지
1. 택지 ○○평
   건물   가옥번호 ○○동 ○○호
1. 건물구조
   건평 ○○ 평   이층평 ○○평 및 위 지상의 정원수, 정원석 및 건물의 ○○등 현장일절

제2조 수임자 "을"은 전후의 부동산을 20○○년 ○월 ○일까지 대금 ○○○원 이상으로 타에 매도한다. 단, ○월 ○일까지 매도하지 못하였을 때 수임자 "을"은 즉시 그 취지를 위임자 "갑"에게 통보하여야 한다.

제3조 위임사무처리에 관한 비용은 위임자 "갑"의 부담으로 하고 위임자 "갑"은 수임자

　　　“을”의 청구가 있을 때는 “을”에게 선급
　　한다.
제4조 수임자 “을”에 대한 보수는 ○○○원으로
　　하고 동 목적물이 매각되었을 때는 성공보수
　　로서 다시 매각대금의 백분율에 상당하는 금
　　액을 위임자 “갑”이 위임사무처리와 동시에
　　수임자 “을”에게 지급한다.
제5조 수임자 “을”은 필요한 경우 자기의 책임으
　　로 복대리인을 선임할 수 있다.

　위의 계약을 증명하기 위하여 본 증서 2통을 작성,
날인하여 각각 1통씩을 보관한다.

　　　　20○○년 ○월 ○일

　　　　주 소 :
　　　　위임자 (갑) : ○　○　○　(인)

　　　　주 소 :
　　　　수임자 (을) : ○　○　○　(인)

《계약서》 저당권설정계약서

저당권설정계약서

　　○○○(이하 갑이라 함)와 △△△(이하 을이라 함)와는 을이 갑에 대한 채무를 담보하기 위하여 다음과 같이 저당권설정계약을 체결한다.

제1조【목적】

　　서기 20○○년 ○월 ○일 갑, 을간에 체결된 계약(이하 기본계약이라 함)에 의하여 을의 아래 채무(이하 본건채무라 함)의 이행을 담보하기 위하여 을은 갑에 대하여 을 소유의 별지목록 물건(이하 본물건이라 함)에 대하여 제1순위의 저당권을 설정한다.

1. 채무의 발생원인 : 20○○년 ○월 ○일 금전소비대차

2. 채무금액 : 삼천만원정

3. 변제기일 : 20○○년 ○월 ○일

4. 변제방법 : 일금일천오백만원을 20○○년 ○월 ○일까지 지급하고 나머지 금일천오백만원은 20○○년 ○월 ○일까지 지급한다.

5. 이율 : 연 9.9%

6. 이자지급 및 방법 : 매월25일에 갑의 주소지 또는 지정장소에 지참 또는 송부한다.

7. 특약 : 을은 채무이행을 태만하였을 때 또는 채무기한의 이익을 상실하였을 때는 변제할 금액에 대하여 일금삼천만원에 대하여 일일 8,136원의 비율로 손해금을 지급한다.

제2조 【금지행위】

을은 갑의 동의를 얻지 아니하고 다음 각호의 행위를 하여서는 안된다.

1. 본물건의 현황을 변경하는 것
2. 본물건의 소유권을 타인에게 이전하는 것
3. 본물건상에 타의 저당권, 근저당권, 임차권, 전세권, 기타 본저당권 행사의 방해가 되는 권리를 설정하는 것
4. 공조공과 기타 담보물건에 관하여 부담을 체납하는 것
5. 원인 여하를 불문하고 직접 또는 간접으로 본물건의 가격을 감할 염려있는 행위를 하는 것

제3조 【증담보 등】

본 물건에 원인여하를 불문하고 변경, 멸실 또는 그의 가격이 감소하였을 때에는 을은 갑의 청구에 따라 증담보 혹은 현금을 제공하고, 또는 새로이 갑의 승인하는 보증인을 설정하여야 한다.

제4조 【보험금의 질권설정】

① 을은 본 계약에 의한 채무금 전액이 완제되기까지 저당물건에 갑이 승인하는 금액 이상의 보험계약을 하고 갑은 그 보험금지급 청구권에 질권을 설정한다.

② 제1항의 보험금의 청구원인이 발생하였을 때에는 갑이 이 보험금을 청구 수령하고, 기한의 여하에 불구하고 본건 채무의 변제에 충당하여도 을은 이의를 말하지 못한다.

제5조 【기한의 이익상실】

을이 다음 각 호의 1에 해낭할 때는 본선재무

에 대하여 기한의 이익을 상실하고 하등의 최
고 없이 저당권을 실행하여도 을은 이의가 없
다.

1. 을이 계약 또는 기본 계약조항의 1에 위반
   하였을 때
2. 어음부도를 내고, 또는 지급을 정지하였을
   때
3. 가압류, 가처분, 강제집행, 혹은 경매 등의
   신고를 받고, 또는 체납처분 혹은 보전압류
   를 받았을 때
4. 파산, 화의, 회사정리 등의 신고를 받고 또
   는 자신이 신고하였을 때
5. 영업의 전부 또는 일부를 제3자에 양도하였
   을 때
6. 기타 갑에 있어서 을이 채무를 이행하지 못
   할 염려가 있다고 인정하였을 때

제6조 【저당권의 실행】

을이 채무이행을 태만하였을 때는 물론, 기한의
이익을 상실할 사유가 발생하였을 때, 본계약에
위반하였을 때 또는 본 저당권이 침해당할 우려
가 있다고 갑이 인정하였을 때는 갑은 통지최고
를 하지 아니하고 을의 저당권을 실행하고 채무
의 변제를 받을 수 있다.

제7조 【임의처분】

① 저당권을 실행할 수 있는 경우 갑은 경매절
   차에 의하지 아니하고 공인감정기관의 감정
   가격에 의하여 저당 물건을 일괄하여 또는
   분할하여 임의로 처분할 수 있고, 처분에
   의한 취득금은 처분비용을 공제하고 갑이

정하는 순서에 의하여 본 건 채무의 변제에
충당키로 한다.

② 을은 갑의 요구가 있을 때는 즉각 전항의
임의처분에 필요한 권리증, 인감 증명서, 위
임장을 갑에게 교부하고 이에 협력한다.

제8조 【대물변제】

① 저당권을 실행할 수 있는 경우 갑은 그의
선택에 의하여 저당권의 실행에 대하여 저
당물건의 전부 또는 임의의 일부의 가액을
현재의 채무액의 전부 또는 임의의 일부와
동액으로 보고 그 소유권을 대물변제로서
취득할 수 있다.

② 전항에 의한 갑의 권리를 보전하기 위하여
을은 저당물건에 대하여, 갑에 대하여 소
유권이전청구권 보전의 가등기를 할 수 있
다.

제9조 본 계약증서의 작성 및 등기 기타 본 계약에
관한 일체 비용은 을이 부담한다.

본 계약체결을 증명하기 위하여 본서 2통을 작성
하고 서명. 날인한 후 당사자는 각1통을 보관한다.

20○○. ○. ○.

저당권자 (갑)	주 소					
	성 명	㉑	주민 등록번호	-	전화 번호	
저당권설정자 (을)	주 소					
	성 명	㉑	주민 등록번호	-	전화 번호	

저작재산권양도계약서

김한국(이하 "갑" 이라 한다)과 주식회사 법문북스 이하 "을" 이라 한다)는 저작재산권의 양도에 관하여 아래와 같이 계약(이하 "본 계약" 이라 한다)을 체결 한다.

제1조【목적】

본 계약은 갑이 을에게 저작재산권을 양도하는 데 있어 필요한 제반사항을 정함을 그 목적으로 한다.

제2조【정의】

본 계약에서 사용하는 용어의 정의는 다음 각 호와 같다.

1. "저작물" 이라 함은 문학 · 예술 · 학술 의 범위에 속하는 창작물을 말한다.

2. "저작재산권" 이라 함은 저작물에 대한 복 제권, 공연권, 방송권, 전송권, 전시권, 배포 권, 및 2차적저작물 또는 편집저작물의 작 성권을 말한다.

3. "2차적저작물" 이라 함은 원저작물을 번역 · 편곡 · 변형 · 각색 · 영상제작, 기 타의 방법으로 작성한 창작물을 말한다.

4. "편집저작물" 이라 함은 데이터베이스를 포함하는 편집물로서 그 소재의 선택 또는 배열이 창작성이 있는 것을 말한다.

제3조 【저작물의 표시】

　　갑이 을에게 양도할 저작물(이하 "본 저작물"이라 한다)의 범위는 다음 각 호와 같다.

　　1. 제호 :

　　2. 종류 :

　　3. 내용의 개요 :

　　4. 저작자 :

제4조 【저작재산권의 양도】

　　① 갑은 본 저작물에 대한 저작재산권 일체를 을에게 양도한다.

　　② 갑은 본 계약체결일로부터 1월내에 을에게 본 저작물에 대한 원고 또는 이에 상당한 자료(이하 "본 원고"라 한다)를 교부하여야 한다.

　　③ 갑은 본 저작물에 대한 저작재산권의 전부 또는 일부를 제3자에게 양도·대여·증여하여서는 아니된다.

제5조 【양도대금】

　　을은 갑으로부터 본 원고를 교부받음과 동시에 갑에게 금100,000,000(일억) 원을 지급한다.

제6조 【등록이전】

　　① 갑은 본 저작물에 대한 저작재산권을 저작권등록부에 등재하여야 한다.

　　② 갑은 을로부터 양도대금을 지급받은 날로부터 1월내에 을에게 제1항의 저작등록부의 권리자변경절차에 필요한 관련서류를 교부하여야 한다.

제7조 【저작인격권의 보호】

　　① 을은 본 저작물의 저작재산권을 행사함에

있어 저작자의 실명 또는 이명을 표시하여
야 한다.

② 을은 본 저작물의 저작재산권을 행사함에
있어 저작물의 내용 · 형식 및 제호의 동
일성을 유지하여야 한다.

③ 부득이한 사정이 있는 경우 을은 갑의 동의
를 얻어 저작자의 실명 또는 이명의 표시를
생략하거나 저작물의 내용 등을 본질적이지
않은 범위 안에서 변경할 수 있다.

제8조【갑의 의무】

① 갑은 본 저작물의 내용이 제3자의 권리를
침해하여 발생하는 분쟁 및 손해에 대하여
책임을 진다.

② 을은 제1항과 같은 사실을 알게되는 경우
지체없이 갑에게 이를 통지하고 갑과 을은
분쟁의 해결을 위하여 상호 협력한다.

제9조【계약의 변경】

본 계약의 일부 또는 전부를 변경할 필요가 있
는 경우에는 갑과 을의 서면 합의에 의하여 이
를 변경하고, 그 변경내용은 변경한 날 그 다음
날부터 효력을 가진다.

제10조【해 제】

① 갑과 을은 다음 각 호의 사유가 발생한 경
우에는 계약기간에 관계없이 상대방에 대하
여 서면으로 본 계약을 해제할 수 있다.

1. 상대방이 정당한 사유없이 본 계약에서
정한 사항을 위반하고 서면으로 시정요
구를 받은날로부터 7일 이내에 해당 위
반사항을 시정하지 않은 경우

    2. 기타 본 계약을 수행하기 어려운 중대한
       사유가 발생한 경우
   ② 제1항의 해제는 갑과 을의 손해배상 청구에
     영향을 미치지 아니한다.

제11조【손해배상액의 예정】
   상대방의 책임있는 사유로 손해가 발생하는 경
   우 갑 또는 을은 상대방에게 손해배상액으로서
   금50,000,000(오천만)원을 청구할 수 있다.

제12조【양도 등 금지】
   갑과 을은 상대방의 서면동의 없이 본 계약상의
   일체의 권리, 의무 등을 제3자에게 양도·증여·대
   물변제·대여하거나 담보로 제공할 수 없다.

제13조【유보사항】
   ① 본 계약에서 정하지 아니한 사항이나 해석
     상 내용이 불분명한 사항에 대해서는 관계
     법령 및 상관습에 따라 상호 협의하여 결정
     한다.
   ② 제1항과 관련하여 필요한 경우 갑과 을은
     별도의 약정을 할 수 있으며, 이는 본 계약
     의 일부를 이룬다.

제14조【관할법원】
   본 계약과 관련하여 소송상의 분쟁이 발생한 때
   에는 서울지방법원을 관할로 한다.

  본 계약의 내용을 증명하기 위하여 계약서 2부를 작
성하고, 갑과 을이 서명 또는 날인한 후 각 1부씩 보
관한다.

20○○. ○. ○.

갑

서울 강남구 삼성동 141의35

주민등록번호 : 341212-1234567

김 한 국 (인)

을

서울 구로구 구로동 636의62 구로유통빌딩 3층

주식회사 법문북스

대표이사 신 한 국 (인)

《계약서》 증여계약서

증 여 계 약 서

　주식회사 한국(이하 　"갑"이라 　한다)과 　주식회사 법문북스(이하 　"을"이라 　한다)는 　아래 　목적물의 　증여에 관하여 아래와 같이 계약(이하 　"본 계약"이라 한다)을 체결한다.

제1조 【목 적】
　　　본 계약은 갑이 을에게 무상으로 목적물을 증여함에 있어 필요한 제반사항을 정함을 그 목적으로 한다.

제2조 【목적물】
　　　본 계약의 목적물은 서울시 서초구 서초동 300의 1 삼익아파트 2동 302호이다.

제4조 【주된 의무】
　　① 갑은 20○○. ○. ○. 을에게 무상으로 목적물의 소유권이전등기를 경료하고 목적물을 명도한다.
　　② 갑은 제1항에 따른 소유권이전등기절차 이행에 필요한 제반서류를 준비하여야 하고 을에게 저당권, 전세권 등 법적·사실적 부담이 없는 목적물을 증여하여야 한다.

제5조 【종된 의무】
　　① 갑이 제4조에서 정한 의무를 이행함에 있어 발생하는 모든 절차비용 및 세금은 을의 부담으로 한다.

② 을은 제4조 제1항에 따라 목적물을 증여 받
　　은날로부터 1년간 갑에 대한 회계감사를 무
　　상으로 수행한다.

제6조【통 지】
　　갑과 을은 본 계약 체결 당시에 알고 있는 상
　　호, 대표자, 소재지, 업종 및 기타 계약당사자의
　　주요사항이 변동되거나 합병, 영업양도, 부도,
　　화의, 회사정리, 파산 등 신용상태에 변경이 있
　　거나 변경될 우려가 있는 경우 이를 지체없이
　　상대방에게 통지하여야 한다.

제7조【신의성실의 원칙】
　　갑과 을은 본 계약의 해석 및 이행과 관련하여
　　상호 견해가 대립될 경우 신의성실의 원칙에 따
　　라 협의하여 해결한다.

제8조【권리, 의무의 승계】
　　본 계약상의 모든 권리와 의무는 갑 또는 을의
　　합병, 영업양도, 경영 위임 등의 경우에도 갑
　　또는 을의 합병회사, 영업양수인, 경영수임인
　　등에게 승계되며, 갑 또는 을은 그들로 하여금
　　본 약정상의 권리와 의무를 승계하는 것에 동의
　　하도록 할 의무를 진다.

제9조【계약의 변경】
　　본 계약의 일부 또는 전부를 변경할 필요가 있
　　는 경우에는 갑과 을의 서면 합의에 의하여 이
　　를 변경하고, 그 변경내용은 변경한 날 그 다음
　　날부터 효력을 가진다.

제10조【담보책임】
　　갑은 목적물의 하자나 흠결에 대하여 책임을 지
　　지 아니한다. 그러나 갑이 그 하자나 흠결을 알

고 을에게 고지하지 아니한 때에는 그러하지 아니한다.

제11조【해 제】

① 다음 각 호의 사유가 있는 때에는 갑은 본 계약을 해제할 수 있다.

　1. 을이 갑의 영업비밀을 누설하거나 갑 또는 갑의 임원에 대하여 범죄행위를 한 경우

　2. 본 계약체결 후 갑의 재산상태가 현저히 변경되고 그 이행으로 인하여 회사의 존속에 중대한 영향을 미칠 경우

　3. 을이 제5조에서 정한 사항을 이행하지 아니하는 경우

　4. 기타 본 계약을 수행하기 어려운 중대한 사유가 발생한 경우

② 제1항 제1호의 해제권은 해제원인 있음을 안 날로부터 6월을 경과하거나 갑이 을에 대하여 처벌불원의 의사를 표시한 때에는 소멸한다.

제12조【양도 등 금지】

갑과 을은 상대방의 서면동의 없이 본 계약상의 일체의 권리, 의무 등을 제3자에게 양도·증여·대물변제·대여하거나 담보로 제공할 수 없다.

제13조【유보사항】

① 본 계약에서 정하지 아니한 사항이나 해석상 내용이 불분명한 사항에 대해서는 관계법령 및 상관습에 따라 상호 협의하여 결정한다.

② 제1항과 관련하여 필요한 경우 갑과 을은 별도의 약정을 할 수 있으며, 이는 본 계약의 일부를 이룬다.

제14조【관할법원】

본 계약과 관련하여 소송상의 분쟁이 발생한 때에는 서울지방법원을 관할로 한다.

본 계약의 내용을 증명하기 위하여 계약서 2부를 작성하고, 갑과 을이 서명 또는 날인한 후 각 1부씩 보관한다.

20○○년 ○월 ○일

갑
서울 강남구 삼성동 141의35
주식회사 한국
대표이사 김 갑 동 (인)

을
서울 강남구 대치동 123의23
주식회사 법문북스
대표이사 이 을 동 (인)

《계약서》 채권양도계약서

채권양도계약서

주식회사 새미기획(이하 "갑"이라 한다)과 주식회사 오이오(이하 "을"이라 한다)는 갑의 주식회사 부산(이하 "병"이라 한다)에 대한 채권양도에 관하여 아래와 같이 계약(이하 "본 계약"이라 한다)을 체결한다.

제1조【목 적】
　　본 계약은 갑이 병에 대하여 보유하고 있는 채권을 을에게 양도함에 있어 필요한 제반 사항을 정함을 그 목적으로 한다.

제2조【목적물】
　　① 채무자 병은 다음 각호와 같다.
　　　1. 대표이사 조병동
　　　2. 주소 : 부산시 수영구 광안1동 200의2
　　　　　남해안빌딩 2층
　　② 본 계약의 대상은 별지 금전소비대차계약서에 기재되어 있는, 갑이 채무자 병에 대해 가지고 있는 원금 2,000만원, 변제기 2012. 5. 31. 이율 월 2푼, 이자지급시기 매월 1.로 정한 2011. 10. 1.자 원금채권 및 이에 대한 이자채권 전부(이하 "본 계약 채권"이라 한다)를 말한다.

제4조【주된 의무】
　　① 갑은 을에게 본 계약 채권을 양도하고, 본

계약 체결일로부터 3일 이내에 병에게 본
계약에 따른 채권양도의 취지를 확정일자
있는 증서로써 통지한다.
② 을은 갑에게 제1항에 대한 양수대금으로 금
2,500만원을 지급한다.
③ 갑의 제1항에 따른 통지의무와 을의 제2항
에 따른 대금지급 의무는 동시이행의 관계
에 있다.

제5조 【부수적 의무】
갑은 을에게 금2,500만원의 한도에서 채무자
병의 자력을 보증한다.

제6조 【통 지】
갑과 을은 본 계약 체결 당시에 알고 있는 상
호, 대표자, 소재지, 업종 및 기타 계약당사자의
주요사항이 변동되거나 합병, 영업양도, 부도,
화의, 회사정리, 파산 등 신용상태에 변경이 있
거나 변경될 우려가 있는 경우 이를 지체없이
상대방에게 통지하여야 한다.

제7조 【신의성실의 원칙】
갑과 을은 본 계약의 해석 및 이행과 관련하여
상호 견해가 대립될 경우 신의성실의 원칙에 따
라 협의하여 해결한다.

제8조 【권리, 의무의 승계】
본 계약상의 모든 권리와 의무는 갑 또는 을의
합병, 영업양도, 경영 위임 등의 경우에도 갑
또는 을의 합병회사, 영업양수인, 경영수임인
등에게 승계되며, 갑 또는 을은 그들로 하여금
본 계약상의 권리와 의무를 승계하는 것에 동의
하도록 할 의무를 진다.

제9조【계약의 변경】

　　본 계약의 일부 또는 전부를 변경할 필요가 있는 경우에는 갑과 을의 서면 합의에 의하여 이를 변경하고, 그 변경내용은 변경한 날 그 다음날부터 효력을 가진다.

제10조【해　제】

　　① 을은 채무자 병이 본 건 양도통지를 받기까지 갑에 대하여 가지는 사유로써 을에게 대항했을 경우 별도의 최고없이 즉시 본 계약을 해제할 수 있다.

　　② 을이 제1항에 따라 해제의 의사표시를 하는 경우 을은 즉시 갑에게 본 채권을 양도하고 병에게 확정일자 있는 증서로써 채권양도 통지를 하며 이와 동시에 갑은 을에게 금 2,500만원 및 이에 대한 지급일로부터 반환일까지 연 2할의 비율에 의한 이자를 반환한다.

　　③ 제1항의 해제는 손해배상청구에 영향을 미치지 아니한다.

제11조【양도 등 금지】

　　갑과 을은 상대방의 서면동의 없이 본 계약상의 일체의 권리, 의무 등을 제3자에게 양도·증여·대물변제·대여하거나 담보로 제공할 수 없다.

제12조【유보사항】

　　① 본 계약에서 정하지 아니한 사항이나 해석상 내용이 불분명한 사항에 대해서는 관계 법령 및 상관습에 따라 상호 협의하여 결정한다.

② 제1항과 관련하여 필요한 경우 갑과 을은 별도의 약정을 할 수 있으며, 이는 본 계약의 일부를 이룬다.

제13조【관할법원】

본 계약과 관련하여 소송상의 분쟁이 발생한 때에는 서울지방법원을 관할로 한다.

본 계약의 내용을 증명하기 위하여 계약서 2부를 작성하고, 갑과 을이 서명 또는 날인한 후 각 1부씩 보관한다.

20○○년 ○월 ○일

갑
서울 강남구 삼성동 141의35
주식회사 새미기획
대표이사   김 갑 동 (인)

을
서울 강남구 대치동 996의16
주식회사 오이오
대표이사 이 을 동 (인)

《 계약서 》 채권인수계약서

채무인수계약서

채권자를 "갑"으로, 채무자를 "을"로, 채무인수자를 "병"으로 하여 "갑"·"을"·"병"은 다음과 같이 채무인수계약을 체결한다.

제1조 인수인 "병"은 채권자 "갑"의 채무자 "을"에 대한 아래 표시 채권 상의 채무를 인수하고, 채무자 "을"과 함께 연대하여 이행할 것을 약정하며, 채권자 "갑"은 이를 승낙한다.

채권의 표시
채권자 : "갑"
채무자 : "을"
대여금 : ○○○원
변제기 : 20○○년 ○월 ○일
이　자 : 연 ○%, 매월말일 지급
특약사항 :
계약서 원본 : 20○○년 ○월 ○일자 금전소비대차계약서(사본 별첨)

제2조 채권자 "갑"은 제1조의 채권에 관하여 채무자인 "을"과 채무 인수자인 "병"에 대하여 동시에 또는 순차로 전부나 일부의 이행을 청구할 수 있다.

제3조 "을"과 "병"은 제1조의 "갑"에 대한

채무를 이행하지 못할 때에는 "을"과 "병"이 "갑"에게 제공한 또는 제공할 담보 및 "을"과 "병"의 모든 재산에 대해 강제집행을 승낙한다.

제4조 이 계약서의 작성 및 기타 이 계약에 부대하는 모든 비용은 "을"과 "병"이 연대하여 부담한다.

위 계약 내용을 확실히 하기 위하여 본 계약서를 작성하여 "갑"·"을"·"병"이 서명날인하고 이를 각 1부씩 보관하기로 한다.

20○○년 ○월 ○일

"갑"   주 소 :
       성 명 : ○ ○ ○ (인)
"을"   주 소 :
       성 명 : ○ ○ ○ (인)
"병"   주 소 :
       성 명 : ○ ○ ○ (인)

★ 회사인 경우는 회사명, 대표자 표시를 개인인 경우 주민 등록번호를 기재하는 것이 보통이다.

《 계약서 》 총판계약서

총 판 계 약 서

주식회사 한국(이하 "갑"이라 한다)과 주식회사 제일(이하 "을"이라 한다)은 총판매대리점에 관하여 아래와 같이 계약(이하 "본 계약"이라 한다)을 체결한다.

제1조【목적】
　　본 계약은 갑이 을에게 물품을 공급하고 을은 유통판매망을 형성하여 물품을 판매하는데 있어 필요한 제반사항을 정함을 그 목적으로 한다.

제2조【물품】
　　갑이 을에게 공급하는 물품(이하 "본 물품"이라 한다)은 다음 각호와 같다.
　　1. 품목 : 임펙트 전화기
　　2. 수량 : 본 계약기간동안 갑과 을이 합의하여 정하는 수량

제3조【판매지역】
　　을의 본 물품의 판매지역은 대한민국 전지역으로 하며, 부득이한 경우 갑은 을과 협의하여 이를 변경할 수 있다.

제4조【공급가격 및 판매가격】
　　① 본 물품의 공급가격은 단위당 금50,000(오만)원으로 한다. 그러나 제품원가의 증감, 시장경기, 기타 본 물품의 공급가격의 증감이 필요하다고 인정되는 사유가 발생하는

경우 갑과 을이 상호 합의하여 증감할 수 있다.

② 을은 갑이 본 물품을 을이 지정하는 창고에 공급하여 이를 인수함과 동시에 갑에게 본 물품의 공급대금을 전액 지급한다.

③ 본 물품의 판매가격은 갑과 을이 협의하여 정한다.

제5조 【비밀준수】

① 갑과 을은 본 계약기간 중은 물론 본 계약의 종료나 해지이후에도 본 계약의 이행과정에서 알게 된 상대방의 영업비밀을 상대방의 서면동의 없이 제3자에게 유출하거나 본 계약의 이행 이외의 목적으로 이용하여서는 아니 된다.

② 갑과 을은 자신의 임직원, 대리인, 사용인 등 기타 관련자로 하여금 제1항과 동일한 비밀준수 의무를 지도록 한다.

제6조 【통 지】

갑과 을은 본 계약 체결 당시에 알고 있는 상호, 대표자, 소재지, 업종 및 기타 계약당사자의 주요사항이 변동되거나 합병, 영업양도, 부도, 화의, 회사정리, 파산 등 신용상태에 변경이 있거나 변경될 우려가 있는 경우 이를 지체없이 상대방에게 통지하여야 한다.

제7조 【양도 등 금지】

갑과 을은 상대방의 서면동의 없이 본 계약상의 일체의 권리, 의무 등을 제3자에게 양도·증여·대물변제·대여하거나 담보로 제공할 수 없다.

제8조 【권리, 의무의 승계】

본 계약상의 모든 권리와 의무는 갑 또는 을의 합병, 영업양도, 경영 위임 등의 경우에도 갑 또는 을의 합병회사, 영업양수인, 경영수임인 등에게 승계되며, 갑 또는 을은 그들로 하여금 본 계약상의 권리와 의무를 승계하는 것에 동의하도록 할 의무를 진다.

제9조【계약기간】

본 계약의 유효기간은 계약체결일로부터 1년으로 하고, 계약기간 만료일 1월 전까지 별도 서면에 의한 의사표시가 없는 한 동일한 조건으로 1년씩 자동 연장되는 것으로 한다.

제10조【계약의 변경】

본 계약의 일부 또는 전부를 변경할 필요가 있는 경우에는 갑과 을의 서면 합의에 의하여 이를 변경하고, 그 변경내용은 변경한 날 그 다음 날부터 효력을 가진다.

제11조【중도해지】

갑 또는 을이 각자의 필요에 의하여 본 계약기간 중 본 계약을 해지하고자 할 경우 3월전에 상대방에게 서면으로 통지하여야 한다.

제12조【해제 및 해지】

① 갑 또는 을은 다음 각 호의 사유가 발생한 경우에는 계약기간에 관계없이 상대방에 대한 서면통지로써 본 계약을 해제 또는 해지할 수 있다.

1. 상대방이 정당한 사유없이 본 계약 또는 본 계약에 따라 별도로 체결한 약정에서 정한 사항을 위반하고 서면으로 시정요구를 받은날로부터 7일 이내에 해당 위

반사항을 시정하지 않은 경우

2. 자신 또는 상대방에 대하여 주요재산에 대한 보전처분결정 및 강제집행, 국세 또는 지방세의 체납절차, 화의, 회사정리, 파산 등의 개시로 인하여 더 이상 계약 유지가 곤란한 경우

3. 기타 본 계약을 수행하기 어려운 중대한 사유가 발생한 경우

② 제1항의 해제 또는 해지는 갑과 을의 손해배상 청구에 영향을 미치지 아니한다.

제13조【유보사항】

① 본 계약에서 정하지 아니한 사항이나 해석상 내용이 불분명한 사항에 대해서는 관계 법령 및 상관습에 따라 상호 협의하여 결정한다

② 제1항과 관련하여 필요한 경우 갑과 을은 별도의 약정을 할 수 있으며, 이는 본 계약의 일부를 이룬다.

제14조【관할법원】

본 계약과 관련하여 소송상의 분쟁이 발생한 때에는 을의 주된 사무소 소재지 관할법원을 관할로 한다.

본 계약의 내용을 증명하기 위하여 계약서 2부를 작성하고, 갑과 을이 서명 또는 날인한 후 각 1부씩 보관한다.

20○○년 ○월 ○일

갑
서울 강남구 삼성동 141의35
주식회사 한국
대표이사　김 갑 동 (인)

을
서울 강남구 대치동 996의16
주식회사 제일
대표이사　이 을 동 (인)

《 계약서 》 투자계약서

투 자 계 약 서

　　주식회사 아이엠(이하 "갑"이라 한다)과 주식회사 오이오(이하 "을"이라 한다)는 투자에 관하여 아래와 같이 계약(이하 "본 계약"이라 한다)을 체결한다.

제1조【목적】

　　본 계약은 갑이 을에게 금원을 투자하고, 을이 갑에게 을의 주식을 지급함에 있어 필요한 제반사항을 정함을 그 목적으로 한다.

제2조【투자】

　　① 갑은 을에게 투자금으로 금300,000,000 (삼억)원을 다음 각호와 같이 지급한다.

　　　　1. 20○○년 ○월 ○일까지
　　　　　 금50,000,000(오천만)원

　　　　2. 20○○년 ○월 ○일까지
　　　　　 금100,000,000(일억)원

　　　　3. 20○○년 ○월 ○일까지
　　　　　 금150,000,000(일억오천만)원

　　② 제1항에 따른 금원의 지급방법은 갑과 을이 협의하여 정한다.

제3조【주식인수】

　　갑이 제2조에 따른 투자금의 지급을 완료하는 경우 을은 즉시 을의 총발행주식 중 5%를 갑에게 지급한다

제4조 【보고의무】

　을은 갑이 요구하는 경우 특별한 사정이 없는 한 언제든지 영업 및 거래에 관한 대차대조표 등의 관련서류를 갑에게 제출하고, 영업전반에 관한 사항을 보고하여야 한다.

제5조 【비밀준수】

　갑과 을은 본 계약의 이행과정에서 알게 된 상대방의 영업비밀을 상대방의 서면동의 없이 제3자에게 유출하거나 본 계약의 이행 이외의 목적으로 이용하여서는 아니된다.

제6조 【통지】

　갑과 을은 본 계약 체결 당시에 알고 있는 상호, 대표자, 소재지, 업종 및 기타 계약당사자의 주요사항이 변동되거나 합병, 영업양도, 부도, 화의, 회사정리, 파산 등 신용상태에 변경이 있거나 변경될 우려가 있는 경우 이를 지체없이 상대방에게 통지하여야 한다.

제7조 【양도 등 금지】

　갑과 을은 상대방의 서면동의 없이 본 계약상의 일체의 권리, 의무 등을 제3자에게 양도·증여·대물변제·대여하거나 담보로 제공할 수 없다.

제8조 【계약의 변경】

　본 계약의 일부 또는 전부를 변경할 필요가 있는 경우에는 갑과 을의 서면 합의에 의하여 이를 변경하고, 그 변경내용은 변경한 날 그 다음날부터 효력을 가진다.

제9조 【해제】

　① 갑 또는 을은 다음 각 호의 사유가 발생한 경우에는 상대방에 대한 서면통시로써 본

계약을 해제할 수 있다.

1. 상대방이 정당한 사유없이 본 계약 또는 본 계약에 따라 별도로 체결한 약정에서 정한 사항을 위반하고 서면으로 시정요구를 받은날로부터 7일 이내에 해당 위반사항을 시정하지 않은 경우

2. 자신 또는 상대방에 대하여 주요재산에 대한 보전처분결정 및 강제집행, 국세 또는 지방세의 체납절차, 화의, 회사정리, 파산 등의 개시로 인하여 더 이상 계약유지가 곤란한 경우

3. 기타 본 계약을 수행하기 어려운 중대한 사유가 발생한 경우

② 제1항의 해제는 갑과 을의 손해배상 청구에 영향을 미치지 아니한다.

제10조【유보사항】

① 본 계약에서 정하지 아니한 사항이나 해석상 내용이 불분명한 사항에 대해서는 관계 법령 및 상관습에 따라 상호 협의하여 결정한다.

② 제1항과 관련하여 필요한 경우 갑과 을은 별도의 약정을 할 수 있으며, 이는 본 계약의 일부를 이룬다.

제11조【관할법원】

본 계약과 관련하여 소송상의 분쟁이 발생한 때에는 을의 주된 사무소 소재지 관할법원을 관할로 한다.

 본 계약의 내용을 증명하기 위하여 계약서 2부를 작
성하고, 갑과 을이 서명 또는 날인한 후 각 1부씩 보
관한다.

20○○년 ○월 ○일

갑
서울 강남구 삼성동 141의35
주식회사 아이엠
대표이사 김 갑 동 (인)

을
서울 강남구 대치동 996의16
주식회사 오이오
대표이사 이 을 동 (인)

제2편
계약 질의 답변

위약금특약 없는 경우 매매계약해제와 손해배상의 범위

저는 甲으로부터 대지 70평을 5,000만원에 매수하기로 하는 계약을 체결하고 계약금 500만원을 지급하였는데, 甲은 중도금지급기일 이전에 위 대지를 너무 싼값에 계약하였다고 하면서 위 계약을 해제하겠다고 합니다. 계약서에는 위약시 위약금 등에 관한 약정이 전혀 없는데, 이러한 경우 저는 甲으로부터 계약금의 배액을 받을 수 없는지요?

➡ **받을 수 있습니다.**

계약금은 ①단순한 계약성립증거인 증약금, ②해제권유보로서의 해약금, ③채무불이행시 교부자는 그것을 몰수당하고, 교부받은 자는 그 배액을 상환하여야 하는 것처럼 손해배상액예정인 위약금(민법 제398조 제4항은 위약금약정은 손해배상예정으로 추정)으로서의 성질을 가지는 경우 등이 있습니다.

그런데 민법은 해약금에 관하여 매매의 당사자일방이 계약당시 금전 기타 물건을 계약금, 보증금 등의 명목으로 상대방에게 교부한 때에는 당사자간에 다른 약정이 없는 한, 당사자일방이 이행에 착수할 때까지 교부자는 계약금을 포기하고, 수령자는 그 배액을 상환하여 매매계약을 해제할 수 있다고 하면서, 이 경우 별도의 손해배상청구권은 발생하지 않도록 규정하고 있습니다(민법 제565조 제1항, 제2항).

　여기서 계약시 계약금이 수수되고 계약금교부자가 위약하였을 경우는 계약금을 포기하고 계약금을 교부받은 자가 위약하였을 경우는 그 배액을 상환한다는 특약이 있는 경우와 없는 경우를 비교해볼 필요가 있습니다.

　첫째, 특약이 없는 경우에도 계약금은 민법 제565조의 해약금으로서의 성질은 가지게 되므로(대법원 1994. 8. 23. 선고 93다46742 판결), 당사자일방이 계약이행에 착수할 때까지 교부자는 계약금을 포기하고, 수령자는 그 배액을 상환하고 계약을 해제할 수 있습니다. 이 경우에 별도의 손해배상청구권은 발생하지 않습니다. 그러나 당사자 일방이 계약이행에 착수한 후에는 비록 계약금이 교부되었다고 하더라도 계약금이나 계약금 배액의 지급으로 당연히 계약을 해제할 수 없고(대법원 1994. 11. 11. 선고 94다17659 판결), 여기에서 말하는 '당사자의 일방'이라는 것은 '매매 쌍방 중 어느 일방'을 지칭하는 것이고 상대방이라 국한하여 해석할 것이 아니므로, 비록 상대방인 매도인이 매매계약의 이행에는 전혀 착수한 바가 없다 하더라도 매수인이 중도금을 지급하여 이미 이행에 착수한 이상 매수인은 민법 제565조에 의하여 계약금을 포기하고 매매계약을 해제할 수 없으며(대법원 2000. 2. 11. 선고 99다62074 판결), 계약내용대로 이행하지 않는 자는 계약내용대로의 이행을 청구 당하거나, 실제로 발생된 손해배상 및 계약금반환 등의 원상회복을 청구당하게 되며, 또한 계약금이나 계약금배액이 당연히 상대방에게 귀속되는 것도 아닙니다.

판례도 "유상계약을 체결함에 있어서 계약금 등 금원이 수수(授受)되었다고 하더라도 이를 위약금으로 하기로 하는 특약이 있는 경우에 한하여 민법 제398조 제4항에 의하여 손해배상액의 예정으로서의 성질을 가진 것으로 볼 수 있을 뿐이고, 그와 같은 특약이 없는 경우에는 그 계약금 등을 손해배상액의 예정으로 볼 수 없다."라고 하였고(대법원 1996. 6. 14. 선고 95다11429 판결), "유상계약을 체결함에 있어서 계약금이 수수된 경우 계약금은 해약금의 성질을 가지고 있어서, 이를 위약금으로 하기로 하는 특약이 없는 이상, 계약이 당사자일방의 귀책사유로 인하여 해제되었다 하더라도 상대방은 계약불이행으로 입은 실제손해만을 배상 받을 수 있을 뿐, 계약금이 위약금으로서 상대방에게 당연히 귀속되는 것은 아니다."라고 하였습니다(대법원 1996. 6. 14. 선고 95다54693 판결).

둘째, 특약이 있는 경우에는 계약금이 해약금, 손해배상액의 예정인 위약금의 성질을 겸하여 가지게 되므로(대법원 1992. 5. 12. 선고 91다2151 판결), 당사자일방이 계약이행에 착수하기 전에는 위와 마찬가지이지만, 당사자일방이 계약이행에 착수한 후 당사자일방이 계약불이행으로 위약 하였을 경우에도 교부자는 계약금을 포기하고 수령자는 그 배액을 상환함으로써 계약불이행에 대한 책임을 면할 수 있습니다.

따라서 이 경우 계약불이행이 있게 되면 손해배상에 정액은 당연히 상대방에게 귀속되고 특약이 없는 한 통상손해는 물론 특별손해까지도 예정액에 포함되며, 손해가 예정액을 초과하여도 그 초과부분을 따로 청구할 수는 없으나(대법원 1993. 4. 23. 선고 92다41719 판결), 손해배상예정액이 부당히 과다한 경우는 법원은 적당히 감액할 수 있습니다(민법 제398조 제2항).

그리고 손해배상액예정은 이행의 청구나 계약의 해제에 영향을 미치지 아니하므로(민법 제398조 제3항), 계약당사자일방의 위약이 있을 경우 상대방은 손해배상예정액을 자기에게 귀속시킴은 물론이고, 그와는 별도로 계약이행청구가 가능할 뿐만 아니라 계약을 해제할 수도 있습니다.

그런데 귀하의 경우에는 계약금을 위약금으로 한다는 특약이 없는 경우이며, 민법 제565조에 의하여 그 계약금을 해약금으로 볼 수 있기 때문에, 甲은 귀하가 계약이행에 착수하기 전까지는 계약금 배액을 상환하고 계약을 해제할 수 있으나, 甲이 계약금만 반환하고 계약을 해제하겠다고 할 경우에는 계약금 배액의 이행제공이 있다고 볼 수 없으므로 계약은 해제되지 않은 상태이며(대법원 1966. 7. 5. 선고 66다736 판결, 1973.1.30. 선고 72다2243 판결), 이 경우 귀하는 계약내용대로의 이행을 청구할 수 있을 뿐만 아니라, 상대방이 계약을 계속 이행하지 않으면 채무불이행책임을 물어 계약해제와 함께 실질적으로 발생된 손해배상을 청구할 수도 있을 것입니다.

위약금특약이 있는 경우 매매계약 해제와 손해배상의 범위

저는 甲소유의 논 120평을 매수하는 매매계약을 체결하면서 매매대금을 5,000만원으로 하되 계약당일 계약금 1,000만원, 1개월 후 중도금 2,000만원, 2개월 후 잔금 2,000만원을 각 지불하기로 하였습니다. 그러나 甲은 계약일로부터 수일이 지난 시점에서 '더 비싼 가격에 토지를 매수하겠다는 사람이 있어 계약을 해약하니 계약금 1,000만원과 매매대금의 10%에 해당하는 해약금 500만원만을 반환 받아가라.'는 일방적인 통보를 해왔습니다. 매매계약서상에는 매도인이 위약할 경우에는 계약금의 배액에 상당하는 금액을 매수인에게 지급하고, 매수인이 위약할 경우에는 계약금을 포기하기로 되어 있는데, 甲의 주장이 정당한지요?

➡ **정당한 주장이라 할 수 있습니다.**

　계약을 체결하면서 당사자간 수수(授受)되는 계약금은 실로 다양한 의미를 가질 수 있습니다. 즉, 계약체결의 증거가 될 수도 있고(증약금), 위약시 손해배상액을 예정한 것으로 볼 수도 있으며(위약금), 해제권을 유보시키는 대가로서의 의미를 가질 수도 있습니다(해약금).

　위 사안과 같이 매매계약서상 매도인이 위약할 경우 계약금 배액에 상당하는 금액을 매수인에게 지급하고,

매수인이 위약할 경우 계약금을 포기하기로 되어 있는 경우 계약금은 해약금의 성질과 손해배상액예정의 성질을 함께 가지게 됩니다(대법원 1992. 5. 12. 선고 91다2151 판결).

따라서 당사자일방이 계약이행에 착수하기 전까지 교부자는 계약금을 포기하고, 수령자는 그 배액을 상환하여 매매계약을 해제할 수 있습니다.

그리고 부동산거래상 매매대금의 10%를 계약금으로 주고받는 것이 일반적이지만, 계약당사자가 계약의 구속력을 강화시키거나 약화시키려는 의도에서 계약시 그 금액을 얼마든지 가감할 수 있는 것이므로, 매도인이 일방적으로 매매대금의 10%상당액만을 해약금으로 교부하고 해제의 의사표시를 하여도 해제의 효과는 발생하지 않습니다. 그러므로 甲이 매매대금의 10%만 반환하겠다고 하면서 중도금지급기일이 될 때까지도 계약금의 배액을 제공하지 않을 경우라면 귀하는 중도금 및 잔금을 지급하고(수령하지 않을 경우에는 변제공탁할 수 있을 것임) 위 논의 소유권이전을 청구할 수 있고, 이에 응하지 않을 경우 이행지체를 이유로 계약을 해제할 수도 있습니다.

또한, 판례는 "채무불이행으로 인한 손해배상액의 예정이 있는 경우에는 채권자는 채무불이행사실만 증명하면 손해의 발생 및 그 액을 증명하지 아니하고 예정배상액을 청구할 수 있다."라고 하였는바(대법원 2000. 12. 8. 선고 2000다50350 판결), 위 계약금이 손해배상의 예정액의 성질도 아울러 지니기 때문에 귀하가 잔금을 지급할 때까지도 위와 같은 주장만을 되풀이한다면 소유권이전등기청구나 계약해제와 별도로 실제손해의 발생 및 손해액을 입증할 필요 없이 위 예정액(계약금의 배액)을 청구할 수 있습니다.

다만, 민법 제398조 제2항에 의하면 "손해배상의 예정액이 부당히 과다한 경우에는 법원은 적당히 감액할 수 있다."라고 규정하고 있고, 손해배상 예정액이 부당하게 과다한 경우에는 법원은 당사자의 주장이 없더라도 직권으로 이를 감액할 수 있습니다.

그리고 여기서의 '부당히 과다한 경우'라 함은 손해가 없다든가 손해액이 예정액보다 적다는 것만으로는 부족하고, 채무자의 지위, 계약의 목적과 내용, 손해배상액을 예정한 동기, 채무액에 대한 예정액의 비율, 예상손해액의 크기, 그 당시의 거래관행 등 제반 사정을 참작하여 일반사회관념에 비추어 그 예정액의 지급이 경제적 약자의 지위에 있는 채무자에게 부당한 압박을 가하여 공정성을 잃은 결과를 초래한다고 인정되는 경우를 의미하는데, 손해배상의 예정액이 부당하게 과다한지 및 그에 대한 적당한 감액의 범위를 판단하는데 있어서는 법원이 구체적으로 그 판단을 하는 때 즉, 사실심의 변론종결 당시를 기준으로 하여 그 사이에 발생한 위와 같은 모든 사정을 종합적으로 고려하여야 할 것이며(대법원 1993. 1. 15. 선고 92다36212 판결, 2002. 1. 25. 선고 99다57126 판결), 여기서 '손해배상의 예정액'이라 함은 문언상 배상비율 자체를 말하는 것이 아니라 그 비율에 따라 계산한 예정배상액의 총액을 의미합니다(대법원 2000. 7. 28. 선고 99다38637 판결, 1996. 4. 26. 선고 95다11436 판결).

따라서 비록 예정액이 거래관행상 인정되고 있는 매매대금의 10%의 범위를 초과한 경우라 할지라도 반드시 민법 제398조 제2항의 부당히 과다한 경우에 해당된다고만 할 수는 없을 것입니다.

계약금을 지급하지 않고 있던 중 계약해제할 경우 법률관계

저는 甲의 주택을 임차하기로 하는 계약을 체결하면서 계약금 300만원을 지급하기로 하였으나, 계약 당시 수중에 돈이 없어 위 300만원을 그 다음날 지급하기로 약정하였는데, 그 다음날 위 주택보다 더 좋은 주택이 있어 위 계약을 해제하고자 하는바, 이러한 경우에도 甲에게 300만원을 지급하여야 계약을 해제할 수 있는지요?

➡ **지급하여야 합니다.**

계약금은 증약금, 해약금, 손해배상액예정인 위약금으로서의 성질을 가지는 경우 등이 있는데, 민법은 해약금에 관하여 매매의 당사자일방이 계약당시 금전 기타 물건을 계약금, 보증금 등의 명목으로 상대방에게 교부한 때에는 당사자간에 다른 약정이 없는 한, 당사자 일방이 이행에 착수할 때까지 교부자는 계약금을 포기하고, 수령자는 그 배액을 상환하여 매매계약을 해제할 수 있다고 하면서, 이 경우 별도의 손해배상청구권은 발생하지 않도록 규정하고 있습니다(민법 제565조).

이와 같이 계약금 계약은 금전 기타 물건의 교부를 요건으로 하는 요물계약인데 계약금의 교부는 현실로 행하여지는 것이 보통이나 상대방에게 현실의 교부외 동일한 이익을 부여하는 것이라도 무방합니다. 예컨대 매수인이 매도인에 대해 가지는 채권과의 상계에 의하여 현실의 교부에 갈음할 수 있습니다.

이에 관하여 판례를 보면, "매매계약을 맺을 때 매수인의 사정으로 실제로는 그 다음날 계약금을 지급하기로 하면서도 형식상 매도인이 계약금을 받아서 이를 다시 매수인에게 보관한 것으로 하여 매수인이 매도인에게 현금보관증을 작성·교부하였다면, 위 계약금은 계약해제권유보를 위한 해약금의 성질을 갖는다 할 것이고 당사자 사이에는 적어도 그 다음날까지는 계약금이 현실로 지급된 것과 마찬가지의 구속력을 갖게 된 것이라고 할 것이어서 당사자는 약정된 계약금의 배액상환 또는 포기 등에 의하지 아니하는 한 계약을 해제할 수 없기로 약정한 것으로 보는 것이 상당하다."라고 한 바 있습니다(대법원 1991. 5. 28. 선고 91다9251 판결, 1999. 10. 26. 선고 99다48160 판결).

따라서 위 사안의 경우에는 계약을 체결하면서 계약금을 지급하기로 하였으나 돈이 없었던 관계로 그 지급을 단지 그 다음날 주기로 약정한 경우로서 계약금이 현실적인 돈으로 지급되지는 않았지만 현실지급과 동일시할 수 있는 사정이라고 볼 수 있어 일단 위 계약은 유효하게 성립된 것이므로, 그 구속력에 따라 귀하는 계약금 300만원을 甲에게 지급하여야 위 계약을 해제할 수 있을 것으로 보입니다.

매수인의 잔금이행지체로 인한 계약해제시의 법률관계

저는 한달 전 甲에게 제 소유 주택을 1억원에 매도하기로 계약을 하면서 계약당일 계약금 1,000만원을 받았고, 중도금 3,000만원은 계약 10일 후, 잔금은 계약 25일 후에 소유권이전 및 주택의 인도와 동시에 지급 받기로 하였습니다. 그러나 甲은 중도금만 지급하고 잔금지급기일에 이르러, 당초 자기소유 주택을 매도하여 저에게 지급할 잔금을 마련하려고 했는데 개인사정이 생겨 당장 잔금을 지급키 어렵다면서 저에게 기다려 달라고만 하고 있습니다. 계약서상으로는 甲이 위약하면 계약금을 몰수당하고 제가 위약하면 교부받은 계약금의 배액을 상환하기로 하는 특약을 하였습니다. 저도 급히 돈이 필요하여 주택을 매도하기로 한 것이라 난감한 상태인데, 위와 같은 경우 제가 취할 수 있는 법적 구제방안은 무엇인지요?

➡ **잔금이행지체를 이유로 계약을 해지할 수 있습니다,**
위 사안의 경우 甲의 이행지체로 인한 계약해제 또는 잔금지급청구가 문제됩니다. 계약해제란 계약효력을 소급적으로 소멸시켜 계약이 처음부터 존재하지 않았던 상태로 복귀시키는 것을 말합니다.
계약해제권은 당사자가 계약에 의해 해제권을 유보하는 약정해제권과 법률의 규정에 의해 발생하는 법정해제권의 두 가지가 있는데, 이행지체로 인한 해제권은 계약일반의 공통적인 법정해제권이며, 이는 계약당사자의 일방이 채무를 이행하지 않을 경우에 상대방에게 계약의 구속을 받게 함은 부당하므로 계약을 파기해서 그 구속으로부터 벗어나게 하는데 의의가 있는 것입니다.

따라서 귀하는 甲의 잔금이행지체를 이유로 계약을 해제하고 다른 사람에게 다시 매도할 수 있습니다.

여기서 잔금지급기일에 그 이행이 없다고 하여 바로 계약을 해제할 수 있는 것은 아니고, 귀하는 상당기간을 정하여 甲에게 잔금이행의 최고를 하고 甲이 그 기간 내에 이행하지 아니하면 계약을 해제할 수 있는 것입니다(민법 제544조).

최고방법에는 특별한 제한이 없고, 채무의 동일성을 표시하여 일정한 시일 또는 일정한 기간 내에 이행할 것을 요구하는 것으로 충분한데, 향후 이러한 최고여부가 당사자간에 다툼이 될 경우를 대비하여 그 증거로 삼기 위해 배달증명부 내용증명우편을 보내는 경우가 많습니다.

그리고 여기서 '상당기간'이란 채무자가 이행을 준비하고 또 이를 이행하는데 필요한 기간으로, 채무의 내용·성질 기타 객관적 사정을 토대로 결정하고 채무자의 주관적 사정은 고려되지 않습니다. 최고에서 정한 기간이 상당하지 아니한 때에도 최고로서 유효하며, 다만 상당한 기간이 경과한 후에 해제권이 발생할 뿐입니다. 또한, 기간을 전혀 정하지 않고 단지 추상적으로 상당한 기간 내에 이행하라는 식으로 한 최고도 역시 유효합니다(대법원 1979. 9. 25. 선고 79다 1135, 1136 판결).

예외적으로 최고가 필요하지 않은 경우도 있는데, 채무자가 미리 이행하지 아니할 의사를 표시한 경우(민법 제544조 단서), 정기행위(계약성질 또는 당사자의 의사표시에 의하여 일정한 시일 또는 일정기간 내에 이행하지 않으면 계약목적을 달성할 수 없는 것으로서 각종 초대장의 주문, 결혼식에 착용하기 위한 예복의 주문 등)의 이행지체로 해제하는 경우(민법 제545조), 당사자간에 최고를 필요로 하지 않는다는 특약을 한 경우가 그러하고, 나아가 최고를 하여도 채무자가 이행할 의사가 없으리라는 것이 명백하다면 현실로 채무자의 불이행의 의사표시가 없더라도 최고 없이 해제할 수 있습니다(대법원 1963. 3. 7. 선고 62다684 판결).

귀하의 이행최고에도 불구하고 甲이 잔금을 지급하지 않아 귀하가 매매계약을 해제하면 계약의 효력은 소급적으로 소멸하여 계약이 처음부터 존재하지 않았던 것과 같은 상태로 복귀하게 되며, 원상회복의무(민법 제548조) 및 손해배상청구권(민법 제551조)이 발생합니다. 즉, 귀하는 위약금으로 약정한 계약금 1,000만원을 제외한 중도금 3,000만원 및 그 받은 날로부터의 이자를 더하여 甲에게 반환해야 합니다. 계약의 해제는 손해배상의 청구에 영향을 미치지 아니하고(민법 제551조), 이행지체의 경우에 채권자는 이행에 갈음한 손해배상을 청구할 수 있으나(민법 제 395조), 귀하와 甲간에 계약금을 수수(授受)하면서 위약금약정을 하였고, 위약금의 약정은 손해배상액의 예정으로 추정되므로(민법 제398조 제4항), 甲의 이행지체로 인한 손해액이 이미 지급 받은 계약금 1,000만원을 초과하더라도 그 초과액을 청구할 수 없으며(대법원 1988. 5. 10. 선고 87다카3101 판결), 마찬가지 이유로 귀하는 실제 손해액을 증명할 필요 없이 계약금을 위약금으로 몰수할 수 있는 것입니다.

한편, 귀하는 계약을 해제하지 않고, 甲을 상대로 소유권이전과 상환으로 잔금을 지급하라는 소송을 제기하여 승소판결을 얻은 뒤 강제집행을 하면 본래의 매매계약의 목적을 달성할 수도 있습니다.

참고로 매수인의 잔대금지급의무와 매도인의 소유권이전등기의무는 동시이행의 관계에 있으므로 매도인이 잔대금지급기일에 소유권이전등기에 필요한 서류를 준비하여 매수인에게 알리는 등 이행의 제공을 하여 매수인으로 하여금 이행지체에 빠지게 하여야 하는데, 그러한 이행제공의 방법과 그 정도에 관하여 판례를 보면, "쌍무계약에 있어서 당사자의 채무에 관하여 이행의 제공을 엄격하게 요구하면 불성실한 상대 당사자에게 구실을 주게 될 수도 있으므로 당사자가 하여야 할 제공의 정도는 그의 시기와 구체적인 상황에 따라 신의성실의 원칙에 어긋나지 않게 합리적으로 정하여야 하는 것이며, 부동산매매계약에서 매도인

의 소유권이전등기절차이행채무와 매수인의 매매잔대
금지급채무가 동시이행관계에 있는 한 쌍방이 이행을
제공하지 않는 상태에서는 이행지체로 되는 일이 없
을 것인바, 매도인이 매수인을 이행지체로 되게 하기
위해서는 소유권이전등기에 필요한 서류 등을 현실적
으로 제공하거나 그렇지 않더라도 이행장소에 그 서
류 등을 준비하여 두고 매수인에게 그 뜻을 통지하고
수령하여 갈 것을 최고하면 되는 것이어서, 특별한 사
정이 없으면 이행장소로 정한 법무사 사무실에 그 서
류 등을 계속 보관시키면서 언제든지 잔대금과 상환
으로 그 서류들을 수령할 수 있음을 통지하고 신의칙
상(信義則上) 요구되는 상당한 시간간격을 두고 거
듭 수령을 최고하면 이행의 제공을 다한 것이 되고
그러한 상태가 계속된 기간 동안은 매수인이 이행지
체로 된다 할 것이다."라고 하였습니다(대법원 2001.
5. 8. 선고 2001다6053, 6060, 6077 판결,
2002. 2. 26. 선고 2001다77697 판결).

부동산 매매계약에서 잔대금 미지 급시 자동해제된다는 특약의 효력

저는 1년 전 甲소유 부동산을 1억원에 매수하는 매매계약을 체결하면서 계약금 1,000만원과 중도금 4,000만원까지 모두 지급하였습니다. 그러나 저의 사정이 여의치 못하여 잔금지급 약정일로부터 1주일이 경과한 후에야 잔금을 제공하였더니, 매매계약체결 후 부동산 가격의 폭등을 기화로 甲은 계약서상 '잔금지급기일에 잔금을 지급치 아니하면 자동적으로 계약이 해제된다.'는 약정이 있으므로 이미 계약은 해제되었다고 주장하면서 잔금수령을 거부하고 있습니다. 저는 위 부동산을 꼭 취득하고 싶은데 방법이 없는지요?

➡ 잔금공탁 후 소유권이전등기청구소송을 제기하면 됩니다.

관련 판례를 보면 "부동산매매계약에 있어서 매수인이 잔대금지급기일까지 그 대금을 지급하지 못하면 그 계약이 자동적으로 해제된다는 취지의 약정이 있더라도 특별한 사정이 없는 한 매수인의 잔대금지급의무와 매도인의 소유권이전등기의무는 동시이행의 관계에 있으므로 매도인이 잔대금지급기일에 소유권이전등기에 필요한 서류를 준비하여 매수인에게 알리는 등 이행의 제공을 하여 매수인으로 하여금 이행지체에 빠지게 하였을 때에 비로소 자동적으로 매매계약이 해제된다고 보아야 하고, 매수인이 그 약정기한

을 도과하였더라도 이행지체에 빠진 것이 아니라면
대금미지급으로 계약이 자동해제 된 것으로 볼 수 없
다."라고 한 바 있으나(대법원 1998. 6. 12. 선고
98다505 판결), "매수인이 수회에 걸친 채무불이행
에 대하여 책임을 느끼고 잔금지급기일의 연기를 요
청하면서 새로운 약정기일까지는 반드시 계약을 이행
할 것을 확약하고 불이행시에는 매매계약이 자동적으
로 해제되는 것을 감수하겠다는 내용의 약정을 한 특
별한 사정이 있다면, 매수인이 잔금지급기일까지 잔금
을 지급하지 아니함으로써 그 매매계약은 자동적으로
실효 된다."라고 하고 있습니다(대법원 1996. 3. 8.
선고 95다55467 판결).

이 경우 매도인의 '이행제공'이란 매도인이 소유권이
전등기에 소요되는 서류 즉, 등기권리증, 위임장, 부
동산매도용 인감증명서 등 등기신청에 필요한 모든
구비서류를 준비하여 매수인에게 알리는 등의 이행제
공을 말합니다.

따라서 甲이 소유권이전등기에 필요한 서류를 준비
하여 귀하에게 이러한 사실을 알리는 등의 방법으로
이행의 제공을 하지 않았고 위 판례와 같은 특별한
사정이 없다면, 귀하와 甲의 매매계약은 자동해제 되
지 않고 아직 유효한 상태이므로, 甲이 잔금수령을
거부한다면 잔금을 법원에 변제공탁하고 甲을 상대로
소유권이전등기청구소송을 제기하면 될 것입니다.

계약 성립 후 24시간 이내에 해제
할 수 있는지

저는 甲소유 단독주택을 8,000만원에 매수하기로 계약을 체결하고 계약금 500만원을 교부하였는데, 저의 남편의 반대로 다음날 오전 甲에게 계약해제를 통고하고 계약금반환을 요구하였으나 거절하였습니다. 계약 후 24시간 이내에 계약을 해제하면 계약금을 돌려 받을 수 없는 것인지요?

➡ **돌려받을 수 없습니다.**

계약은 성립시로부터 계약당사자에 대하여 그 구속력이 미칩니다.

그리고 계약의 해약금에 관하여 민법 제565조에 의하면 "매매의 당사자 일방이 계약당시에 금전 기타 물건을 계약금, 보증금 등의 명목으로 상대방에게 교부한 때에는 당사자간에 다른 약정이 없는 한 당사자의 일방이 이행에 착수할 때까지 교부자는 이를 포기하고 수령자는 그 배액을 상환하여 매매계약을 해제할 수 있다."라고 규정하고 있습니다.

그러므로 계약시 당사자 사이에 계약금의 수수(授受)가 있는 경우 당사자간에 다른 약정이 없는 한 당사자의 일방이 이행에 착수하기 전까지는 계약금을 교부한 측에서는 교부액을 포기함으로써, 계약금을 수령한 측에서는 그 배액을 상환함으로써 계약을 해제할 수 있을 것입니다.

 귀하도 계약상의 구속력에서 벗어나기 위해서는 귀하가 교부한 계약금을 전부 포기할 수밖에 없다고 보여집니다.

 다만, 계약 성립시로부터 24시간 이내에는 해약할 수 있다거나 남편의 동의를 얻는 것을 계약의 성립조건으로 한다는 등 특별히 약정한 사실이 있다면 이를 입증하여 계약금을 반환 받을 여지는 있다고 할 것입니다.

중도금까지 받은 부동산 매도인이
이중매매를 한 경우

저는 甲으로부터 건물과 대지를 8,500만원에 매수하기로 하는 매매계약을 체결하고 계약금과 중도금을 지급하였습니다. 그 후 잔금지급일에 잔금을 지급하러 갔더니 甲은 저에게 팔기로 한 건물과 대지를 더 비싼 값으로 乙에게 매도하였다면서 잔금수령을 거절하고 제가 이미 지급한 계약금과 중도금만 반환하겠다고 합니다. 저는 어떤 구제방법을 취할 수 있는지요?

➡ 잔금공탁후 부동산처분금지가처분신청및소유권이전
   등기절차이행청구소송을 제기하면 됩니다.
   귀하의 경우는 부동산의 소유권등기명의가 아직 甲명의로 되어 있느냐, 아니면 이미 乙앞으로 이전되어 있느냐에 따라 권리구제방법이 달라지게 됩니다.
   먼저 부동산의 소유권 등기명의가 아직 甲으로 되어 있는 경우에 관하여 살펴보면, 민법은 제565조 제1항에 의하면 "매매의 당사자일방이 계약당시에 금전 기타 물건을 계약금, 보증금 등의 명목으로 상대방에게 교부한 때에는 당사자간에 다른 약정이 없는 한 당사자일방이 이행에 착수할 때까지 교부자는 이를 포기하고 수령자는 그 배액을 상환하여 매매계약을 해제할 수 있다."라고 규정하여 계약금만 주고받은 단계에서는 당사자는 누구라도 계약금을 포기 또는 계

약금의 배액을 상환하면 계약을 해제할 수 있으나, 당
사자의 일방이 이미 이행에 착수한 경우(위 사안과
같이 중도금을 지급한 경우도 이에 포함됨)에는 그
상대방은 일방적으로 계약을 해제할 수 없음을 밝히
고 있습니다.

그러므로 귀하로서는 甲이 수령을 거부하는 매매잔
대금을 우선 변제공탁 한 후 관할법원에 소명자료를
갖추어 부동산처분금지가처분신청을 하고, 아울러 소
유권이전등기절차이행청구의 소를 제기하여 승소판결
이 확정되면 이를 토대로 귀하 명의로 소유권이전등
기를 하는 방법으로 권리를 실현할 수 있습니다.

그리고 부동산소유권의 등기명의가 乙앞으로 이전되
어 있는 경우에는 특별한 사정이 없는 한, 귀하는 위
부동산에 대한 소유권을 취득할 수 없게 되었다 할
것이고, 이는 甲의 책임 있는 사유로 이행이 불능하
게 된 때에 해당되므로 귀하는 계약을 해제할 수 있
고 계약이 해제되면 귀하와 甲은 서로 원상회복의 의
무를 지게 되는데 이 경우 甲은 귀하에게 계약금과
중도금에 이를 받은 날로부터의 이자를 가산하여 반
환하여야 합니다(민법 제546조, 제548조). 또한, 귀
하는 甲에 대하여 계약의 해제로 인하여 입은 손해의
배상을 청구할 수 있음은 물론입니다(민법 제551조).

참고로 귀하로부터 중도금까지 지급 받은 甲이 乙에
게 재차 목적물을 매도하여 乙명의의 소유권이전등기
까지 경료하게 한 행위는 형사적으로 배임죄를 구성
할 수 있을 것으로 보입니다(대법원 1988. 12. 13.
선고 88도750 판결).

매매대금조로 받은 어음의 부도 예상을 이유로 계약해제 가능한지

저는 甲에게 제 소유 아파트를 매도하면서 계약금 및 중도금은 받았으나, 잔금은 甲의 형편상 지급기일이 10일 후인 약속어음으로 받았습니다. 그런데 불안하여 여러 방면으로 알아보니 약속어음지급기일에 위 약속어음의 지급불능이 예상되는바, 지급기일 전에 잔금이행을 최고(催告)하고 이행되지 않을 경우 위 부동산매매계약을 해제할 수 있는지요?

➡ **해제할 수 없습니다.**

　민법은 제544조에 의하면 "당사자일방이 그 채무를 이행하지 아니하는 때에는 상대방은 상당한 기간을 정하여 그 이행을 최고하고 그 기간 내에 이행하지 아니한 때에는 계약을 해제할 수 있다. 그러나 채무자가 미리 이행하지 아니한 의사를 표시한 경우에는 최고를 요하지 아니한다."라고 규정하고 있습니다.

　그리고 판례는 "당사자 사이에 체결한 매매계약의 잔대금지급방법으로 제3자 발행의 어음을 교부하면서 이 어음이 모두 지급되면 매수인 앞으로 매매목적물의 소유권이전등기를 경료하기로 약정한 경우에는 동 매매계약의 잔대금이행기일은 위 어음의 지급기일이라고 봄이 상당하고, 계약해제권의 발생사유인 이행지체라 함은 채무의 이행이 가능한 데도 채무자가 그 이행기를 도과한 것을 말하고 그 이행기 도래 전에는 이행지체란 있을 수 없으므로, 채무이행의 방법으로 교부한 어음이 지급기일에 지급불능이 예상된다 하더라도 잔대금의 이행기일이 경과하지 않은 이상 기한의 이익을 보유하고 있다고 할 것이므로 바로 잔대금 지급을 최고하고 계약을 해제할 수 없다."라고 하였습니다(대법원 1982. 12. 14. 선고 82다카861 판결, 2000. 9. 5. 선고 2000다26333 판결).

따라서 위 사안에서도 어음지급기일을 잔금이행기일로 보아야 할 것이므로, 위 어음이 지급기일에 지급불능이 예상된다 하더라도 그러한 사유만으로 귀하가 바로 잔대금지급을 최고하고 계약을 해제할 수는 없다고 할 것입니다. 만일, 잔금이행기일이 지나서도 甲이 잔대금지급채무를 이행하지 않는다면 귀하는 선택적으로 어음금청구를 하거나, 그 원인이 되는 잔대금지급을 甲에게 최고한 후 잔대금지급채무불이행을 이유로 매매계약의 해제를 할 수 있다고 할 것입니다(대법원 1972. 3. 28. 선고 72다119 판결).

토지매수인으로부터 소유권이전등기를 마친 후 매매계약이 해제된 경우

저는 甲에게 제 소유 토지를 매도하면서 계약금과 중도금은 받았으나, 잔금에 대하여 甲은 토지의 소유권을 미리 이전해 주면 그 토지를 담보로 융자를 받아 잔대금을 지급하겠다고 하였습니다. 그래서 저는 잔금을 받기 전에 甲명의로 소유권 이전등기를 해주었으나, 甲은 융자를 받았음에도 잔금의 지급을 미루고만 있어 저는 매매계약을 해제하였습니다. 그런데 甲은 위 토지의 소유권등기가 자신의 명의로 된 것을 이용하여 계약해제사실을 모르는 乙에게 위 토지를 매각하고 乙명의로 소유권이전등기까지 해주었습니다. 이러한 경우 乙이 위 토지의 소유권을 취득할 수 있는지요?

➡ 소유권을 취득하게 됩니다.
　　민법 제548조 제1항 본문에 의하면 "당사자일방이 계약을 해제한 때에는 각 당사자는 그 상대방에 대하여 원상회복의무가 있다."라고 규정하고 있으며, 판례도 "계약이 해제되면 그 계약의 이행으로 변동이 생겼던 물권은 당연히 그 계약이 없었던 원상태로 복귀한다."라고 하고 있습니다(대법원 1977. 5. 24. 선고 75다1394 판결).
　　따라서 위 사안에서 귀하가 매매계약을 해제한 경우

해제의 의사표시만으로 위 토지의 소유권은 귀하에게로 당연히 소급하여 복귀합니다.

그런데 민법 제548조 제1항 단서는 위와 같은 해제의 경우에 뜻하지 않은 피해자를 보호하기 위하여, "제3자의 권리를 해하지 못한다."라고 규정하고 있습니다.

여기서 말하는 제3자란 해제된 계약으로부터 생긴 법률효과(소유권이전 등)를 기초로 하여 '해제의 의사표시가 있기 전에' 새로운 권리를 취득한 자를 말하는 것이지만, 판례는 계약해제로 인한 '원상회복등기 등이 이루어지기 이전에' 계약의 해제를 주장하는 자와 양립되지 아니하는 법률관계를 가지게 되었고, 계약해제사실을 몰랐던 제3자에 대하여는 계약해제를 주장할 수 없다고 하여 제3자의 범위를 '해제의사표시가 있은 후 그 해제에 의한 말소등기가 있기 이전'에 이해관계를 갖게 된 선의의 제3자까지 포함하는 것으로 보고 있습니다(대법원 1985. 4. 9. 선고 84다카130등 판결, 1996. 11. 15. 선고 94다35343 판결, 2000 선고 2000다584 판결).

따라서 위 사안의 경우 乙은 甲으로부터 위 토지를 매수할 당시 귀하와 甲사이의 계약이 해제된 사실을 모르고 있었던 제3자에 해당된다고 볼 수 있으므로, 위 토지의 소유권을 유효하게 취득한다고 할 것입니다.

계약을 위반한 당사자도 계약해제의 효과를 주장할 수 있는지

甲은 乙소유 아파트를 매수하기로 하는 계약을 체결하고, 계약금을 지급하였으나, 중도금을 지급하지 못하였습니다. 그러자 乙은 내용증명우편으로 수차에 걸쳐 중도금의 지급을 청구하다가 계약이 해제되었다는 통지를 하였습니다. 그런데 乙은 최근에 이르러서는 다시 중도금 및 잔금의 지급을 청구하고 있습니다. 이 경우 비록 甲의 계약위반으로 인하여 위 매매계약이 해제되었다고 하여도 甲이 위 계약이 해제되었음을 주장하여 乙의 청구를 거절할 수는 없는지요?

➡ **청구를 거절할 수 있습니다.**

계약의 해제권에 관하여 민법 제543조에 의하면 "①계약 또는 법률의 규정에 의하여 당사자의 일방이나 쌍방이 해지 또는 해제의 권리가 있는 때에는 그 해지 또는 해제는 상대방에 대한 의사표시로 한다. ②전항의 의사표시는 철회하지 못한다."라고 규정하고 있으며, 해제의 효과에 관하여 민법 제548조에 의하면 "①당사자일방이 계약을 해제한 때에는 각 당사자는 그 상대방에 대하여 원상회복의 의무가 있다. 그러나 제3자의 권리를 해하지 못한다. ②전항의 경우에 반환할 금전에는 그 받은 날로부터 이자를 가하여야 한다."라고 규정하고 있습니다.

　그런데 일방당사자의 계약위반을 이유로 계약이 해제된 경우, 계약을 위반한 당사자도 계약해제의 효과를 주장할 수 있는지에 관하여 판례를 보면, "계약의 해제권은 일종의 형성권으로서 당사자의 일방에 의한 계약해제의 의사표시가 있으면 그 효과로서 새로운 법률관계가 발생하고 각 당사자는 그에 구속되는 것이므로, 일방 당사자의 계약위반을 이유로 한 상대방의 계약해제의 의사표시에 의하여 계약이 해제되었음에도 상대방이 계약이 존속함을 전제로 계약상 의무의 이행을 구하는 경우 계약을 위반한 당사자도 당해 계약이 상대방의 해제로 소멸되었음을 들어 그 이행을 거절할 수 있다."라고 하였습니다(대법원 2001. 6. 29. 선고 2001다21441 판결).

　따라서 위 사안에 있어서도 甲은 계약해제로 인한 손해배상 등의 문제는 별론으로 하고 乙의 계약이행 청구는 거절할 수 있을 것으로 보입니다.

매도인의 적법한 계약해제 후 매수 인도 계약취소할 수 있는지

甲은 乙로부터 2필지의 토지 및 그 지상의 무허가건물을 매수하기로 하였는데, 그 2필지의 토지 중 171평인 토지는 시유지(市有地)를 乙이 점유하고 있음을 근거로 장차 이를 불하받을 것을 기대하여 이른바 연고권을 매수한 것이어서 관계서류에 하자가 있을 경우 乙이 甲에게 그 손해를 배상하기로 약정하였습니다. 그런데 乙은 甲의 중도금지급채무불이행을 이유로 상당기간을 정하여 이행을 촉구한 후 매매계약을 해제하였지만, 위 무허가건물은 무허가건물대장상 지번이 잘못 기재되어 있었으므로 위 시유지의 불하여부가 불투명할 뿐만 아니라, 甲이 알아본 바로는 위 매매대상 토지 중 171평의 불하에 관하여 불하가 된다고 하여도 60평 이상은 불하가 불가능하다고 합니다. 이 경우 甲은 乙로부터 위 토지를 매수하기로 계약을 체결할 당시 171평의 시유지를 모두 불하받을 목적에서 매매계약을 체결하였고, 매매가격 역시 그 부동산을 모두 불하 받을 수 있으리라는 전제 하에서 결정되었는데 실제로는 건물 지번이 상이하여 불하 받기 어렵거나, 불하 받더라도 그 일부분에 그친다는 것을 甲이 알았더라면 이를 매수하지 않았으리라는 것은 쉽사리 짐작할 수 있고, 이러한 甲의 의사는 매매계약 당시 표시되어 乙도 이를 알고 있었습니다. 이 경우 甲이 위와 같은 착오는 계약의 중요부분의 착오에 해당한다고 주장하여 위 계약을 취소할 수 있는지요?

➡ **취소할 수 있습니다.**

착오로 인한 의사표시에 관하여 민법 제109조에 의하면 "①의사표시는 법률행위의 내용의 중요부분에 착오가 있는 때에는 취소할 수 있다. 그러나 그 착오가 표의자의 중대한 과실로 인한 때에는 취소하지 못한다. ②전항의 의사표시의 취소는 선의의 제3자에게 대항하지 못한다."라고 규정하고 있습니다.

그리고 동기의 착오가 있을 경우 착오를 이유로 계약을 취소할 수 있을 것인지에 관하여 판례를 보면, "동기의 착오가 법률행위의 내용의 중요부분의 착오에 해당함을 이유로 표의자가 법률행위를 취소하려면 그 동기를 당해 의사표시의 내용으로 삼을 것을 상대방에게 표시하고 의사표시의 해석상 법률행위의 내용으로 되어 있다고 인정되면 충분하고 당사자들 사이에 별도로 그 동기를 의사표시의 내용으로 삼기로 하는 합의까지 이루어질 필요는 없지만, 그 법률행위의 내용의 착오는 보통 일반인이 표의자의 입장에 섰더라면 그와 같은 의사표시를 하지 아니하였으리라고 여겨질 정도로 그 착오가 중요한 부분에 관한 것이어야 하며, 착오에 의한 의사표시에서 취소할 수 없는 표의자의 '중대한 과실'이라 함은 표의자의 직업, 행위의 종류, 목적 등에 비추어 보통 요구되는 주의를 현저히 결여하는 것을 의미한다."라고 하였습니다(대법원

2000. 5. 12. 선고 2000다12259 판결).

그런데 매도인이 매매계약을 적법하게 해제한 후에도 매수인이 착오를 이유로 매매계약을 취소할 수 있는지에 관하여 판례를 보면, "매도인이 매수인의 중도금지급채무불이행을 이유로 매매계약을 적법하게 해제한 후라도 매수인으로서는 상대방이 한 계약해제의 효과로서 발생하는 손해배상책임을 지거나 매매계약에 따른 계약금의 반환을 받을 수 없는 불이익을 면하기 위하여 착오를 이유로 한 취소권을 행사하여 매매계약 전체를 무효로 돌리게 할 수 있다."라고 하였습니다(대법원 1996. 12. 6. 선고 95다24982 판결).

따라서 위 사안에서 甲은 위 171평의 시유지 전체를 불하받을 것을 목적으로 위 토지매매계약을 체결하였고, 매매가격 역시 그 부동산을 모두 불하받을 수 있으리라는 전제하에서 결정되었으며, 乙도 그러한 사실을 알고 있었으므로 甲은 비록 乙이 중도금지급채무불이행을 이유로 적법하게 계약을 해제였다고 하여도, 위와 같은 착오를 이유로 위 매매계약의 취소를 해볼 수 있을 것으로 보입니다.

매도인의 하자담보책임에 관한 권리행사기간의 성질

저는 1년 전 甲회사로부터 태양열온수기를 구입하였는데, 그 태양열온수기의 온수가 사용할 수 없을 정도로 혼탁하여 甲회사에 수리를 요청하여 수차에 걸쳐 수리를 하였으나, 근본적인 결함을 제거하지 못하였으므로 구입 후 5개월쯤 경과된 시점에서 내용증명우편으로 위 매매계약의 해제와 손해배상을 요구하였으나, 甲회사는 전혀 반응이 없어 현재는 소송을 제기하고자 하는바, 이러한 경우 기간의 제한이 있는지요?

➡ **기간도과(6개월) 전에 내용증명을 발송하였으므로 제한이 없습니다.**

　　민법 제580조 제1항은 매매의 목적물에 하자(瑕疵)가 있는 때에는 민법 제575조 제1항의 규정을 준용하도록 규정하고 있으므로 매수인이 매매목적물의 하자 있음을 알지 못한 때에는 그로 인하여 계약의 목적을 달성할 수 없는 경우에 한하여 계약을 해제할 수 있고, 기타의 경우에는 손해배상만을 청구할 수 있습니다.

　　따라서 위 사안의 경우 귀하가 매수한 태양열온수기가 수차에 걸친 수리에도 불구하고 근본적인 결함이 제거되지 못하였다면 귀하는 위와 같은 매도인의 하자담보책임을 물어 계약을 해제할 수 있을 것으로 보입니다.

  그런데 민법 제582조에 의하면 위와 같은 매도인의 하자담보책임을 물을 권리는 매수인이 그 사실을 안 날로부터 6월내에 행사하여야 한다고 규정하고 있습니다.

  그리고 이 기간은 제척기간(除斥期間)으로 보고 있으므로 그 기간 내에 재판을 청구하여야 하는 출소기간(出訴期間)인지 문제되는데, 이에 관하여 판례는 "민법 제582조 소정의 매도인의 하자담보책임에 관한 매수인의 권리행사기간은 재판상 또는 재판 외의 권리행사기간이고 재판상 청구를 위한 출소기간은 아니다."라고 하였습니다(대법원 1985. 11. 12. 선고 84다카2344 판결, 1990. 3. 9. 선고 88다카31866 판결).

  따라서 귀하가 위 태양열온수기의 하자 수리를 구두상 요청하여 甲회사에서 수차에 걸쳐 수리를 해준 사실이 있을 뿐만 아니라, 6월이 경과되기 이전에 내용증명우편으로 하자담보책임을 물어 위 계약의 해제와 손해배상을 청구해둔 바 있으므로 위 제척기간은 귀하가 소송을 제기함에 영향을 미치지 못할 것으로 보입니다.

교환 받은 토지에 건축 제한이 있
는 경우 계약취소 여부

甲은 시가지에 A대지를 소유하고 있었고, 乙은 교외의 B대지
를 소유하고 있었는데, 甲과 乙사이의 계약으로 A·B대지를
교환하였습니다. 乙은 얼마 후 A대지를 丙에게 매각하고 그
등기를 마쳤습니다. 그 후 甲은 B대지 위에 주택을 건축하기
위하여 건축업자에게 상의한 결과, B대지는 법률상의 제한이
있어서 주택을 건축할 수 없다고 합니다. 이 경우 甲·乙·丙 3
자간의 법률관계는 어떻게 되는지요?

➡ 乙은 甲에게 배상하여야 합니다.

민법은 매매목적인 재산권에 하자가 있어서 이로 말
미암아 그 재산권의 전부 또는 일부를 이전할 수 없
거나, 또는 그 재산권의 객체인 물건에 하자있는 것을
급부한 경우, 매도인에게 일정한 담보책임을 인정하
고, 제570조 내지 제584조에서 이에 관하여 자세히
규정하고 있습니다.

위 사안과 관련하여 구체적으로 담보책임에 관한 민
법규정 중 어느 규정의 적용을 받느냐와 담보책임이
인정된다 하더라도 그밖에 착오를 이유로 취소 또는
채무불이행책임을 물을 수 있느냐는 점이 문제됩니다.
매도인의 담보책임은 권리의 하자에 대한 담보책임과
물건의 하자에 대한 담보책임의 둘로 나눌 수 있습니

다.

벌채의 목적으로 매수한 산림이 보안림구역이어서 벌채하지 못하게 된 경우, 또는 공장부지로써 매수한 토지가 하천법의 적용구역이어서 공장을 세울 수 없는 경우 등에 있어 현재 통설과 판례는 권리의 하자로 보아 용익적(用益的) 권리에 의하여 제한되어 있는 경우인 민법 제575조를 적용합니다. 이에 따르면 매수인이 선의인 경우에 한하여 그 사실을 안 날로부터 1년 이내에 손해배상을 청구할 수 있고, 그러한 제한으로 인해 계약목적을 달성할 수 없는 경우에는 계약을 해제할 수 있습니다. 판례를 보면, "매매의 목적물이 거래통념상 기대되는 객관적 성질·성능을 결여하거나, 당사자가 예정 또는 보증한 성질을 결여한 경우에 매도인은 매수인에 대하여 그 하자로 인한 담보책임을 부담한다 할 것이고, 한편 건축을 목적으로 매매된 토지에 대하여 건축허가를 받을 수 없어 건축이 불가능한 경우, 위와 같은 법률적 제한 내지 장애 역시 매매목적물의 하자에 해당한다 할 것이나, 다만 위와 같은 하자의 존부는 매매계약성립시를 기준으로 판단하여야 할 것이다."라고 하였습니다(대법원 2000. 1. 18. 선고 98다18506 판결).

위 사안의 경우와 같은 교환계약은 유상계약이므로 매매에 관한 규정이 준용되며 법률상의 제한으로 주택을 신축할 수 없는 것은 통설과 판례가 인정하는 권리의 하자로 보여지고 甲은 법률상의 제한으로 주택을 신축할 수 없다라는 사실을 교환계약 후에 알게

되었으므로 선의라고 여겨지는바, 주택을 건축할 수
없다는 사실을 안 날로부터 1년 이내에 乙을 상대로
손해배상을 청구할 수 있고, 또 대지에 건축을 할 수
없다고 하는 것은 중대한 제한이므로 계약을 해제할
수 있다고 봅니다. 다만, 계약의 해제는 제3자의 권리
를 해하지 못하므로 丙으로부터 A대지를 반환 받을
수는 없습니다. 결국, 甲은 乙을 상대로 손해배상청구
및 A대지의 반환불능에 따른 전보배상(塡補賠償)을
청구할 수 있습니다. 물론, 그에 대응하여 甲은 乙에
게 그 대지를 인도하여야 하고, 양자는 동시이행의 관
계에 서게 된다고 할 것입니다.

임차인의 건물매수청구권을 포기하기로 한 약정이 유효한지

저는 甲이 건물 소유를 목적으로 乙소유 토지를 임차하여 신축한 미등기건물을 위 임차권을 포함하여 甲으로부터 매수하였습니다. 그런데 乙은 자기의 동의 없이 위 토지임차권을 무단양도 하였다는 이유로 甲에게 계약해지를 통고하였으므로 甲과 저는 乙에게 사정하여 3년 후에는 위 건물을 철거하겠다는 조건으로 乙과 제가 임대차계약을 체결하였습니다. 그런데 민법상 건물매수청구권에 관한 임차인에게 불리한 약정은 효력이 없다고 하므로, 과연 3년이 만료된 후 제가 위 건물의 매수청구를 할 수 없는지요?

➡ **할 수 없습니다.**

민법 제652조에 의하면 건물 소유를 목적으로 한 토지임차인의 건물매수청구권에 관한 민법 제643조의 규정에 위반한 약정으로 임차인이나 전차인에게 불리한 것은 효력이 없다고 규정하고 있으며, 민법 제629조에서 임차인은 임대인의 동의 없이 그 권리를 양도하거나 임차물을 전대하지 못하며 임차인이 이를 위반한 때에는 임대인은 계약을 해지할 수 있다고 규정하고 있습니다.

이에 관하여 판례는 "임차인의 매수청구권에 관한 민법 제643조의 규정은 강행규정이므로, 이 규정에 위반되는 약정으로서 임차인이나 전차인에게 불리한 약정인지의 여부는 우선 당해 계약의 조건자체에 의하여 가려져야 하지만, 계약체결의 경위와 제반 사정 등을 종합적으로 고려하여 실질적으로 임차인 등에게 불리하다고 볼 수 없는 특별한 사정을 인정할 수 있을 때에는 위 강행규정에 저촉되지 않는 것으로 보아야 하며, 무단양도 등으로 토지를 점유할 권원이 없어 건물을 철거하여야 할 처지에 있는 건물소유자에게 토지소유자가 은혜적으로 명목상 차임만을 받고 토지의 사용을 일시적으로 허용하는 취지에서 토지임대차계약이 체결된 경우라면, 임대인의 요구시 언제든지 건물을 철거하고 토지를 인도한다는 특약이 임차인에게 불리한 약정에 해당되지 않는다."라고 하였습니다 (대법원 2002. 5. 31. 선고 2001다42080 판결, 1997. 4. 8. 선고 96다45443 판결, 1992. 4. 14. 선고 91다36130 판결).

따라서 위 사안의 경우 귀하도 乙에 대하여 위 주택의 매수청구권을 행사하기 어렵다고 할 것입니다.

참고로 "건물이 경제적 가치가 별로 없었던 것으로서 건물의 전소유자의 조건 없는 철거약정이 있었고, 또한 건물소유자가 법정지상권이 없으면 건물을 철거할 수밖에 없는 처지에서 대지에 법정지상권이 없으면 건물을 철거하기로 약정하고 대지를 임차하였다면 그와 같은 철거약정은 대지임차인에게 일방적으로 불리한 약정이라고 볼 수 없으므로 대지소유자에 대하여 민법 제643조 소정의 건물매수청구권을 행사할 수 없다."라고 한 사례도 있습니다(대법원 1993. 12. 28. 선고 93다26687 판결)

손해배상액 예정이 없는 계약의 합의해제시 손해배상청구 가능한지

저는 甲에게 건물의 신축공사를 도급하였으나, 甲이 공사를 완성하기 전에 의견충돌이 있어서 도급계약을 해제하기로 합의하였습니다. 합의당시 손해배상에 관하여는 별도로 약정한 사실이 없으나 甲은 공사기성고비율에 따른 공사대금 이외에 별도로 손해배상을 청구하겠다고 하는데, 계약을 합의해제하였을 경우에도 별도로 손해배상이 문제될 수 있는지요?

➡ **손해배상을 하지 않아도 됩니다.**

계약의 합의해제 또는 해제계약이라 함은 해제권의 유무를 불문하고 계약당사자 쌍방이 합의에 의하여 기존의 계약의 효력을 소멸시켜 당초부터 계약이 체결되지 않았던 것과 같은 형태로 복귀시킬 것을 내용으로 하는 새로운 계약입니다.

따라서 계약이 합의해제 되기 위해서는 일반적으로 계약이 성립하는 경우와 마찬가지로 계약의 청약과 승낙이라는 서로 대립하는 의사표시가 합치될 것을 그 요건으로 하고, 이와 같은 합의가 성립하기 위해서는 쌍방당사자의 표시행위에 나타난 의사의 내용이 객관적으로 일치하여야 하므로, 계약당사자의 일방이 계약해제에 따른 원상회복 및 손해배상의 범위에 관한 조건을 제시한 경우 그 조건에 관한 합의까지 이루어져야 합의해제가 성립될 것입니다(대법원 1996. 2. 27. 선고 95다43044 판결).

그런데 위 사안에서는 도급계약을 합의해제하면서 손해배상액을 약정하지 않았는바, 이에 관한 판례를 보면, "계약이 합의해제 된 경우에는 그 해제시에 당사자 일방이 상대방에게 손해배상을 하기로 특약하거나 손해배상청구를 유보하는 의사표시를 하는 등 다른 사정이 없는 한 채무불이행으로 인한 손해배상을 청구할 수 없다."라고 하였습니다(대법원 1989. 4. 25. 선고 86다카1147, 1148 판결).

따라서 귀하의 경우에도 甲이 공사기성고에 따른 공사대금을 청구하는 이외에 별도의 손해배상을 청구한다고 하여도, 계약의 합의해제시 당사자일방이 손해배상을 하기로 하는 특약이 전혀 없었고, 甲이 손해배상청구는 별도로 문제제기 하겠다는 등으로 손해배상청구를 유보하는 의사표시를 한 사실이 없었다면 귀하는 甲에게 별도의 손해배상을 지급하지 않아도 될 것으로 보입니다.

공사진행 중 도급계약이 해제될 경우 공사대금 산정방법

저는 甲으로부터 10층 상가건축공사를 도급 받아 계약에 따른 공정률 80%를 완성하였습니다. 그러나 甲은 제가 계약을 위반하였다면서 채무불이행을 이유로 계약해제를 통보해왔는데, 이 경우 어떻게 대처해야 하는지요?

➡ **총공사비의 80%만 보수를 지급받을 수 있습니다.**
　　건축공사도급계약의 해제에 관한 제반문제를 살펴보면 첫째, 민법 제668조에 의하면 "도급인이 완성된 목적물의 하자로 인하여 계약의 목적을 달성할 수 없는 때에는 계약을 해제할 수 있다. 그러나 건물 기타 토지의 공작물에 대하여는 그러하지 아니하다."라고 규정하고 있습니다.
　　판례도 "건축공사의 도급계약의 해제에 있어서는 해제 당시 이미 그 공사가 완성되었다면, 특별한 사정이 있는 경우를 제외하고는 이제 더 이상 공사도급계약을 해제할 수 없다."라고 하였으나(대법원 1995. 8. 22. 선고 95다1521 판결), 공사가 완성되지 못한 상태에 관하여는 "수급인의 이행지체를 이유로 한 도급계약의 해제도 다른 계약의 해제와 마찬가지로 도급인이 상당한 기간을 정하여 이행을 최고하였음에도 불구하고 수급인이 그 이행을 하지 아니하거나 수급인이 미리 이행하지 아니할 것을 표시한 경우라야 적법한 해제가 되며, 일부의 이행만으로는 도급계약의 목적을 달성할 수 없을 경우에는 계약전체를 해제할 수 있다."라고 하였습니다(대법원 1994. 4. 12. 선고 93다45480 판결).

그러므로 건물건축공사는 미완성상태에서만 계약의 해제가 가능하고, 공사는 완성하였으나 하자가 있는 경우에는 계약을 해제할 수 없다고 할 것이고, 건물건축공사의 미완성과 하자를 구별하는 기준은 공사가 도중에 중단되어 예정된 최후의 공정을 종료하지 못한 경우에는 공사가 미완성된 것으로 볼 것이지만, 공사가 당초 예정된 최후의 공정까지 일응 종료하고 다만, 그것이 불완전하여 보수(補修)를 하여야 할 경우에는 공사가 완성되었으나 목적물에 하자가 있는 것에 지나지 않는다고 해석함이 상당하며, 개별 건축공사에 있어서 예정된 최후의 공정이 일단 종료하였는지 여부는 당해 건물건축 도급계약의 구체적 내용과 신의성실의 원칙에 비추어 객관적으로 판단할 수밖에 없을 것입니다(대법원 1996. 2. 23. 선고 94다 42822, 42893 판결).

둘째, 도급인의 보수(報酬: 도급대금)지급문제에 관하여 살펴보면, 판례는 "건축공사도급계약이 수급인의 채무불이행을 이유로 해제된 경우에 있어 해제될 당시 공사가 상당한 정도로 진척되어 이를 원상회복 하는 것이 중대한 사회적, 경제적 손실을 초래하게 되고, 완성된 부분이 도급인에게 이익이 되는 것으로 보이는 경우에는 도급계약은 미완성부분에 대하여만 실효 되고 수급인은 해제한 상태 그대로 그 건물을 도급인에게 인도하고, 도급인은 특별한 사정이 없는 한 인도 받은 미완성건물에 대한 보수를 지급하여야 하는 권리의무관계가 성립한다."라고 하였고(대법원 1992. 3. 31. 선고 91다42630 판결), "도급인이 인도 받은 목적물에 하자가 있는 것만을 이유로 하자의 보수(補修)나 하자의 보수(補修)에 갈음하는 손해배상을 청구하지 아니하고 맞바로 보수(報酬)의 지급을 거절할 수는 없다."라고 하였으며(대법원 1991. 12. 10. 선고 91다33056 판결), 또한 "전혀 도급계약의 목적을 달성할 수 없고, 그 시설은 쓸모 없는 것이어서 뜯어 낼 정도라 하여도 도급계약의 해제 없이는 공사를 완성한 수급인에 대한 공사금지급채무를 면할 수 없다."라고 하였습니다(대법원 1968. 6. 18. 선고 68다456 판결).

그리고 "도급인이 지급하여야 할 미완성건물에 대한 보수(報酬)는 특별사정이 없는 한, 당사자 사이에 약정한 총 공사비에서 막바로 미시공부분의 완성에 실제로 소요될 공사비를 공제하여 산정 할 것이 아니라, 기성부분과 미시공부분에 실제로 소요되거나 소요될 공사비를 기초로 산출한 기성고비율을 약정공사비에 적용하여 산정 하여야 하고, 기성고비율은 완성된 부분에 소요된 공사비에다가 미시공부분을 완성하는데 소요될 공사비를 합친 전체공사비 가운데 이미 완성된 부분에 소요된 비용이 차지하는 비율이다."라고 하였습니다(대법원 1995. 6. 9. 선고 94다29300, 29317 판결).

셋째, 완성된 목적물 또는 완성전의 성취된 부분에 하자가 있는 때에는 도급인은 수급인에 대하여 상당한 기간을 정하여 그 하자의 보수(補修)를 청구할 수 있으며, 도급인은 하자의 보수(補修)에 갈음하여 또는 보수(補修)와 함께 손해배상을 청구할 수 있습니다(민법 제667조 제1항, 제2항). 그리고 수급인의 보수(報酬)지급청구권과 도급인의 하자로 인한 손해배상청구권은 동시이행의 관계에 있습니다(민법 제667조 제3항, 제536조).

판례도 "완성된 목적물에 하자가 있어 도급인이 수급인에 대하여 하자보수(補修)에 갈음한 손해배상을 청구하는 경우 그 손해배상의 액에 상응하는 보수(報酬)의 액에 관하여는 그 지급을 거절할 수 있고, 이 경우 그 손해배상의 액수 즉, 하자보수비는 목적물의 완성시가 아니라 손해배상청구시를 기준으로 산정 함이 상당하다."라고 하였습니다(대법원 1994. 10. 11. 선고 94다26011 판결, 2001. 9. 18. 선고 2001다9304 판결).

따라서 위 사안의 경우에 다른 특별한 하자 없이 공정이 80% 진행된 10층상가건물에 관한 도급계약이 해제되었다면, 그에 따라 원상회복 할 경우 사회적·경제적으로 중대한 손실을 초래하게 될 것이 명백하므로, 이 경우 도급계약은 미완성부분에 대해서만 실효된다고 봄이 상당하고, 귀하는 미완성건물을 甲에게 인도함과 동시에 총 공사비의 80%에 해당하는 보수(報酬)를 지급 받을 수 있다고 하겠습니다.

그러나 수급인인 귀하의 채무불이행사실이 있었다면, 도급인 甲은 귀하의 기성고에 의한 보수(報酬) 중 그 불이행으로 인한 손해배상액에 상응하는 금액에 관하여는 지급을 거절할 수 있을 것입니다.

도급계약의 해제방법과 내용증명우편의 효력

저는 건축업자 甲과 제 소유 주택의 증축공사계약을 체결하면서 공사대금 2,500만원, 공사기간 2개월로 약정하고 계약금 800만원을 지급하였습니다. 그런데 甲은 공사도중에 재료비 및 인건비가 많이 올랐다는 이유로 공사금액을 올려주지 않으면 건축을 할 수 없다고 합니다. 주변에 알아보니 내용증명우편으로 계약을 해제하고 다른 사람에게 공사를 맡기라고 하는데 내용증명의 법적 효력은 어떤지요?

➡ **의사표시전달의 명확한 증거가 됩니다.**

　내용증명우편이란 어떠한 내용의 우편물을 수신인에게 틀림없이 전달하였다는 것을 국가기관인 우체국에서 증명해주는 우편제도를 말하며, 채무이행의 최고와 계약의 해제, 채권양도의 통지, 임대차계약의 해지, 기타 법적인 의의를 지닌 의사의 통지 등을 할 경우에 많이 이용됩니다.

　내용증명우편은 일단 당사자의 의사를 상대방에게 강력히 표시하고 의사표시가 상대방에게 도달하였는지 여부가 문제로 되었을 경우 내용증명과 함께 배달증명까지 받아둠으로써 명확한 증거로 남는다는 의미가 있는 것입니다.

　판례도 "최고의 의사표시가 기재된 내용증명 우편물

이 발송되고 반송되지 아니하였다면 특별한 사정이 없는 한 이는 그 무렵에 송달되었다고 볼 것이다."라고 하였습니다(민법 제111조, 대법원 1997. 2. 25. 선고 96다38322 판결, 2002. 7. 26. 선고 2000다25002 판결).

그리고 위 사안과 같은 공사도급계약의 해제에 관한 판례를 보면, "공사도급계약에 있어서 수급인의 공사중단이나 공사지연으로 인하여 약정된 공사기한 내의 공사완공이 불가능하다는 것이 명백한 경우에는 도급인은 그 공사기한이 도래하기 전이라도 계약을 해제할 수 있지만, 그에 앞서 수급인에 대하여 위 공사기한으로부터 상당한 기간 내에 완공할 것을 최고하여야 하고, 다만, 예외적으로 수급인이 미리 이행하지 아니할 의사를 표시한 때에는 위와 같은 최고 없이도 계약을 해제할 수 있다."라고 하였습니다(대법원 1996. 10. 25. 선고 96다21393, 21409 판결).

따라서 귀하의 경우 상당한 유예기간을 두고 공사를 진행하지 않을 경우 계약을 해제한다는 내용의 배달증명부 내용증명우편을 보내면 차후 상대방 측에서 계약해제사실을 다툴 경우에 증거로 삼을 수 있을 것입니다.

화해계약불이행시 화해계약해제하고 양보한 부분의 청구도 가능한지

저는 甲으로부터 폭행을 당하여 전치 6주의 상해를 입었는데, 甲의 간청으로 그 치료비의 일부금 120만원만을 지급 받기로 합의하였습니다. 그러나 甲은 치료비를 주기로 약정한 날로부터 1개월이 지나도 단 한 푼의 치료비도 지급하지 않으므로 위 합의를 파기하고 치료비 전액과 기타 일실수익 및 위자료까지도 청구하고자 합니다. 그것이 가능한지요?

➡ 가능합니다,

위 사안에서 귀하와 甲은 화해계약(和解契約)을 한 것으로 보이며, 민법에 의하면 화해계약은 당사자일방이 양보한 권리가 소멸되고 상대방이 화해로 인하여 그 권리를 취득하는 효력이 있고, 화해계약은 착오를 이유로 취소하지 못하나, 화해당사자의 자격 또는 화해의 목적인 분쟁 이외의 사항에 착오가 있는 때에는 그러하지 아니하다고 규정하고 있습니다(민법 제732조, 제733조).

여기서 '화해의 목적인 분쟁이외의 사항'이라 함은 분쟁의 대상이 아니라 분쟁의 전제 또는 분쟁의 기초가 된 사항으로서, 쌍방당사자가 예정한 것이어서 상호양보의 내용으로 되지 않고 다툼이 없는 사실로 양해된 사항을 말합니다(대법원 1995. 12. 12. 선고

94다22453 판결).

그러므로 이러한 '화해의 창설적 효력'으로 인하여 원칙적으로 화해의 내용에 따른 청구만을 할 수 있을 것입니다.

그러나 화해도 계약이므로 계약해제에 관한 통칙적 규정이 모두 화해계약에 그대로 적용된다고 할 것이고, 판례에 의하면 "계약당사자의 일방이 그 채무를 이행하지 않는 때에는 특별한 사정이 없는 한 상대방은 상당한 기간을 정하여 그 이행을 최고하고 그 기간 내에 이행하지 않는 때에 계약을 해제할 수 있는 바이므로, 그 이행의 최고여부를 심리판단하지 아니하고 화해계약의 해제를 인정함은 잘못이다."라고 하였습니다(민법 제544조, 제545조, 대법원 1971. 2. 23. 선고 70다1342 판결).

따라서 화해당시 해제권에 대해 특약을 해두었다면 그에 따른 해제가 가능할 것이나, 위 사안의 甲이 변제기가 지나도 채무를 이행하지 않을 경우에는 상당한 기간을 정하여 그 이행을 최고하고, 그 기간 내에 이행하지 아니한 때에는 화해계약을 해제하고 치료비 전액과 일실수익 및 위자료까지도 청구할 수 있을 것입니다.

합의의 중요부분에 착오가 있는 경우 합의의 취소가 가능한지

저의 아들 甲이 교통사고로 의식불명상태에 있는 동안 가해 차량보험회사의 직원이 위 교통사고가 오로지 제 아들 甲의 과실로 인하여 발생한 것이라고 하였습니다. 저는 그 말만 믿고 사고 10일 후 치료비일부만을 받고는 일체의 손해배상 청구권을 포기하기로 합의하였으나, 그 후 가해자의 과실이 경합되어 발생하였다는 사실이 밝혀졌는데, 이러한 경우 착오를 이유로 위 합의를 취소할 수 있는지요.

➡ **취소할 수 있습니다.**

민법상 법률행위내용의 중요한 부분에 착오가 있는 경우 의사표시자의 중대한 과실이 없는 한 착오로 취소할 수 있으나(민법 제109조), 화해계약에 있어서는 착오를 이유로 취소하지 못하고 다만, 화해당사자의 자격 또는 화해의 목적인 분쟁 이외의 사항에 착오가 있는 때에 한하여 취소할 수 있습니다(민법 제733조).

이와 관련된 판례를 보면 "민법상의 화해계약을 체결한 경우 당사자는 착오를 이유로 취소하지 못하고, 다만 화해 당사자의 자격 또는 화해의 목적인 분쟁 이외의 사항에 착오가 있는 때에 한하여 이를 취소할 수 있으며, 어기서 '화해의 목적인 분쟁 이외의 사항'

이라 함은 분쟁의 대상이 아니라 분쟁의 전제 또는 기초가 된 사항으로서, 쌍방 당사자가 예정한 것이어서 상호 양보의 내용으로 되지 않고 다툼이 없는 사실로 양해된 사항을 말하고, 교통사고에 가해자의 과실이 경합되어 있는데도 오로지 피해자의 과실로 인하여 발생한 것으로 착각하고 치료비를 포함한 합의금으로 실제 입은 손해액보다 훨씬 적은 금원만을 받고 일체의 손해배상청구권을 포기하기로 합의한 경우, 그 사고가 피해자의 전적인 과실로 인하여 발생하였다는 사실은 쌍방 당사자 사이에 다툼이 없어 양보의 대상이 되지 않았던 사실로서 화해의 목적인 분쟁의 대상이 아니라 그 분쟁의 전제가 되는 사항에 해당하는 것이므로 피해자측은 착오를 이유로 화해계약을 취소할 수 있다."라고 하였습니다(대법원 1997. 4. 11. 선고 95다48414 판결, 2002. 9. 4. 선고 2002다18435 판결).

 따라서 위 사안의 경우 귀하도 위 합의를 취소하고 추가로 손해배상을 청구할 수 있을 것으로 보입니다.

교통사고의 손해배상에 관한 합의 시 불공정행위로 무효가 되는 경우

저의 남편 甲은 사업을 하다가 교통사고로 사망하였는데, 甲은 채무가 많아서 채권자들이 甲의 사망으로 인한 손해배상금에 대하여 법적 조치를 할 우려가 많아 그 손해배상금도 수령하지 않으면 어린 자녀들을 부양할 대책이 없어 사고 후 4일만에 가해차량보험회사인 乙회사가 제시하는 금액에 합의를 하였는바, 그 후 알아본 바로는 너무 적은 금액에 합의를 하였다고 하므로 위 합의를 번복하고 추가로 손해배상을 청구할 수는 없는지요?

➡ **청구할 수 있습니다.**

귀하가 乙회사와 행한 합의는 그 성질상 민법상의 화해계약으로 보아야 할 것인데, 화해는 당사자가 상호 양보하여 당사자간의 분쟁을 종지(終止)할 것을 약정함으로써 그 효력이 생기는 계약으로서(민법 제731조), 화해계약은 당사자일방이 양보한 권리가 소멸되고 상대방이 화해로 인하여 그 권리를 취득하는 효력이 있습니다(민법 제732조, 화해의 창설적 효력).

그러므로 위와 같은 '화해의 창설적 효력'으로 인하여 화해(합의)의 내용에 따라야 함이 원칙입니다.

그러나 화해계약도 법률행위이므로 법률행위의 무효

취소·해제 등 법률행위에 관한 통칙적 규정이 모두 적용됩니다. 다만, 화해계약은 착오를 이유로 하여 취소하지 못하지만, 화해당사자의 자격 또는 화해의 목적인 분쟁이외의 사항에 착오가 있는 때에는 착오로 인한 취소도 가능합니다(민법 제733조).

그런데 민법 제104조에 의하면 "당사자의 궁박, 경솔 또는 무경험으로 인하여 현저하게 공정을 잃은 법률행위는 무효로 한다."라고 하여 '불공정한 법률행위'를 무효로 한다고 규정하고 있습니다.

이러한 불공정한 법률행위의 요건 및 판단기준에 관하여 판례는 "민법 제104조에 규정된 불공정한 법률행위는 객관적으로 급부(給付)와 반대급부 사이에 현저한 불균형이 존재하고, 주관적으로 위와 같이 균형을 잃은 거래가 피해당사자의 궁박, 경솔 또는 무경험을 이용하여 이루어진 경우에 성립하는 것으로서, 약자적 지위에 있는 자의 궁박, 경솔 또는 무경험을 이용한 폭리행위를 규제하려는 데에 그 목적이 있다 할 것이고, 불공정한 법률행위가 성립하기 위한 요건인 궁박, 경솔, 무경험은 모두 구비되어야 하는 것이 아니고 그 중 일부만 갖추어져도 충분하며, 여기에서 '궁박'이라 함은 '급박한 곤궁'을 의미하는 것으로서 경제적 원인에 기인할 수도 있고, 정신적 또는 심리적 원인에 기인할 수도 있으며, 당사자가 궁박의 상태에 있었는지 여부는 그의 신분과 재산상태 및 그가 처한 상황의 절박성의 정도 등 제반상황을 종합하여 구체적으로 판단하여야 한다."라고 하면서, "교통사고로 스포츠용품 대리점과 실내골프연습장을 운영하던 피해자가 사망한 후 망인의 채권자들이 그 손해배상청구권에 대하여 법적 조치를 취할 움직임을 보이자 전업주부로 가사를 전담하던 망인의 처가 망인의 사망후 5일만에 친지와 보험회사 담당자의 권유에 따라 보험회사와 사이에 보험약관상 인정되는 최소금액의 손해배상금만을 받기로 하고 부제소(不提訴)합의를 한 경우, 그 합의는 불공정한 법률행위에 해당한다."라고 한 바 있습니다(대법원 1999. 5. 28. 선고 98다58825 판결, 2002. 10. 22. 선고 2002다38927 판결).

그러나 "피해당사자가 궁박, 경솔 또는 무경험의 상태에 있었다고 하더라도 그 상대방 당사자에게 그와 같은 피해당사자 측의 사정을 알면서 이를 이용하려는 의사, 즉 폭리행위의 악의가 없었다면 불공정법률행위는 성립하지 않는다."라고 하였습니다(대법원 1996. 11. 12. 선고 96다34061 판결).

그렇다면 귀하도 위 판례에 비추어 귀하의 궁박을 이용한 乙보험회사와의 위 합의의 무효를 주장해보는 것도 가능할 듯합니다.

배상합의 후 사망이 의사의 치료행 위와 무관한 것으로 판명된 경우

甲은 의사로서 환자 乙을 진찰한지 2시간만에 乙이 사망하였 는데, 그 유족들이 의료사고임을 강력히 주장하고, 주사쇼 크, 기도폐쇄 등의 부작용이 생길 수 있는 점도 있어 乙의 유족들과 1억원의 손해배상을 해주기로 합의하였습니다. 그 런데 부검결과 乙은 치료행위와 전혀 무관한 심관상동맥류내 의 혈전형성으로 인한 심장성 돌연사로 사망하였음이 밝혀졌 습니다. 이 경우 甲이 위 합의를 취소할 수는 없는지요?

➡ **취소할 수 있습니다.**

화해는 당사자가 상호 양보하여 당사자간의 분쟁을 종지(終止)할 것을 약정함으로써 그 효력이 생기는 계약이며, 화해계약은 당사자일방이 양보한 권리가 소 멸되고 상대방이 화해로 인하여 그 권리를 취득하는 효력이 있습니다(민법 제731조, 제732조).

그리고 민법 제733조에 의하면 "화해계약은 착오를 이유로 하여 취소하지 못한다. 그러나 화해당사자의 자격 또는 화해의 목적인 분쟁이외의 사항에 착오가 있는 때에는 그러하지 아니하다."라고 규정하고 있습 니다.

이처럼 민법상의 화해계약을 체결한 경우 당사자는 착오를 이유로 취소하지 못하고, 다만 화해 당사자의 자격 또는 화해의 목적인 분쟁 이외의 사항에 착오가 있는 때에 한하여 이를 취소할 수 있으며, 여기서 '화해의 목적인 분쟁 이외의 사항'이라 함은 분쟁의 대상이 아니라 분쟁의 전제 또는 기초가 된 사항으로서, 쌍방 당사자가 예정한 것이어서 상호 양보의 내용으로 되지 않고 다툼이 없는 사실로 양해된 사항을 말합니다(대법원 1997. 4. 11. 선고 95다48414 판결, 2002. 9. 4. 선고 2002다18435 판결).

그런데 위 사안과 관련된 판례를 보면, 의사의 치료행위 직후 환자가 사망하여 의사가 환자의 유족에게 거액의 손해배상금을 지급하기로 합의하였으나, 그 후 환자의 사망이 의사의 치료행위와는 전혀 무관한 것으로 밝혀진 사안에서, 의사에게 치료행위 상의 과실이 있다는 점은 위 합의의 전제이었지 분쟁의 대상은 아니었다고 보아 착오를 이유로 화해계약의 취소를 인정한 경우가 있습니다(대법원 2001. 10. 12. 선고 2001다49326 판결).

따라서 위 사안의 경우 甲도 착오를 이유로 乙의 유족들과의 합의를 취소해 볼 수 있을 듯합니다.

부동산매매계약이 해제된 경우 중개수수료 지급 여부

저의 누나는 집을 매수하고자 중개업자를 통하여 매매계약을 체결하고 매도인에게 계약금 및 중도금까지 지급하였으나, 매도인이 집을 너무 헐값에 팔았다고 주장하면서 계약해제를 요구하여 결국 손해배상금을 포함하여 돈을 돌려 받기로 하고 계약을 해제하게 되었습니다. 그런데 중개업자는 매도인으로부터 손해배상금을 포함한 돈을 돌려 받아 보관하고 있으면서 소개료를 주어야만 보관금을 돌려주겠다고 하고 있습니다. 집의 매매가 중도에 계약해제로 성사되지 않았는데도 소개료를 주어야 하는지요?

➡ **지급하여야 합니다.**

중개업자가 중개의뢰를 받은 경우에는 당해 중개대상물의 상태, 입지, 권리관계, 법령의 규정에 의한 거래 또는 이용제한사항 기타 대통령령이 정하는 사항을 확인하여 이를 당해 중개대상물에 관한 권리를 취득하고자 하는 중개의뢰인에게 서면으로 제시하고 성실, 정확하게 설명하여야 하며, 중개업자는 확인 또는 설명을 위하여 필요한 경우에는 중개대상물의 매도의뢰인, 임대의뢰인 등에게 당해 중개대상물의 상태에 관한 자료를 요구할 수 있습니다(부동산중개업법 제17조 제1항, 제2항).

이와 같은 확인·설명의무규정은 부동산중개인이 중개
수수료를 받지 않는 경우에도 적용된다고 할 것입니
다(대법원 2002. 2. 5. 선고 2001다71484 판결).

그리고 위 사안의 경우와 같이 중개인의 소개로 일
단 성립된 부동산매매계약이 계약당사자간에 합의하
여 해제한 경우 부동산중개수수료를 지급하여야하는
지 문제됩니다.

부동산중개업법 제20조 제1항에 의하면 "중개업자
는 중개업무에 관하여 중개의뢰인으로부터 소정의 수
수료를 받는다. 다만, 중개업자의 고의 또는 과실로
인하여 중개의뢰인간의 거래행위가 무효, 취소 또는
해제된 경우에는 그러하지 아니하다."라고 규정하고
있습니다.

따라서 위 사안의 경우 귀하의 누나와 집주인(매도
인)간의 당초 매매계약은 유효하게 성립되었고, 귀하
의 누나가 매도인으로부터 배상금까지 받게 되었으므
로 중개업자의 고의 또는 과실로 인하여 계약이 해제
된 것이 아니기 때문에 귀하의 누나는 중개업자에게
소정의 수수료를 지급하여야 할 것으로 보입니다.

할부거래에 있어서의 계약철회가 가능한 경우

甲은 가전제품판매상 乙로부터 100만원짜리 냉장고를 12개월 할부로 구입하였습니다. 그런데 甲이 냉장고를 인도 받은 후, 할부매매청약을 철회할 수 있는지, 만일, 甲이 3회까지 할부금을 지급하였으나, 그 후 연3회에 걸쳐 할부금을 지급하지 않았다면 乙은 어떤 법적 조치를 취할 수 있는지요?

➡ **잔대금을 일시에 청구할 수 있습니다.**

할부매매에 있어서 충동구매나 비합리적인 구매로부터 매수인을 보호하기 위하여 할부거래에관한법률(이하 "같은 법"이라 한다)이 제정되었으며, 같은 법 제5조에 의하면 매수인은 계약서를 교부받은 날로부터 7일 이내에 서면으로 할부계약에 관한 청약을 철회할 수 있고, 이 경우 청약의 철회는 매도인에게 철회의 의사표시가 기재된 서면을 발송하여야 하며, 청약의 철회는 서면을 발송한 날에 그 효력이 발생한 것으로 봅니다.

그러나 매수인의 철회권은 목적물의 성질 또는 계약 체결의 형태에 비추어 철회를 인정하는 것이 적당하지 아니한 경우로서 대통령령으로 정하는 것에 대하여는 인정되지 아니합니다(같은 법 제5조 제1항 단서).

따라서 같은 법 시행령 제4조에 의하면 매수인이 철회권을 행사할 수 없는 경우로서 사용에 의하여 그 가치가 현저히 감소될 우려가 있는 것(선박, 항공기, 중기, 자동차, 냉장고, 세탁기, 낱개로 밀봉된 음반·비디오물·소프트웨어), 설치에 전문인력 및 부속자재 등이 요구되는 것, 할부가격이 10만원 이하인 할부계약, 다만 여신전문금융업법에 의한 신용카드를 사용하여 할부거래를 하는 경우에 할부가격이 20만원 이하인 할부계약인 경우에는 철회권을 행사할 수 없습니다.

매수인의 철회권행사가 있으면, 각 당사자는 원상회복의무가 있습니다. 따라서 매수인은 인도 받은 동산을 반환하여야 하며, 매도인은 동시에 할부금을 반환하여야 합니다(할부거래에관한법률 제6조 제1항). 그리고 목적물의 반환에 필요한 비용은 매도인이 이를 부담하여야 하며, 매도인은 매수인에게 위약금 또는 손해배상을 청구할 수 없습니다(같은 법 제6조 제3항).

그러므로 甲은 냉장고를 인수받은 후에는 사용에 의하여 그 가치가 현저히 감소될 우려가 있는 것으로서 철회권을 행사할 수 없습니다.

또한, 할부금납입을 연체한 경우에 대하여는 약관의 규제에관한법률 제11조에서 상당한 이유 없이 매수인에게 부여된 기한의 이익을 박탈하는 경우의 당해 조항은 무효라고 규정하고 있는데, 어느 정도에 해당하여야 매수인에게 기한이익의 상실을 가져올 만큼 성당한 것인가에 대하여 같은 법 제10조에 의하면 다음의 두 가지 사유를 규정하고 있습니다. 즉, ①할부금을 다음 지급기일까지 연속하여 2회 이상 지급하지 아니하고 그 지급하지 아니한 금액이 할부가격의 10분의 1을 초과하는 경우, ②생업에 종사하기 위하여 외국에 이주하는 경우와 외국인과의 결혼 및 연고관계로 인하여 이주하는 경우에 매수인은 기한의 이익을 주장하지 못하며, 따라서 매도인은 잔대금을 일시에 청구할 수 있습니다.

따라서 甲은 할부금의 납입을 3회 연속하여 지체하고 그 지체한 금액이 할부가격의 10분의 1을 초과한다면, 乙은 甲에 대하여 잔대금을 일시에 청구할 수 있을 것으로 보입니다.

다만, 매수인에게 다음과 같은 항변사유가 발생한 경우, 즉 ①할부계약이 무효·취소 또는 해제된 경우, ②목적물의 전부 또는 일부가 할부계약의 내용에서 정한 목적물의 인도 등의 시기까지 매수인에게 인도 또는 제공되지 아니한 경우, ③매도인이 하자담보책임을 이행하지 아니한 경우, ④기타 매도인의 채무불이행으로 인하여 할부계약의 목적을 달성할 수 없는 경우에는 매도인에게 할부금의 지급을 거절할 수 있습니다 (같은 법 제12조 제1항).

출판사영업사원이 방문판매 한 책
을 반품할 수 있는지

저는 6살 아이를 둔 가정주부인데, 집으로 甲회사의 영업사
원이라는 乙이 찾아와 24만원만 내면 매주 2시간씩 가정방문
을 하여 아이의 영재교육을 시켜주겠다며 장시간 영재교육의
필요성을 강조하였습니다. 이에 영재교육을 시키지 않으면
저의 아이만 뒤떨어질 것 같은 불안감을 느껴 6개월 할부로
구매키로 하고 신용카드로 결재했습니다. 그런데 5일 후 집
으로 배달된 도서를 보니 책의 내용이 너무 조잡하여 청약을
철회하려고 마음먹고 계약서에 적힌 甲회사의 전화번호와 주
소로 연락을 시도하였지만 연락이 되지 않습니다. 청약을 철
회할 방법이 없는지요?

➡ **청약철회를 요구하는 내용을 내용증명우편으로 발송
하면 됩니다.**

　　방문판매등에관한법률(이하 "같은 법"이라 한다.) 제
8조 제1항에 의하면 "방문판매 또는 전화권유판매(이
하 "방문판매 등"이라 한다.)의 방법으로 재화 등의
구매에 관한 계약을 체결한 소비자는 다음 각 호의
기간(거래 당사자 사이에 다음 각 호의 기간보다 긴
기간으로 약정한 경우에는 그 기간) 이내에 당해 계
약에 관한 청약철회 등을 할 수 있다.

　1. 제7조 제2항의 규정에 의한 계약서를 교부받은

날부터 14일. 다만, 그 계약서를 교부받은 때보
다 재화 등의 공급이 늦게 이루어진 경우에는 재
화 등을 공급받거나 공급이 개시된 날부터 14일

2. 제7조 제2항의 규정에 의한 계약서를 교부받지
아니한 경우, 방문판매자 등의 주소 등이 기재되
지 아니한 계약서를 교부받은 경우 또는 방문판
매자 등의 주소변경 등의 사유로 제1호의 기간
이내에 청약철회 등을 할 수 없는 경우에는 그
주소를 안 날 또는 알 수 있었던 날부터 14일"
이라고 규정되어 있으므로, 귀하는 甲회사의 주
소를 안 날 또는 알 수 있었던 날부터 14일 내
에 위약금 없이 청약을 철회할 수 있을 것입니
다.

이 경우에도 청약철회를 요구하는 내용의 서신을 3
통 작성한 후 우체국에 가서서 이를 내용증명우편으
로 발송해두면 후일의 법적 분쟁시 유력한 증거로 사
용할 수 있을 것이며, 청약철회 등의 의사표시가 기재
된 서면을 발송한 날에 청약철회의 효과가 발생하게
됩니다(같은 법 제8조 제4항).

다만, 소비자에게 책임 있는 사유로 재화 등이 멸실
또는 훼손된 경우(다만, 재화 등의 내용을 확인하기
위하여 포장 등을 훼손한 경우를 제외), 소비자의 재
화 등의 사용 또는 일부 소비에 의하여 그 가치가 현
저히 감소한 경우{방문판매자 등이 청약철회 등이 불
가능한 재화 등의 경우 그 사실을 재화 등의 포장 기
타 소비자가 쉽게 알 수 있는 곳에 명기하거나 시용

(試用)상품을 제공하는 등의 방법으로 재화 등의 사용이나 일부 소비에 의하여 청약철회 등의 권리의 행사가 방해받지 아니하도록 조치를 취한 경우에 한함), 시간의 경과에 의하여 재판매가 곤란할 정도로 재화 등의 가치가 현저히 감소한 경우, 복제가 가능한 재화 등의 포장을 훼손한 경우, 그밖에 거래의 안전을 위하여 대통령령이 정하는 경우에는 청약철회 등을 할 수 없습니다(같은 법 제8조 제2항).

그러나 위와 같은 청약철회 등을 할 수 없는 사유가 있는 경우에도 재화 등의 내용이 표시·광고의 내용과 다르거나 계약내용과 다르게 이행된 경우에는 당해 재화 등을 공급받은 날부터 3월 이내, 그 사실을 안 날 또는 알 수 있었던 날부터 30일 이내에 청약철회 등을 할 수 있습니다(같은 법 제8조 제3항).

한편, 청약철회의 효과를 보면, 소비자는 이미 공급받은 재화 등을 반환하여야 하고, 방문판매자 등(소비자로부터 재화 등의 대금을 지급 받은 자 또는 소비자와 방문판매자 등에 관한 계약을 체결한 자를 포함)은 재화 등을 반환 받은 날부터 3영업일 이내에 이미 지급 받은 재화 등의 대금을 환급하여야 하고 대금의 환급을 지연한 때에는 그 지연기간에 따라 공정거래위원회가 고시하는 지연이자율을 곱하여 산정한 지연이자(지연손해금)를 지급하여야 합니다(같은 법 제9조 제1항, 제2항).

그리고 방문판매자 등은 소비자가 신용카드 등으로 대금을 지급한 때에는 지체 없이 당해 신용카드 등

대금결재수단을 제공한 사업자(결재업자)로 하여금
재화 등의 대금의 청구를 정지 또는 취소하도록 요청
하여야 하고, 방문판매자 등이 결재업자로부터 당해
재화 등의 대금을 이미 지급 받은 때에는 지체 없이
이를 결재업자에게 환급하고 그 사실을 소비자에게
통지하여야 하며(같은 법 제9조 제3항), 방문판매자
등으로부터 재화 등의 대금을 환급 받은 결재업자는
지체 없이 소비자에게 이를 환급하거나 환급에 필요
한 조치를 취하여야 합니다(같은 법 제9조 제4항).
이에 위반하면 1천만원 이하의 과태료에 처해집니다
(같은 법 제58조 제1항 제1호).

미성년자 단독으로 책을 할부구입
한 때 이를 취소 할 수 있는지

저의 딸은 16세의 고등학생으로서 미성년자인데, 3개월 전 학교 앞에서 책을 파는 사람에게 현혹되어 문화서적 1세트를 월 15,000원씩 10개월간 납입하기로 하고 구입하였습니다. 저는 그 책을 즉시 반환하려고 하였으나 상대방 회사를 쉽게 찾을 수 없었고, 며칠만에 겨우 알아낸 주소지로 '계약을 취소하니 물건을 찾아가라.'고 통지하였으나 주소불명으로 반송되었습니다. 그런데 3개월이 지난 지금에 와서 상대방 회사로부터 대금청구서를 받았는바 이 경우 위 서적대금을 지급해야 하는지요?

➡ 지급하지 않아도 됩니다.

　　20세 미만의 미성년자는 민법상 행위무능력자로서 책을 구입하는 등의 법률행위를 함에는 법정대리인의 동의를 얻어야 함이 원칙이며, 이를 위반한 행위는 취소할 수 있습니다. 그리고 취소할 수 있는 법률행위에 대하여는 무능력자, 하자있는 의사표시를 한 자, 그 대리인 또는 승계인에 한하여 취소할 수 있으며, 이는 추인(追認)할 수 있는 날로부터 3년 내에, 법률행위를 한 날로부터 10년 내에 행사할 수 있습니다(민법 제5조, 제140조, 제146조).

　　그러므로 법정대리인인 귀하는 상대방에게 취소하겠

다는 의사표시를 함으로써 위 서적대금을 지급할 의무를 면할 수 있을 것입니다.

또한, 위 사안은 방문판매임과 동시에 할부판매가 될 것이므로 방문판매등에관한법률과 할부거래에관한법률의 적용을 받을 수 있는바, 이 경우 어느 법을 적용할 것인지에 대하여 방문판매등에관한법률 제4조에 의하면 "방문판매·전화권유판매·다단계판매·계속거래 및 사업권유거래에서의 소비자보호와 관련하여 이 법과 다른 법률의 적용이 경합하는 경우에는 이 법을 우선 적용하되, 다른 법률을 적용하는 것이 소비자에게 유리한 경우에는 그 법을 적용한다."라고 규정하고 있습니다.

따라서 방문판매등에관한법률(이하 "같은 법"이라 한다.)에 의하면 소비자는 계약서를 교부받은 날로부터 14일 이내에, 계약서를 교부받은 때보다 재화 등의 공급이 늦게 이루어진 경우에는 재화 등을 공급받거나 공급이 개시된 날부터 14일, 계약서를 교부받지 아니하였거나 주소 등이 기재되지 아니한 계약서를 교부받은 경우 또는 방문판매자의 주소변경 등의 사유로 위 기간 내에 청약의 철회를 할 수 없는 경우에는 그 주소를 안 날 또는 알 수 있었던 날로부터 14일 이내에 계약에 관한 청약을 철회할 수 있습니다(같은 법 제8조 제1항).

다만, 매수인의 책임 있는 사유로 목적물이 멸실·훼손된 경우 등에는 청약을 철회하지 못합니다(같은 법 제8조 제2항). 그러나 재화 등의 내용이 표시·광고의 내용과 다르거나 계약내용과 다르게 이행된 경우에는 당해 재화 등을 공급받은 날부터 3월 이내, 그 사실을 안 날 또는 알 수 있었던 날부터 30일 이내에 청약철회 등을 할 수 있습니다(같은 법 제8조 제3항). 그리고 재화 등의 훼손에 대하여 소비자의 책임이 있는지의 여부, 계약이 체결된 사실 및 그 시기, 재화 등의 공급사실 및 그 시기 또는 계약서의 교부사실 및 그 시기 등에 관하여 다툼이 있는 경우에는 방문판매자 등이 이를 입증하여야 합니다(같은 법 제8조 제5항).

청약의 철회 등을 서면으로 하는 경우에는 청약철회 등의 의사표시가 기재된 서면을 발송한 날에 그 효력이 발생하고(같은 법 제8조 제4항), 청약철회권 행사의 효과로는 이미 인도 받은 상품을 반환하여야 하며, 이미 지급한 상품대금도 반환 받아야 하고, 이 경우 방문판매자가 상품반환에 필요한 비용을 부담하여야 하며, 소비자에게 위약금 또는 손해배상을 청구할 수 없다고 규정하고 있습니다(같은 법 제9조).

따라서 위 사안의 경우 귀하는 서적대금청구에 대하여 민법상 미성년자법률행위의 취소 또는 방문판매등에관한법률상의 청약의 철회를 주장하여 대금지급의무를 면할 수 있을 것입니다.

참고로 현행 방문판매등에관한법률은 2002년 3월 30일 법률 제6688호로 전면 개정되어 2002년 7월 1일부터 시행되었는바, 현행 방문판매등에관한법률 시행 당시 종전의 방문판매등에관한법률의 규정에 의

하여 이루어진 거래에 대한 청약의 철회 및 그 효과
에 대하여는 종전의 규정에 의하게 됩니다(방문판매
등에관한법률 부칙 제3조).

학원생 수에 관한 착오를 이유로
학원인수계약의 취소 가능한지

저는 甲이 운영하는 컴퓨터학원을 3,000만원에 인수하기로
하면서 학원생 수는 100명이라는 말을 듣고 계약금 300만원
을 지급하였으나, 이틀 후 알고 보니 컴퓨터학원생은 50명뿐
이고 나머지는 속셈수강생이었습니다. 저는 학원생수에 착오
가 있었음을 이유로 계약을 해제하려고 하는데, 이 경우 제
가 지급한 계약금을 돌려 받을 수 있는지요?

➡ **돌려받을 수 있습니다.**

　민법은 법률행위 내용의 중요부분에 착오가 있는 의
사표시는 원칙적으로 취소할 수 있고, 다만 그 착오가
표의자의 중대한 과실로 인한 때에는 취소하지 못한
다고 규정하고 있습니다(민법 제109조 제1항).

　그런데 위 사안에서 컴퓨터학원을 양수함에 있어서
컴퓨터수강생이 100명인 줄 알고 이를 인수조건에
명시하여 계약을 체결하였으나, 실제 컴퓨터수강생은
50명에 불과하고 나머지 50명은 속셈수강생이었으므
로 귀하가 의사표시를 하게 된 동기에 착오가 있었다
고 볼 수 있을 것입니다.

　판례는 "동기의 착오가 법률행위의 내용의 중요부분
의 착오에 해당함을 이유로 표의자가 법률행위를 취
소하려면 그 동기를 당해 의사표시의 내용으로 삼을

것을 상대방에게 표시하고 의사표시의 해석상 법률행위의 내용으로 되어 있다고 인정되면 충분하고 당사자들 사이에 별도로 그 동기를 의사표시의 내용으로 삼기로 하는 합의까지 이루어질 필요는 없지만, 그 법률행위의 내용의 착오는 보통 일반인이 표의자의 입장에 섰더라면 그와 같은 의사표시를 하지 아니하였으리라고 여겨질 정도로 그 착오가 중요한 부분에 관한 것이어야 한다."라고 하였습니다(대법원 2000. 5. 12. 선고 2000다12259 판결, 1991.11.12. 선고 91다10732 판결).

그러므로 귀하가 동기의 착오를 이유로 위 계약을 취소하려면 컴퓨터수강생이 100명이나 되기 때문에 위 계약을 체결한다는 동기를 상대방에게 표시하였고, 계약의 전과정을 볼 때 컴퓨터수강생의 숫자가 위 계약내용의 중요부분을 이루었으며, 계약체결을 함에 있어 귀하에게 중대한 과실이 없다는 것 등에 관하여 입증할 책임이 있다 할 것입니다.

따라서 귀하는 위의 모든 사항을 입증한다면 甲에 대하여 계약을 취소할 수 있음은 물론 계약금반환청구 등의 절차를 취할 수 있을 것으로 보입니다.

상가분양광고시 과장된 수익성보장 등을 이유로 취소할 수 있는지

甲은 乙회사로부터 신축상가건물을 분양 받았는데, 乙회사는 상가를 분양하면서 그 곳에 첨단오락타운을 조성·운영하고 전문경영인에 의한 위탁경영을 통하여 분양계약자들에게 월 100만원 이상의 수익을 보장한다는 광고를 하였고, 분양계약 체결시에도 이러한 광고내용을 설명하였습니다. 다만, 분양계약서에는 이러한 내용이 기재되지 않았으나, 乙회사의 위 상가에 대한 임대운영현황을 보면 위 광고내용과 다소 다를 뿐만 아니라 수익도 위 금액에 훨씬 미치지 못하고 있습니다. 이 경우 甲이 허위·과장광고를 이유로 위 분양계약을 취소할 수 있는지요?

➡ 취소할 수 없습니다.

민법 제110조 제1항에 의하면 "사기나 강박에 의한 의사표시는 취소할 수 있다."라고 규정하고 있습니다.

그런데 상가를 분양하면서 그 운영방법 및 수익성 보장에 대하여 다소의 과장·허위광고가 수반된 경우 기망행위에 해당되는지에 관한 판례를 보면, "상가를 분양하면서 그 곳에 첨단 오락타운을 조성·운영하고 전문경영인에 의한 위탁경영을 통하여 분양계약자들에게 일정액 이상의 수익을 보장한다는 광고를 하고, 분양계약체결시 이러한 광고내용을 계약상대방에게 설명하였더라도, 체결된 분양계약서에는 이러한 내용이 기재되지 않은 점과, 그 후의 위 상가 임대운영경위 등에 비추어 볼 때, 위와 같은 광고 및 분양계약 체결시의 설명은 '청약의 유인'에 불과할 뿐 상가분양계약의 내용으로 되었다고 볼 수 없고, 따라서 분양회사는 위 상가를 첨단오락타운으로 조성·운영하거나 일정한 수익을 보장할 의무를 부담하지 않는다."라고 하면서 "상품의 선전광고에 있어서 거래의 중요한 사항에 관하여 구체적 사실을 신의성실의 의무에 비추어 비난받을 정도의 방법으로 허위로 고지한 경우에는 기망행위에 해당한다고 할 것이나, 그 선전광고에 다소의 과장·허위가 수반되는 것은 그것이 일반 상거래의 관행과 신의칙(信義則)에 비추어 시인될 수 있는 한 기망성이 결여된다고 할 것이고, 또한 용도가 특정된 특수시설을 분양받을 경우 그 운영을 어떻게 하고, 그 수익은 얼마나 될 것인지와 같은 사항은 투자자들의 책임과 판단하에 결정될 성질의 것이므로, 상가를 분양하면서 그 곳에 첨단오락타운을 조성하고 전문경영인에 의한 위탁경영을 통하여 일정 수익을 보장한다는 취지의 광고를 하였다고 하여 이로써 상대방을 기망하여 분양계약을 체결하게 하였다거나 상대방이 계약의 중요부분에 관하여 착오를 일으켜 분양계약을 체결하게 된 것이라 볼 수 없다."라고 하였습니다(대법원 2001. 5. 29. 선고 99다55601 등 판결, 1993. 8. 13. 선고 92다52665 판결, 1995. 9. 29. 선고 95다7031 판결).

   따라서 甲이 위 분양선전광고에 다소의 과장·허위가 수반된 것 등을 이유로 乙회사와의 분양계약을 취소하기는 쉽지 않을 것으로 보입니다.

   참고로 상품의 허위, 과장광고가 사기죄의 기망행위에 해당하는지에 관한 형사판례를 보면, "사기죄의 요건으로서의 기망은 널리 재산상의 거래행위에 있어서 서로 지켜야 할 신의와 성실의 의무를 저버리는 모든 적극적 및 소극적 행위로서 사람으로 하여금 착오를 일으키게 하는 것을 말하며, 사기죄의 본질은 기망에 의한 재물이나 재산상 이익의 취득에 있고 상대방에게 현실적으로 재산상 손해가 발생함을 그 요건으로 하지 아니하는바, 일반적으로 상품의 선전, 광고에 있어 다소의 과장, 허위가 수반되는 것은 그것이 일반 상거래의 관행과 신의칙에 비추어 시인될 수 있는 한 기망성이 결여된다 할 것이나 거래에 있어서 중요한 사항에 관하여 구체적 사실을 거래상의 신의성실의 의무에 비추어 비난받을 정도의 방법으로 허위로 고지한 경우에는 과장, 허위광고의 한계를 넘어 사기죄의 기망행위에 해당한다."라고 하였습니다(대법원 2002. 2. 5. 선고 2001도5789 판결).

아들에 대한 상해협박 때문에 매도한 부동산의 계약취소 가능한지

이웃집에 사는 甲이 제 소유 농지 약 200평을 자기에게 팔지 않으면 저의 외동아들을 차로 상해하겠다고 협박하므로, 저는 위 농지를 평당 8만원에 매도하여 등기까지 이전해주었습니다. 그러나 당시 위 농지의 시세는 평당 10만원정도에 거래되었으므로 저는 평당 2만원씩 손해를 보았음은 물론 이는 협박에 의한 것이었으므로 이를 이유로 위 계약을 취소할 수는 없는지요?

➡ **취소할 수 있습니다.**

　민법상 사기나 강박에 의한 의사표시는 취소할 수 있다고 규정하고 있으므로, 위 사안에서 귀하가 甲의 협박행위에 의하여 공포심을 가졌고, 그 해악을 피하기 위하여 위 농지를 매도하였다면 위 매매계약을 취소할 수 있을 것입니다(민법 제110조).

　판례도 상대방 또는 제3자의 강박에 의하여 의사결정의 자유가 완전히 박탈된 상태에서 이루어진 의사표시는 효과의사에 대응하는 내심의 의사가 결여된 것이므로 무효라고 볼 수밖에 없으나, 강박이 의사결정의 자유를 완전히 박탈하는 정도에 이르지 아니하고 이를 제한하는 정도에 그친 경우에는 그 의사표시는 취소할 수 있다고 하였습니다(대법원 2002. 12.

10.선고 2002다56031판결, 1984. 12. 11. 선고, 84다카1402 판결, 1997. 3. 11. 선고 96다49353 판결).

또한, 강박에 의한 의사표시라고 하려면 상대방이 불법으로 어떤 해악을 고지함으로 말미암아 공포를 느끼고 의사표시를 한 것이어야 하는바, 여기서 어떤 해악을 고지하는 강박행위가 위법하다고 하기 위해서는, 강박행위 당시의 거래관념과 제반 사정에 비추어 해악의 고지로써 추구하는 이익이 정당하지 아니하거나, 강박의 수단으로 상대방에게 고지하는 해악의 내용이 법질서에 위배된 경우 또는 어떤 해악의 고지가 거래관념상 그 해악의 고지로써 추구하는 이익의 달성을 위한 수단으로 부적당한 경우 등에 해당하여야 한다고 하였습니다(대법원 2000. 3. 23. 선고 99다64049 판결).

귀하의 경우를 살펴보면 甲의 강박행위가 있었고, 또한 그 행위가 위법한 것으로 보여지지만, 귀하가 甲의 강박행위로 인하여 공포심을 가지고 위 농지를 매도하게 되었는지가 문제입니다. 즉, 甲의 강박행위로 인하여 귀하가 느낀 공포심에 관하여 그러한 공포심이 없었다면 보통 일반인도 그 매도행위를 하지 않았으리라고 인정될 정도로 객관적일 것까지 요구되는 것은 아니고 귀하의 주관적인 것에 지나지 않아도 무방하지만(대법원 1975. 3. 25. 선고 73다1048 판결), 그 공포심과 매도행위 사이에는 인과관계가 있어야 한다는 것입니다.

또한, 의사표시를 받을 상대방이 표의자로 하여금 공포심을 생기게 하고 이로 인하여 법률행위의 의사를 결정하게 할 고의로서 불법으로 장래의 해악을 통고한 경우라야 하지만, 진실로 해악을 실현할 의사를 가지고 있을 필요는 없습니다. 즉, 귀하를 협박한 甲에게 귀하의 외동아들을 차로 충격 하겠다는 의사가 실제로는 없었다 하더라도 그러한 협박으로 귀하가 그 협박을 진실로 믿고 공포심을 일으켜 위 농지를 매도하도록 할 고의가 있었다면 강박에 의한 의사표시가 인정될 것입니다.

따라서 甲이 하나밖에 없는 귀하의 아들을 상해하겠다고 강박하여 귀하로 하여금 위 농지를 매도하게 한 행위는 형사상협박죄 등으로 성립될 수도 있음은 별론으로 하고, 민사상으로도 인과관계가 인정될 여지가 있으므로 위 매도행위의 취소를 주장해볼 수 있을 것으로 보입니다.

내용증명우편의 효력

저는 5년 전 서적 판매업체인 甲회사로부터 서적을 구입하면
서 대금 30만원을 그 해 12월 31일까지 갚기로 하였으나, 일
부만 변제한 후 완납하지 못하고 있던 중 최근 甲회사로부터
잔금 10만원을 변제하라는 내용증명우편을 받았습니다. 이러
한 경우 甲회사의 청구에 응해야 하는지와 만일 불응한다면
형사적 책임이 발생하는지요?

➡ **소멸시효가 경과했으므로 책임이 없습니다.**

　　내용증명우편제도는 우편법에 의한 것으로서 누가,
언제, 어떤 내용의 문서를 누구에게 발송한 것인지를
우체국이 공적으로 증명하는 제도입니다. 이는 채무이
행청구, 계약해제, 채권양도통지, 채권질권설정통지 등
일정한 법률효과를 발생시킬 수 있는 의사표시 또는
의사통지를 포함한 우편물의 내용과 발송일자를 증거
로 남겨 두어야 할 필요성이 있는 경우에 많이 이용
되며, 같은 내용의 문서 3통을 작성하여 우체국에서
내용증명우편절차를 거치면 됩니다.

　　그런데 내용증명우편은 우편관서에서 우편발송 당시
기재한 내용과 발송일자 그 자체만을 증명해줄 뿐이
고, 우편물의 내용과 그 도달에 따른 법률효과에 영향
을 미치는 것은 아니므로, 내용증명우편의 발송사실만
으로 우편물에 기재된 대로의 법률관계가 존재하는

것으로 확정되는 것도 아니고, 우편물에 포함된 의사 표시에 따른 법률효과가 발생하는 것도 아닙니다. 물론 내용증명우편 기재대로 이행하지 아니한다고 하여 형사처벌을 받게 되는 것도 아닙니다.

귀하의 경우는 민사상의 채무불이행에 해당할 뿐이고, 귀하에게 형사상의 사기죄와 같은 범죄가 성립되는 것은 아니라 할 것입니다.

사기죄란 타인을 기망하여 착오에 빠지게 하고 그 처분행위를 유발하여 재물, 재산상의 이익을 얻음으로써 성립하는 범죄로서(형법 제347조 대법원 2002. 7. 26. 선고 2002도2620 판결), 계약 당시부터 대금을 변제할 의사나 능력이 없으면서도 매매계약 등을 한 경우에 성립되므로, 위 사안과 같이 계약 후 매수인의 금전사정이 어려워져 대금 중 일부를 미납한 경우에는 사기죄의 고의성이 인정되기 어려울 것입니다(대법원 1998. 1. 20. 선고 97도2630 판결, 1999. 7. 23. 선고 99도1682 판결).

또한, 위 사안과 같은 서적구입대금채무는 민법상 3년의 단기소멸시효규정이 적용되어, 귀하의 甲회사에 대한 서적잔금채무는 소멸시효가 완성되었다 할 것이므로 귀하는 소멸시효를 주장하여 甲회사의 잔금청구권이 소멸되었음을 항변할 수 있으며, 형사책임은 문제되지 않을 것입니다(민법 제163조 제6호).

고로 반송되지 아니한 내용증명우편물의 송달추정 여부에 관하여 판례를 보면, "최고의 의사표시가 기재된 내용증명 우편물이 발송되고 반송되지 아니하였다

면 특별한 사정이 없는 한 이는 그 무렵에 송달되었
다고 볼 것이다."라고 하였습니다(대법원 2002. 7.
26. 선고 2000다25002 판결, 2000. 10. 27. 선
고 2000다20052 판결).

소유자 인감증명서의 소지자와 부동산매매계약 체결시 그 효력

저는 乙소유의 아파트를 매수하는 매매계약을 乙의 대리인이라고 주장하는 甲과 체결하였습니다. 당시 甲은 소유자인 乙의 인감증명서와 인감도장을 가지고 있었음을 확인하였고, 매매대금은 甲이 가르쳐준 乙의 통장(예금주: 乙)에 입금하였습니다. 그런데 乙은 이를 전혀 모르는 사실이라고 합니다. 이 경우 저는 위 계약이 유효함을 전제로 乙을 상대로 소유권이전등기청구권을 행사할 수 있는지요?

➡ **행사할 수 없습니다.**

　민법 제125조에 의하면 "제3자에 대하여 타인에게 대리권을 수여함을 표시한 자는 그 대리권의 범위 내에서 행한 그 타인과 그 제3자간의 법률행위에 대하여 책임이 있다.

　그러나 제삼자가 대리권 없음을 알았거나 알 수 있었을 때에는 그러하지 아니하다."라고 규정하고 있습니다.

　이에 관하여 판례를 보면, "민법 제125조가 규정하는 대리권 수여의 표시에 의한 표현대리는 본인과 대리행위를 한 자 사이의 기본적인 법률관계의 성질이나 그 효력의 유무와는 관계가 없이 어떤 자가 본인을 대리하여 제3자와 법률행위를 함에 있어 본인이 그 자에게 대리권을 수여하였다는 표시를 제3자에게 한 경우에 성립하는 것이고, 이때 서류를 교부하는 방법으로 민법 제125조 소정의 대리권 수여의 표시가 있었다고 하기 위해서는 본인을 대리한다고 하는 자가 제출하거나 소지하고 있는 서류의 내용과 그러한 서류가 작성되어 교부된 경위나 형태 및 대리행위라고 주장하는 행위의 종류와 성질 등을 종합하여 판단하여야 할 것이다."라고 하였습니다(대법원 2001. 8. 21. 선고 2001다31264 판결).

또한, "일반적으로 부동산의 소유자가 아닌 제3자로부터 근저당권을 취득하려는 자로서는 근저당권설정계약을 함에 있어서 그 소유자에게 과연 담보제공의 의사가 있는지 여부 및 그 제3자가 소유자로부터 담보제공에 관한 위임을 받았는지 여부를 서류상 또는 기타의 방법으로 소유자에게 확인하여 보는 것이 보통이라 할 것이므로, 만약 그러한 조사를 하지 아니하였다면 그 제3자에게 소유자를 대리할 권한이 있다고 믿은 데에 과실이 있다."라고 하면서(대법원 1995. 2. 17. 선고 94다34425 판결), ①보증용 인감증명서와 재산세납부증명서를 가지고 있었던 경우(대법원 1992. 2. 25. 선고 91다490 판결), ②등기권리증과 인감증명서·인감도장만 가지고 있었던 경우(대법원 1992. 11. 27. 선고 92다31842 판결), ③공증용 인감증명서와 인감도장·주민등록증을 가지고 있었으나 등기필증이 없었던 경우(대법원 1994. 11. 8. 선고 94다29560 판결), ④등기필증 없이 인감증명서와 인감도장만을 가지고 있었던 경우(대법원 1995. 2. 17. 선고 94다34425 판결, 1984. 11. 13. 선고 84다카1024 판결) 등에 모두 과실이 있다고 보아 표현대리의 성립을 부정한 바 있습니다.

그렇다면 표현대리의 성립여부는 무권대리인과 본인의 관계, 무권대리인의 행위당시 여러 가지 사정 등에 따라 결정되어야 할 것이지만, 위 사안에 있어서 甲은 계약당사자가 아니고 위 서류의 소지 경위에 대하여는 나타나 있지 아니하나, 乙의 인감증명서와 인감도장만을 가지고 있었을 뿐이며, 귀하는 乙의 매매의사를 확인할 필요가 있었음에도 불구하고 확인하지 않은 과실이 일응 있다고 볼 수 있을 것이므로, 乙에 대하여 표현대리책임을 물어 소유권이전등기청구권을 행사하기는 어려울 것으로 생각됩니다.

다만, 무권대리의 책임이 있는 甲에 대하여는 계약의 이행이나 손해배상을 청구할 수는 있을 것으로 보입니다(민법 제130조, 제135조).

할부금채권에 대한 소멸시효기간은 어느 때부터 진행하는지

저는 甲회사로부터 헬스기구를 할부로 구입하면서 1회만 할부금을 연체하여도 잔액전부를 일시에 청구할 수 있다는 계약조항이 있었으므로 매월 25,000원씩 10개월간 연체됨이 없이 그 대금전액을 완납하였습니다. 그런데 할부대금 완납일로부터 3년이 지난 후 甲회사로부터 할부대금 중 4개월분 10만원이 미납되었으니 연체료 45,000원과 함께 납부하라는 '할부금납부최고서'를 받았습니다. 그러나 지난 해 이사를 하면서 영수증을 버렸는데, 그 영수증이 없으면 상대방의 요구대로 할부금을 다시 내야 하는지요?

➡ **내지 않아도 됩니다.**

영수증은 당사자간에 대금을 납부하였다는 증거로 교부되는 것이며, 영수증이 없더라도 매수인이 할부금을 완납하였다면 이에 응할 의무는 없습니다. 다만, 할부판매자가 대금청구소송을 해오는 경우 매수인은 자신이 할부금을 완납하였다는 사실을 입증하여야 하는데, 영수증이 없어서 입증하기 어렵다면 재판에서 패소하여 이중으로 납부하게 될 위험은 있을 것입니다.

그러므로 대금납입영수증에 대하여 의무보관기간은 별도로 정하여져 있지 않지만, 민법상 물품대금채권의 소멸시효기간이 3년으로 규정되어 있으므로 물품을 구입한 할부금 등의 영수증은 3년 이상은 보관해두는 것이 바람직할 것입니다(민법 제163조 제6호).

그리고 할부변제채무에 있어서는 위 사안의 '1회만이라도 할부금을 연체하면 잔액전부를 일시에 청구할 수 있다는 특약'과 같은 기한이익상실특약(일정한 사유가 발생하면 기한의 이익을 상실하는 특약)이 있는 경우가 대부분인데, 기한이익상실특약이 있는 채권의 소멸시효의 기산점에 관하여 살펴보면 기한이익상실의 특약은 그 내용에 의하여 ①일정한 사유가 발생하면 채권자의 청구 등을 요함이 없이 당연히 기한의 이익이 상실되어 이행기가 도래하는 것으로 하는 '정지조건부 기한이익상실의 특약'과 ②일정한 사유가 발생한 후 채권자의 통지나 청구 등 채권자의 의사행위를 기다려 비로소 이행기가 도래하는 것으로 하는 '형성권적 기한이익상실의 특약'의 두 가지로 대별할 수 있습니다. 이른바, '정지조건부 기한이익상실의 특약'의 경우에는 그 특약에서 정한 기한이익상실사유가 발생함과 동시에 기한의 이익을 상실케 하는 채권자의 의사표시가 없더라도 이행기 도래의 효과가 발생하고, 채무자는 특별한 사정이 없는 한 그 때부터 이행지체의 상태에 놓이게 되므로(대법원 1999. 7. 9. 선고 99다15184 판결, 1989. 9. 29. 선고 88다카14663 판결), 1회만이라도 변제를 게을리 한 때부터 잔액 전부에 관하여 시효가 진행되어 1회의 불이행시부터 3년이 경과하면 잔액전부의 소멸시효가 완성되지만, '형성권적 기한이익상실의 특약'의 경우에는 그 특약은 채권자의 이익을 위한 것으로서 기한이익의 상실사유가 발생하였다고 하더라도 채권자가 나머지 전액을 일시에 청구할 것인가 또는 종래대로 할부변제를 청구할 것인가를 자유로이 선택할 수 있으므로, 이와 같은 기한이익상실의 특약이 있는 할부채무에 있어서는 1회의 불이행이 있더라도 각 할부금에 대해 그 각 변제기의 도래시마다 그 때부터 순차로 소멸시효가 진행하고 채권자가 특히 잔존채무전액의 변제를 구하는 취지의 의사를 표시한 경우에 한하여 전액에 대하여 그 때부터 소멸시효가 진행됩니다(대법원 1997. 8. 29. 선고 97다12990 판결).

따라서 위 사안의 기한이익상실특약이 위에서 설명한 어느 유형의 기한이익상실특약일지라도 최종 할부금 납부일로부터 이미 3년이 경과한 경우이므로, 소멸시효기간이 경과되었음을 항변한다면 귀하가 영수증을 보관하고 있지 않다고 하여도 할부금을 다시 낼 필요는 없을 것으로 생각됩니다.

채권자가 협력하지 않을 경우 계약 해제 및 손해배상청구

저는 영세봉제업체를 운영하는데 1주일 전 甲에게 아동복 3,000벌을 만들어 주기로 하는 계약을 체결하면서, 원단은 계약 후 3일 이내 甲으로부터 공급받기로 하였습니다. 저는 甲과의 계약물량을 만들기 위하여 기능공을 2명 더 채용하였고, 다른 업체로부터의 주문도 거절하면서 甲이 원단을 공급해주면 즉시 작업에 착수할 모든 준비를 갖추고 있었으나, 甲은 원단을 구하기가 어려우니 기다리라고만 하고 있습니다. 저는 甲의 원단공급지연으로 인해 계속적인 손해가 발생하고 있어 법적 조치를 강구하고자 합니다. 어떤 방법이 있는지요?

➡ **손해배상청구를 하시면 됩니다.**

채무자가 채무내용을 실현하기 위해서는 다소간에 채권자의 협력을 필요로 하는 경우가 매우 많은데, 위 사안의 경우와 같이 채권자인 甲이 공급하는 원단을 사용하여 아동복을 만드는 채무에 있어서 甲의 원단 공급협력이 필요하고, 금전을 지급하는 채무에 있어서도 지급되는 금전의 수령이라는 협력이 필요한 것입니다.

그런데 채무자가 자기가 부담하는 채무를 이행하기 위해 채무내용에 좇은 이행의 제공을 하였음에도 불구하고 채권자의 협력이 없기 때문에 이행이 완료되지 못하고, 따라서 채무자는 여전히 채무에 구속되며 이행의 지연으로 발생하는 부담이나 불이익 등을 모두 감수하라는 것은 불공평하므로, 민법 제400조 내지 제403조에 의하면 신의성실(信義誠實)의 원칙에 따라 채권자와 채무자 사이의 이해관계를 조절하여 공평하게 처리하기 위하여 '채권자지체(債權者遲滯)'에 관한 규정을 두고 있습니다.

먼저, 채무자는 채권자지체로 생긴 손해의 배상을 청구할 수 있습니다(민법 제390조, 제393조). 그리고 채무자는 수령이 가능한 때에는 상당한 기간을 정하여 수령을 최고하고 채권자가 그 기간 내에 수령하지 않으면 계약을 해제할 수 있으며(민법 제544조), 정기행위(계약의 성질 또는 당사자의 의사표시에 의하여 일정한 시일 또는 일정한 기간 내에 이행하지 아니하면 계약의 목적을 달성할 수 없을 경우)나 수령이 불가능한 때에는 최고 없이 곧 계약을 해제할 수 있습니다(민법 제545조 내지 제546조).

또한, 채권자지체 중에는 주의의무가 경감되어 채무자는 고의 또는 중대한 과실이 있는 경우에만 책임을 지고(민법 제401조), 이자(利子) 있는 채권이라도 채무자는 이자를 지급할 의무가 없으며(민법 제402조), 채권자지체로 인하여 목적물의 보관 또는 변제의 비용이 증가된 때에는 그 증가액을 채권자에게 청구할 수 있습니다(민법 제401조 내지 제403조).

그리고 쌍무계약의 당사자 일방의 채무가 채권자의

수령지체 중에 당사자 쌍방의 책임 없는 사유로 이행할 수 없게 된 때에는 채무자는 상대방의 이행을 청구할 수 있는데, 이 경우 채무자가 자기 채무를 면함으로써 이익을 얻은 때에는 이를 채권자에게 상환하여야 합니다(민법 제538조).

위 사안의 경우 귀하가 아동복 제조라는 도급계약상의 채무를 이행하기 위해서는 채권자인 甲의 원단공급이 필수적임에도 불구하고, 甲이 이러한 협력의무를 이행치 않아 귀하가 계약을 이행할 수 없는 상태에 있는 것이므로 甲은 채권자지체에 빠져 있다고 볼 수 있고, 따라서 귀하는 위에서 설명한 채권자지체의 효과인 계약해제, 손해배상청구 등을 통하여 구제 받을 수 있다고 할 것입니다. 계약의 해제는 손해배상의 청구에 영향을 미치지 아니하므로(민법 제551조), 계약의 해제와 손해배상의 청구를 동시에 할 수도 있습니다. 그리고 귀하가 甲에게 원단공급요청을 최고할 때에 배달증명부 내용증명우편을 이용하시면 향후 이러한 최고여부가 문제되었을 경우 그 증거로 삼을 수 있습니다.

계약해제로 인한 원상회복시 금전 이자에 적용되는 이자비율

甲은 乙에게 토지를 5,500만원에 매도하기로 계약을 체결하고, 그 계약금 및 중도금으로 4,500만원을 지급 받고 토지는 인도하지 않았지만, 소유권이전등기를 해주었습니다. 그런데 乙은 잔금지급기일이 지났음에도 불구하고 매매잔금 1,000만원을 지급하지 않고 있으므로 상당한 기간을 정하여 매매잔금의 이행을 청구하였으나 역시 차일피일 미루기만 하고 매매잔금의 지급을 이행하지 않고 있습니다. 그러므로 甲은 위 계약을 해제하고 소유권이전등기말소청구의 소송을 제기하여 원상회복을 청구하려고 합니다. 이 경우 乙이 지급한 계약금 및 중도금 중 손해배상액예정으로 정해진 계약금을 공제한 잔액에 대해서는 이자도 반환하여야 한다고 하는데, 그 이자는 어떠한 비율로 정해지는지요?

➡ 연 5푼입니다.

계약해제의 효과에 관하여 민법 제548조에 의하면 "①당사자일방이 계약을 해제한 때에는 각 당사자는 그 상대방에 대하여 원상회복의 의무가 있다. 그러나 제3자의 권리를 해하지 못한다. ②전항의 경우에 반환할 금전에는 그 받은 날로부터 이자를 가하여야 한다."라고 규정하고 있습니다.

관련 판례를 보면, "법정해제권 행사의 경우 당사자

일방이 그 수령한 금전을 반환함에 있어 그 받은 때로부터 법정이자를 부가함을 요하는 것은 민법 제548조 제2항이 규정하는 바로서, 이는 원상회복의 범위에 속하는 것이며 일종의 부당이득반환의 성질을 가지는 것이고 반환의무의 이행지체로 인한 것이 아니므로, 부동산 매매계약이 해제된 경우 매도인의 매매대금반환의무와 매수인의 소유권이전등기말소등기절차이행의무가 동시이행의 관계에 있는지 여부와는 관계없이 매도인이 반환하여야 할 매매대금에 대하여는 그 받은 날로부터 민법 소정의 법정이율인 연 5푼의 비율에 의한 법정이자를 부가하여 지급하여야 하고, 이와 같은 법리는 약정된 해제권을 행사하는 경우라 하여 달라지는 것은 아니다."라고 하였습니다(대법원 2000. 6. 9. 선고 2000다9123 판결).

그런데 계약해제로 인한 원상회복으로서 반환하는 금전에 가산하는 민법 제548조 제2항 소정의 이자에 소송촉진등에관한특례법 제3조 제1항 소정의 이율을 적용할 수 있는지에 관하여 판례를 보면, "민법 제548조 제2항은 계약해제로 인한 원상회복의무의 이행으로서 반환하는 금전에는 그 받은 날로부터 이자를 가산하여야 한다고 하고 있는바, 위 이자의 반환은 원상회복의무의 범위에 속하는 것으로 일종의 부당이득반환의 성질을 가지는 것이지 반환의무의 이행지체로 인한 손해배상은 아니라고 할 것이고, 소송촉진등에관한특례법 제3조 제1항은 금전채무의 전부 또는 일부의 이행을 명하는 판결을 선고할 경우에 있어서 '

금전채무불이행으로 인한 손해배상액 산정의 기준이 되는 법정이율에 관한 특별규정'이므로, 위 이자에는 소송촉진등에관한특례법 제3조 제1항에 의한 이율을 적용할 수 없다."라고 하였습니다(대법원 2000. 6. 23. 선고 2000다16275 등 판결).

러므로 위 사안에서 甲은 그가 제기하는 소유권이전 등기말소청구소송에서 乙이 그가 甲에게 지급한 계약금 및 중도금 중 손해배상액예정으로 정해진 계약금을 공제한 잔액에 대해서 동시이행의 항변을 할 경우 연 5푼의 비율에 의한 이자를 반환하면 될 것입니다.

할부자동차가 양도된 경우 할부금
에 대한 연대보증인의 책임

저는 甲이 8톤 덤프트럭을 36개월 할부로 구입할 때 乙과 함께 그 할부금지급채무에 대하여 연대보증을 섰습니다. 그런데 甲은 할부금을 4회 납입한 후 위 트럭을 丙에게 양도하면서 나머지 할부금은 丙이 납입하기로 약정하였으나, 丙은 위 약정에 위배하여 할부금을 수회 연체하였습니다. 따라서 할부금융사에서는 저의 부동산을 가압류하고 위 트럭의 할부금 잔액의 전부와 연체이자 등을 지불하라고 하는데 제가 모두 변제해야 하는지요?

➡ **변제해야 합니다.**

　채무인수와 보증 등에 관하여 민법 제459조에 의하면 "전 채무자의 채무에 대한 보증이나 제3자가 제공한 담보는 채무인수로 인하여 소멸한다. 그러나 보증인이나 제3자가 채무인수에 동의한 경우에는 그러하지 아니하다."라고 규정하고 있습니다.

　이에 관하여 판례를 보면 "면책적 채무인수라 함은 채무의 동일성을 유지하면서 이를 종래의 채무자로부터 제3자인 인수인에게 이전하는 것을 목적으로 하는 계약을 말하는바, 채무인수로 인하여 인수인은 종래의 채무자와 지위를 교체하여 새로이 당사자로서 채무관계에 들어서서 종래의 채무자와 동일한 채무를 부담하고 동시에 종래의 채무자는 채무관계에서 탈퇴하여 면책되는 것일 뿐 종래의 채무가 소멸하는 것이 아니므로, 채무인수로 종래의 채무가 소멸하였으니 저당권의 부종성으로 인하여 당연히 소멸한 채무를 담보하는 저당권도 소멸한다는 법리는 성립하지 않는다. 민법 제459조 단서는 보증인이나 제3자가 채무인수에 동의한 경우에는 전 채무자의 채무에 대한 보증이나 제3자가 제공한 담보는 채무인수로 인하여 소멸하지 아니하는 것으로 규정하고 있는바, 위 조항에 규정된 채무인수에 대한 동의는 인수인을 위하여 새로운 담보를 설정하도록 하는 의사표시를 의미하는 것이 아니라 기존의 담보를 인수인을 위하여 계속시키는데 대한 의사표시를 의미하는 것이므로, 물상보증인이 채무인수에 동의함으로써 소멸하지 아니하는 담보는 당연히 기존의 담보와 동일한 내용을 갖는 것이다."라고 하였습니다(대법원 1996. 10. 11. 선고 96다27476 판결, 2000. 12. 26. 선고 2000다56204 판결).

그리고 민법 제454조 제1항에 의하면 "제3자가 채무자와의 계약으로 채무를 인수한 경우에는 채권자의 승낙에 의하여 그 효력이 생긴다."라고 규정하고 있으며, 판례는 "채무인수의 효력이 생기기 위하여 채권자의 승낙을 요하는 것은 '면책적 채무인수'의 경우에 한하고, 채무인수가 면책적인가 중첩적인가 하는 것은 채무인수계약에 나타난 당사자 의사의 해석에 관한 문제이며, 채권자의 승낙에 의하여 채무인수의 효력이 생기는 경우, 채권자가 승낙을 거절하면 그 이후에는 채권자가 다시 승낙하여도 채무인수로서의 효력이 생기지 않는다."라고 하였습니다(대법원 1998. 11. 24. 선고 98다33765 판결, 2002. 9. 24. 선고 2002다36228 판결).

그런데 채무인수와 유사한 것으로서 이행인수(履行引受)가 있는바, 판례를 보면 "채무자와 인수인의 계약으로 체결되는 병존적 채무인수는 채권자로 하여금 인수인에 대하여 새로운 권리를 취득하게 하는 것으로 '제3자를 위한 계약'의 하나로 볼 수 있고, 이와 비교하여 이행인수는 채무자와 인수인 사이의 계약으로 인수인이 변제 등에 의하여 채무를 소멸케 하여 채무자의 책임을 면하게 할 것을 약정하는 것으로 인수인이 채무자에 대한 관계에서 채무자를 면책케 하는 채무를 부담하게 될 뿐 채권자로 하여금 직접 인수인에 대한 채권을 취득케 하는 것이 아니므로, 결국 제3자를 위한 계약과 이행인수의 판별기준은 계약당사자에게 제3자 또는 채권자가 계약당사자 일방 또는 인수인에 대하여 직접 채권을 취득케 할 의사가 있는지 여부에 달려 있다 할 것이고, 구체적으로는 계약체결의 동기, 경위 및 목적, 계약에 있어서의 당사자의 지위, 당사자 사이 및 당사자와 제3자 사이의 이해관계, 거래관행 등을 종합적으로 고려하여 그 의사를 해석하여야 한다."라고 하였습니다(대법원 1997. 10. 24. 선고 97다28698 판결).

그렇다면 위 사안에서 甲의 할부금융사에 대한 채무

를 丙이 인수키로 하는 약정이 '면책적 채무인수'인지
또는 '중첩적 채무인수'인지, 아니면 '이행인수'인지가
문제되는데, 판례를 보면, "부동산의 매수인이 매매
목적물에 관한 임대차보증금 반환채무 등을 인수하는
한편, 그 채무액을 매매대금에서 공제하기로 약정한
경우, 그 인수는 특별한 사정이 없는 이상 매도인을
면책시키는 면책적 채무인수가 아니라 이행인수로 보
아야 하고, 면책적 채무인수로 보기 위하여는 이에 대
한 채권자 즉, 임차인의 승낙이 있어야 한다."라고 하
였으며(대법원 2001. 4. 27. 선고 2000다69026
판결), "부동산의 매수인이 매매목적물에 관한 근저당
권의 피담보채무, 가압류채무, 임대차보증금반환채무
를 인수하는 한편 그 채무액을 매매대금에서 공제하
기로 약정한 경우, 다른 특별한 약정이 없는 이상 이
는 매도인을 면책시키는 채무인수가 아니라 이행인수
로 보아야 하고, 매수인이 위 채무를 현실적으로 변제
할 의무를 부담한다고도 해석할 수 없으며, 특별한 사
정이 없는 한 매수인이 매매대금에서 그 채무액을 공
제한 나머지를 지급함으로써 잔금지급의무를 다하였
다 할 것이고, 또한 위 약정의 내용은 매도인과 매수
인의 계약으로 매수인이 매도인의 채무를 변제하기로
하는 것으로서 매수인은 제3자의 지위에서 매도인에
대하여만 그의 채무를 변제할 의무를 부담함에 그치
므로 채권자의 승낙이 없으면 그에게 대항하지 못할
뿐 당사자 사이에서는 유효하게 성립한다."라고 한 바
있으며(대법원 1993. 2. 12. 선고 92다23193 판

결, 2002. 5. 10. 선고 2000다18578 판결), 더욱이 할부금융사가 위 인수약정을 승낙한 바가 없음에 비추어 위 사안에서 甲의 할부금융사에 대한 채무를 丙이 인수키로 하는 약정은 이행인수로 보아야 할 듯합니다.

따라서 귀하는 甲의 연대보증인으로서 甲과 丙 사이에 위와 같은 이행인수가 있었다고 하여도 연대보증인으로서 할부금융사의 청구에 응하여야 할 것이고, 다만 주채무자인 甲에 대하여는 귀하가 할부금융사에 변제한 금액을 구상할 수 있고, 공동보증인인 乙에 대하여도 그 부담부분에 관한 특약이 없는 한 균등부담이므로 변제액의 반액을 청구할 수 있을 뿐입니다(민법 제424조).

연대보증계약에서 주채무자가 바뀐 경우 연대보증인의 책임

저는 수개월 전 甲이 은행대출을 받는다면서 보증을 요청해 와 甲이 가져온 대출약정서의 연대보증인란에 서명·날인하고 인감증명서를 교부하였습니다. 그러나 최근 은행으로부터 채무자의 채무불이행으로 제가 보증채무를 갚아야 한다는 통지가 왔습니다만, 뜻밖에도 채무자가 甲이 아니고 乙이었습니다. 제가 보증인으로서 서명·날인할 때에는 채무자란이 비어 있었는데, 甲이 저를 속인 것으로 보입니다. 이런 경우에도 제가 보증인으로서의 책임을 져야 하는지요?

➡ **책임을 져야 합니다.**

　　채무자란이 공백인 상태에서 甲을 위하여 보증을 해 달라는 요청을 받고 甲에게 보증을 선다는 의사로써 보증하였으나, 甲이 그것을 乙에 대한 보증행위로 바꾸었다면 그것은 甲의 사기행위라고 볼 여지도 있습니다. 사기나 공갈로 인하여 자기의 진실한 의사와 다른 형태의 의사가 표현된 경우에는 이러한 사실을 이유로 그 의사표시를 취소할 수 있으므로, 원칙적으로 귀하는 보증행위를 취소할 수 있습니다.

　　그러나 민법 제110조 제2항은 "상대방 있는 의사표시에 관하여 제3자가 사기나 강박을 행한 경우에는 상대방이 그 사실을 알았거나 알 수 있었을 경우에 한하여 그 의사표시를 취소할 수 있다."라고 규정하고 있으며, 민법 제126조에 의하면 "대리인이 그 권한 외의 법률행위를 한 경우에 제3자가 그 권한이 있다고 믿을 만한 정당한 이유가 있는 때에 본인은 그 행위에 대하여 책임이 있다."라고 규정하고 있습니다.

그리고 주채무자가 바뀐 보증계약의 보증인의 책임에 관한 판례는 "승용차할부매매계약과 보증보험계약상 甲의 연대보증인이 되기로 한 乙이 백지의 보증보험약정서상 연대보증인란에 인감도장을 날인하고 甲에게 인감증명서와 인감도장을 건네주었는데, 甲이 丙을 구입자로 하여 할부매매계약 및 보증보험계약을 체결한 경우 권한을 넘은 표현대리의 성립을 인정한 사례"가 있으며(대법원 1992. 10. 13. 선고 92다31781 판결, 2001. 2. 9. 선고 2000다54918 판결), "지입차주가 지입회사명의로 리스 하는 덤프트럭에 관하여 리스보증보험계약상 연대보증을 위하여 보증인의 인감증명서를 제출하였는데, 지입회사가 잘못하여 그 서류를 다른 지입차주가 같은 지입회사명의로 리스 할 덤프트럭에 관한 리스보증보험계약을 체결하는데 사용한 경우 보증인의 표현대리책임을 인정한 사례"가 있습니다(대법원 1995. 9. 5. 선고 95다20973 판결).

그러나 '보험회사를 대리하거나 보험계약체결을 보조하는 지위'에 있는 자동차판매회사의 영업사원이 자동차구매자의 연대보증인으로부터 교부받은 보증관계서류를 임의로 다른 구매자를 위한 할부판매보증보험의 연대보증계약에 사용한 경우에는 표현대리책임의 성립을 부인한 바 있습니다(대법원 1998. 4. 10. 선고 97다55478 판결).

그러므로 여기서의 상대방인 은행이 위와 같은 과정을 알았겠는가 하는 것이 문제입니다. 만약, 은행이 이러한 사실을 모르고 그 행위를 하였다면 귀하는 결국 책임을 면할 수 없는 것입니다. 그런데 우리의 일상생활상 경험에 비추어보면 은행은 일반적으로 고객들의 이면에 숨은 구체적인 사정을 잘 모르고서 대량적으로 거래행위를 하는 것이므로, 은행은 사기의 사실을 몰랐다고 보아야 할 것입니다.

그렇다면 귀하는 은행에 대하여 이러한 사실을 주장할 수 없고 보증인으로서의 책임을 면할 수 없을 것입니다. 다만, 귀하가 은행이 이러한 사실을 미리부터 알고 있었다고 입증할 수만 있으면 귀하는 책임을 면하게 될 것입니다. 그밖에 귀하는 甲을 상대로 하여 불법행위로 인한 손해배상을 청구하여 귀하의 부담액을 받을 수는 있을 것입니다.

참고로 "금융기관의 대출담당자가 대출금채무자의 물상보증인이 되고자 하는 자로 하여금 차용금액이 백지로 된 차입신청서의 연대보증인란, 액면금액이 백지로 된 약속어음의 연대보증인란, 채권최고액이 백지로 된 담보제공승낙서와 근저당권설정계약서에 각 서명·날인하게 함에 있어서, 백지로 된 금액란이 얼마로 보충될 것인지를 확인하거나 알려주지 아니하였다면, 나중에 그 금액란이 원래 물상보증인이 대출금 채무자와 합의한 금액 이상으로 기재되었을 경우에는, 그 금융기관의 대출담당자에게는 원래의 합의금액이 실제 기재된 금액보다 적은 금액이었다는 점을 모른 데 대하여 과실이 있다."라고 한 바 있으며(대법원 1997. 9. 9. 선고 96다15183 판결), "보증인의 보증의사의 존부는 당사자가 거래에 관여하게 된 동기와 경위, 그 관여형식 및 내용, 당사자가 그 거래행위에 의하여 달성하려는 목적, 거래의 관행 등을 종합적으로 고찰하여 판단하여야 할 당사자의 의사해석 및 사실인정의 문제이지만, 보증은 이를 부담할 특별한 사정이 있을 경우 이루어지는 것이므로 보증의사의 존재는 이를 엄격하게 제한하여 인정하여야 한다. 甲이 주채무액을 알지 못한 상태에서 주채무자의 부탁으로 채권자와 보증계약 체결여부를 교섭하는 과정에서 채권자에게 보증의사를 표시한 후 주채무가 거액인 사실을 알고서 보증계약체결을 단념하였으나 甲의 도장과 보증용 과세증명서를 소지하게 된 주채무자가 임의로 甲을 대위하여 채권자와 사이에 보증계약을 체결한 경우, 甲이 채권자에 대하여 주채무자에게 보증계약체결의 대리권을 수여하는 표시를 한 것이라 단정할 수 없고, 대리권 수여의 표시를 한 것으로 본다 하더라도 채권자에게는 주채무자의 대리권 없음을 알지 못한 데 과실이 있다."라고 보아 민법 제125조 소정의 표현대리의 성립을 부정한 사례가 있습니다(대법원 2000. 5. 30. 선고 2000다2566 판결).

보증계약 후 채무자와 채권자간 손해배상액을 예정한 경우 보증인의 책임범위

저는 임대인 乙에게 임차인 甲의 농지원상회복의무에 대하여 보증을 선 사실이 있는데, 그 후 甲은 저와 단 한마디 상의도 없이 '농지의 원상회복채무를 이행하지 않을 경우에는 乙에게 1,000만원을 지급한다'는 약정을 乙에게 해주었습니다. 위 농지의 원상회복에 소요되는 비용은 200만원정도인데 만일, 甲이 위 농지를 원상회복하지 않으면, 보증인인 저도 甲과 乙의 위 약정에 따른 1,000만원을 부담할 책임이 있는지요?

➡ **원상회복에 소요되는 비용만 부담하시면 됩니다.**

甲과 乙의 위와 같은 약정은 농지의 원상회복의무를 불이행한 경우 손해에 대한 예정으로 보아야 할 것인데, 이러한 손해배상의 예정이 보증인의 관여 없이 행하여진 것이므로 보증인에게 어떠한 효력을 미치느냐 문제됩니다.

그런데 이에 관련된 판례를 보면, "보증인은 특별한 사정이 없는 한 채무자가 채무불이행으로 인하여 부담하여야 할 손해배상채무에 관하여도 보증책임을 진다고 할 것이고, 따라서 보증인으로서는 채무자의 채무불이행으로 인한 채권자의 손해를 배상할 책임이 있다고 할 것이나, 원래 보증인의 의무는 보증계약 성립 후 채무자가 한 법률행위로 인하여 확장, 가중되지 아니하는 것이 원칙이므로, 채무자의 채무불이행시의 손해배상의 범위에 관하여 채무자와 채권자 사이의 합의로 보증인의 관여 없이 그 손해배상 예정액이 결정되었다고 하더라도, 보증인으로서는 위 합의로 결정된 손해배상 예정액이 채무불이행으로 인하여 채무자가 부담할 손해배상 책임의 범위를 초과하지 아니한 한도 내에서만 보증책임이 있다."라고 하였습니다(대법원 1996. 2. 9. 선고 94다38250 판결).

또한 "보증계약이 성립한 후에 보증인이 알지도 못하는 사이에 주채무의 목적이나 형태가 변경되었다면, 그 변경으로 인하여 주채무의 실질적 동일성이 상실된 경우에는 당초의 주채무는 경개로 인하여 소멸하였다고 보아야 할 것이므로 보증채무도 당연히 소멸하겠지만, 그 변경으로 인하여 주채무의 실질적 동일성이 상실되지 아니하고 동시에 주채무의 부담 내용이 축소·감경된 것에 불과한 경우에는 보증인은 그와 같이 축소·감경된 주채무의 내용에 따라 보증책임을 진다고 할 것이다."라고 하였습니다(대법원 2001. 3. 23. 선고 2001다628 판결).

따라서 귀하도 위 훼손된 농지의 원상회복에 소요되는 비용에 대하여는 보증책임을 부담하여야 하겠지만, 귀하의 관여 없이 甲과 乙이 약정한 1,000만원 전부에 대하여 책임을 지지는 않을 것으로 보입니다.

계약당사자 일방에게 불리한 보통 계약 약관도 효력이 있는지

저는 8개월 전 우유대리점을 운영하고 있는 甲과 우유배달계약을 체결하고 영업해왔으나, 10일전 甲이 우유공급계약을 해지한다고 일방적으로 통보해왔습니다. 당초 계약기간을 3년으로 정했음에도 해지를 당한 것이 부당하여 甲에게 손해배상을 요구하였으나, 甲은 단지 우유대금정산과정에서 제가 꼬치꼬치 따진 것이 불쾌하다는 것이며, 계약서상의 '계약기간이내에도 甲은 언제든지 계약을 해지할 수 있고 이것으로 인한 배상의무를 지지 않는다.'는 조항을 내세우며 정당한 해지권의 행사이니 법대로 하라고 합니다. 甲은 수십 명의 배달원을 거느리면서 계약시마다 자신에게 유리한 내용의 계약서를 미리 인쇄한 양식을 이용한 후 위와 같이 일방적으로 계약을 해지하고 또 다른 사람과 계약을 하면서 권리금을 챙겨왔다고 하는데, 과연 제가 위 계약서문구대로 甲으로부터 손해배상을 받을 수 없는지요?

➡ **손해배상을 청구할 수 있습니다,**

기업이나 개인이 그의 고객과 거래할 때마다 개별적으로 계약내용을 협정한다는 것은 매우 번거로운 일이므로, 이러한 번거로움을 피하고 신속·확실하게 거래하기 위해 앞으로 맺게 될 다수의 계약에 일률적으로 적용될 계약조건을 미리 정형적으로 정례두고 동종의 거래에 대하여 공통적·획일적으로 그 조건에 따라 계약을 체결하는 경우가 많은데, 이렇게 미리 설정한 정형적 계약조건을 '보통계약약관' 또는 '보통거래약관'이라고 하고, 보통계약약관에 의하여 체결된 계약을 '부합계약(附合契約)' 또는 '부종계약(附從契約)'이라고 합니다.

이러한 부합계약은 우리의 일상생활에서 그 예를 일일이 들 수 없을 만큼 많은데, 계약의 일방당사자는 기업인 경우가 보통이지만 임대차에 있어서의 토지 또는 건물소유자나 위 사안의 경우처럼 甲과 같은 개인인 경우도 드물지 않습니다. 그런데 부합계약은 당사자 사이에 존재하는 경제력 차이로 말미암아 보통계약약관을 작성·제시하는 경제적 강자에게 일방적으로 유리한 조항이 삽입되기 쉽고, 경제적 약자인 상대방은 어쩔 도리 없이 자기에게 불리한 약관을 인정하고 부합계약의 체결을 사실상 강제 당하고 있는바, 이는 계약자유라는 미명하에 계약자유가 사실상 부정되는 결과를 초래한다고 할 것입니다.

따라서 경제적 약자를 보호하고 계약당사자의 실질적 평등을 이루기 위해서는 보통계약약관에 대하여 특별히 법적 규제를 가할 필요성이 있는데, 우리나라는 1986년 12월 31일 법률 제3922호로 약관의규제에관한법률(이하 "약관규제법"이라 한다)을 제정하여 회사법상 계약, 근로기준법상 계약 및 일정한 비영리사업분야에 속하는 계약을 제외한 나머지 보통계약약관에 관하여 규제를 가하고 있습니다(약관규제법

제30조 제1항). 이 법에 따르면 신의성실의 원칙에 반하여 공정을 잃은 약관조항은 무효이고(약관규제법 제6조 제1항), 상대방에 대하여 부당하게 불리한 조항은 공정을 잃은 것으로 추정하고(약관규제법 제6조 제2항), 또한 약관작성사업자에게 법률에서 규정하고 있지 아니하는 해제권·해지권을 부여하거나 법률규정에 의한 해제권·해지권의 행사요건을 완화하여 상대방에게 부당하게 불이익을 줄 우려있는 조항 및 계약의 해제·해지로 인한 약관작성사업자의 원상회복의무나 손해배상의무를 부당하게 경감하는 조항도 무효라고 규정하고 있습니다(약관규제법 제9조 제2호, 제4호).

위 사안의 경우 귀하와 甲이 체결한 우유배달계약은 甲이 사전에 일방적으로 작성하여 귀하뿐만 아니라 다른 배달원들에게도 일률적으로 적용하였다면 이는 보통계약약관에 의한 부합계약에 해당되는 것으로 볼 수 있고, 계약서상 甲이 언제든지 계약을 해지할 수 있고 이로 인한 배상의무를 지지 않는다는 조항은 위에서 설명한 것처럼 약관규제법 제6조 및 제9조에 의해 무효라 할 것입니다.

따라서 귀하는 甲의 부당한 계약해지로 인하여 발생한 손해에 대해 배상을 청구할 수 있다고 할 것이고, 위 계약조항이 약관규제법에 위반되는지 여부에 관해 공정거래위원회에 심사를 청구할 수도 있습니다(약관규제법 제19조).

매매계약해제의 경우 매매대금 10% 몰수조항의 유효여부

저는 한국토지공사로부터 토지를 매수하기로 약정하였고, 매매계약서상 매매대금잔금의 분할지급을 3개월 이상 지연하였을 때에는 계약을 해제할 수 있고, 계약을 해제하는 경우에는 매매대금의 10%에 해당하는 계약보증금을 한국토지공사에게 귀속시키기로 되어 있는데, 이러한 경우 제가 잔금지급을 지체하면 위 약정내용대로 매매대금의 10%인 계약보증금을 반환 받을 수 없는지요?

➡ **반환받을 수 없습니다.**

약관의규제에관한법률(이하 "약관규제법"이라 한다)은 회사법상 계약, 근로기준법상 계약 및 일정한 비영리사업분야에 속하는 계약을 제외한 나머지 보통계약약관에 관하여 규제를 가하고 있습니다(약관규제법 제30조 제1항). 이 법에 따르면 신의성실의 원칙에 반하여 공정을 잃은 약관조항은 무효이고(약관규제법 제6조 제1항), 상대방에 대하여 부당하게 불리한 조항은 공정을 잃은 것으로 추정하고(약관규제법 제6조 제2항), 또한 약관작성업자에게 법률에서 규정하고 있지 아니하는 해제권·해지권을 부여하거나 법률규정에 의한 해제권·해지권의 행사요건을 완화하여 상대방에게 부당하게 불이익을 줄 우려있는 조항 및 계약의 해제·해지로 인한 약관작성사업자의 원상회복의무나 손해배상의무를 부당하게 경감하는 조항도 무효라고 규정하고 있습니다(약관규제법 제9조 제2호, 제4호).

그리고 약관규제법의 적용대상이 되는 약관이라 함은 그 명칭이나 형태 또는 범위를 불문하고 계약의 일방당사자가 다수의 상대방과 계약을 체결하기 위하여 일정한 형식에 의하여 미리 마련한 계약의 내용이 되는 것을 말하며(약관규제법 제2조 제1항, 대법원 1998. 12. 23. 선고 96다38704 판결), 약관이 계약당사자 사이에 구속력을 갖는 것은 그 자체가 법규범이거나 또는 법규범적 성질을 가지기 때문이 아니라, 당사자가 그 약관의 규정을 계약내용에 포함시키기로 합의하였기 때문이므로 계약당사자가 명시적으로 약관의 규정과 다른 내용의 약정을 하였다면, 약관의 규정을 이유로 그 약정의 효력을 부인할 수는 없습니다(약관규제법 제4조, 대법원 1998. 9. 8. 선고 97다53663 판결).

따라서 위 사안의 경우 약관규제법에 비추어 그 유효성을 살펴보면 판례는 "토지분양계약이 해제되었을 때에는 수분양자가 지급한 계약보증금이 분양자에게 귀속될 뿐만 아니라, 수분양자는 계약해제로 인하여 분양자가 입은 손해에 대하여도 배상의무를 면하지 못하는 것으로 약정한 경우, 위 계약보증금의 몰취는 계약해제로 인한 손해배상과는 별도의 성격을 가지는 것이라 할 것이고, 따라서 위 계약보증금 몰취규정을 단순히 통상 매매계약에 있어서의 손해배상의 예정으로 보기는 어려우며, 수분양자가 계약위반시 분양자에게 손해배상책임을 지는 것과는 별도로 이를 분양자에게 귀속시킴으로써 수분양자에게 제재를 가함과 동시에 수분양자의 계약이행을 간접적으로 강제하는 작용을 하는 이른바 위약벌의 성질을 가진 것이며, 약관의규제에관한법률 제6조 제1항, 제2항, 제9조 제3호 등에 비추어 계약의 해제로 인한 고객의 원상회복청구권을 부당하게 포기하도록 하는 약관조항은 고객에게 부당하게 불리하여 공정을 잃은 것으로 추정되고 신의성실의 원칙에 반하는 것으로서 무효라고 보아야 하고, 한국토지공사가 토지를 분양하면서 토지분양계약이 해제되었을 때 '귀책사유의 유무를 불문'하고 수분양자가 지급한 매매대금의 10%에 상당하는 계약보증금이 분양자인 한국토지공사에게 귀속되도록 정한 경우, 그 계약금 몰취규정은 고객인 분양자에 대하여 일방적으로 부당하게 불리한 조항으로서 공정을 잃은 것으로 추정되어 신의성실의 원칙에 반하거나 또는 계약해제시 고객의 원상회복청구권을 부당하게 포기하도록 하는 조항으로서 약관의규제에관한법률에 위반하여 무효이다."라고 하였지만(대법원 1999. 3. 26. 선고 98다33260 판결), "한국토지공사의 개정된 용지매매계약서상 매매대금잔금의 분할지급을 3개월 이상 지연하였을 때에는 계약을 해제할 수 있고, 계약을 해제하는 경우에는 매매대금의 10%에 해당하는 계약보증금을 한국토지공사에게 귀속시키기로 되어 있는 경우, 그 계약보증금은 위약금의 성질을 가진 것으로서 손해배상액의 예정으로 추정되는데, 보통의 부동산 매매계약시 매매대금의 10% 정도에 해당하는 금액을 계약금으로 정하고 매수인이 위약 할 경우 그 계약금을 포기하기로 하는 거래관습에 비추어 그 손해배상액의 예정이 고객에 대하여 부당하게 불리한 약관조항으로서 무효라고 볼 수 없다."라고 한 바 있습니다(대법원 1999. 9. 17. 선고 99다19926 판결, 2000. 12. 22. 선고 99다4634 판결).

따라서 위 사안의 경우에도 귀하가 매매잔금의 지연으로 인하여 계약을 해제 당할 경우에는 매매대금의 10%인 계약보증금을 반환 받을 수 없을 것으로 보입니다.

타인의 이름으로 계약을 체결한 경우 계약당사자 확정방법

甲은 사업을 하다가 자금회전이 되지 않아서 약속어음부도를 내고 조세를 체납하는 등 자신의 명의로는 사업을 계속할 수 없게 되자, 이전에 같은 직장에서 근무한 적이 있었던 乙의 승낙을 받아 乙명의로 새로이 사업자등록을 하고, 대외적으로는 乙의 이름으로 종전의 영업을 계속하여 왔습니다. 그런데 丙은 위와 같은 사정을 알지 못하고서 기계 1대를 제작하여 납품하기로 하는 제작물공급계약을 체결하였습니다. 그런데 甲은 어음부도 및 조세문제 등이 해결되자 乙명의의 영업을 포괄적으로 양도받는 형식을 취하고 乙명의의 사업자등록의 폐업신고를 한 후 종전과 같은 상호로 자신을 대표자로 새로이 사업자등록을 하였습니다. 그리고 甲은 丙에게 위 기계공급계약을 그대로 이행할 의사를 밝혔고, 丙 또한 종전 사업자등록 명의자인 乙이 기계제작기술자로서 甲의 직원으로 甲의 사업장에 계속 근무하면서 위 기계의 제작·설치작업에 참여하는 것으로 알았기 때문에, 별다른 인수계약 등을 체결하지는 않았습니다. 위 계약이 불이행된 경우 丙이 누구에게 책임을 물어야 하는지요?

➡ **甲과 乙에게 연대해서 책임을 물을 수 있습니다.**
  행위자가 타인의 이름으로 계약을 체결한 경우, 계약
  당사자의 확정방법에 관하여 판례를 보면, "계약을 체

결하는 행위자가 타인의 이름으로 법률행위를 한 경우에 행위자 또는 명의인 가운데 누구를 계약의 당사자로 볼 것인가에 관하여는, 우선 행위자와 상대방의 의사가 일치한 경우에는 그 일치한 의사대로 행위자 또는 명의인을 계약의 당사자로 확정해야 하고, 행위자와 상대방의 의사가 일치하지 않는 경우에는 그 계약의 성질·내용·목적·체결경위 등 그 계약체결 전후의 구체적인 제반 사정을 토대로 상대방이 합리적인 사람이라면 행위자와 명의자 중 누구를 계약 당사자로 이해할 것인가에 의하여 당사자를 결정하여야 한다."라고 하였으며(대법원 1998. 3. 13. 선고 97다22089 판결, 1999. 6. 25. 선고 99다7183 판결), 행위자가 타인의 이름으로 계약을 체결한 후 그 타인의 사업자등록명의를 자기 앞으로 변경한 경우 그 타인의 채무를 중첩적(重疊的)으로 인수한 것으로 본 경우가 있습니다(대법원 2001. 5. 29. 선고 2000다3897 판결).

그리고 제3자에게 자기명의로 계약을 체결하도록 승낙한 경우 그 계약의 법률상 효과의 귀속관계에 관하여는 "제3자에게 자기명의로 계약을 체결하도록 승낙하여 그에 따라 계약이 체결되었다면 그 계약체결에 따른 법률상의 효과를 자신에게 귀속시키지 아니하겠다는 의사로 승낙을 하였고, 그 계약의 상대방도 그와 같은 점에 대하여 양해하고 계약을 체결하였다는 등의 특별한 사정이 없는 한 그 계약의 법률상 효과는 승낙을 한 본인에게 귀속된다."라고 하였습니다(대법원 1999. 5. 11. 선고 98다56874 판결).

그렇다면 위 사안에서 위 기계의 제작·설치에 관한 계약의 당사자는 乙로 볼 수 있을 것이나, 甲은 乙의 丙에 대한 채무를 중첩적으로 인수한 것으로 볼 수 있을 듯합니다.

따라서 丙은 甲·乙에게 연대하여 채무불이행으로 인한 책임을 부담할 것을 요구할 수 있을 것입니다.

계약해제로 임대인의 소유권등기 말소시 주택임차권의 보호

저는 甲이 乙로부터 분양 받아 소유권이전등기 된 주택을 甲으로부터 전세보증금 6,000만원에 임차하여 입주와 주민등록 전입신고를 마치고 거주하고 있었는데, 甲이 乙에게 분양대금으로 교부한 어음이 결재되지 아니하여 甲과 乙의 분양계약이 해제되었으며, 乙은 丙에게 위 주택을 다시 분양하여 甲의 소유권이전등기는 말소되고, 丙명의로 소유권이전등기가 되었습니다. 그러자 丙은 저에게 위 주택을 명도 하라고 하는데, 저의 주택임차권은 丙에게 대항할 수 없는지요?

➡ **대항할 수 있습니다.**

민법 제548조 제1항에서는 "당사자일방이 계약을 해제한 때에는 각 당사자는 그 상대방에 대하여 원상회복의 의무가 있다. 그러나 제3자의 권리를 해하지 못한다."라고 규정하고 있습니다.

그리고 위 사안과 관련된 판례를 보면, "민법 제548조 제1항 단서의 규정에 따라 계약해제로 인하여 권리를 침해받지 않는 제3자라 함은 계약목적물에 관하여 권리를 취득한 자 중 계약당사자에게 권리취득에 관한 대항요건을 구비한 자를 말한다 할 것인바, 임대목적물이 주택임대차보호법 소정의 주택인 경우 주택임대차보호법 제3조 제1항이 임대주택의 인도와 주민등록이라는 대항요건을 갖춘 자에게 등기된 임차권과 같은 대항력을 부여하고 있는 점에 비추어 보면, 소유권을 취득하였다가 계약해제로 인하여 소유권을 상실하게 된 임대인으로부터 그 계약이 해제되기 전에 주택을 임차하여 주택의 인도와 주민등록을 마침으로써 주택임대차보호법 소정의 대항요건을 갖춘 임차인은 등기된 임차권자와 마찬가지로 민법 제548조 제1항 단서 소정의 제3자에 해당된다고 봄이 상당하고, 그렇다면 그 계약해제당시 이미 주택임대차보호법 소정의 대항요건을 갖춘 임차인은 임대인의 임대권원의 바탕이 되는 계약의 해제에도 불구하고 자신의 임차권을 새로운 소유자에게 대항할 수 있다."라고 하였습니다(대법원 1996. 8. 20. 선고 96다17653 판결).

따라서 귀하는 甲과 乙사이의 분양계약이 해제되기 이전에 소유자였던 甲과 임대차계약을 체결하고 주택임대차보호법상의 대항력을 갖추었으므로, 그 건물의 취득자인 丙에게도 민법 제548조 제1항 단서의 제3자로서 주택임차권을 주장하여 丙의 명도청구에 응하지 않아도 될 것입니다.

계약종료 후 목적물을 계속 점유할 때 부당이득여부

저는 甲으로부터 甲소유인 건물 중 점포 1칸을 계약기간 2년, 임차보증금 3,000만원, 월 임차료 50만원으로 임차하여 계약기간이 만료되었기에, 甲에게 위 보증금의 반환을 청구하였으나 甲은 새로운 임차인이 나타나지 않는다는 이유로 보증금의 반환을 지체하고 있는바, 이러한 경우에도 제가 월 임차료로 약정된 50만원을 계속 지급하여야 하는지요?

➡ **지급하지 않아도 됩니다.**

임대차계약이 종료되면 임차인은 목적물을 반환하여야 하고, 임대인은 밀린 임차료 및 손해를 공제한 보증금을 반환하여야 하며, 면제특약이 없다면 필요비 및 유익비 등을 반환하여야 하고, 이것은 동시에 이루어져야 합니다(민법 제536조, 제618조).

판례도 "임대차계약의 종료에 의하여 발생된 임차인의 목적물반환의무와 임대인의 연체차임을 공제한 나머지 보증금의 반환의무는 동시이행의 관계에 있으므로, 임대차계약 종료 후에도 임차인이 동시이행의 항변권을 행사하여 임차건물을 계속 점유하여 온 것이라면, 임대인이 임차인에게 보증금반환의무를 이행하였다거나 현실적인 이행의 제공을 하여 임차인의 건물명도의무가 지체에 빠지는 등의 사유로 동시이행의 항변권을 상실하지 않는 이상, 임차인의 건물에 대한 점유는 불법점유라고 할 수 없으며, 따라서 임차인으로서는 이에 대한 손해배상의무도 없다."라고 하였습니다(대법원 1998. 5. 29. 선고 98다6497 판결).

그러나 "임대차계약의 종료에 의하여 발생된 임차인의 임차목적물반환의무와 임대인의 연체차임을 공제한 나머지 보증금의 반환의무는 동시이행의 관계에 있는 것이므로, 임대차계약 종료 후에도 임차인이 동시이행의 항변권을 행사하여 임차건물을 계속 점유하여 온 것이라면 임차인의 그 건물에 대한 점유는 불법점유라고 할 수는 없으나, 그로 인하여 이득이 있다면 이는 부당이득으로서 반환하여야 하는 것은 당연하다."라고 하였지만, "법률상의 원인 없이 이득 하였음을 이유로 한 부당이득의 반환에 있어서 '이득'이라 함은 '실질적인 이익'을 가리키는 것이므로 법률상 원인 없이 건물을 점유하고 있다 하여도 이를 사용·수익하지 않았다면 이익을 얻은 것이라고 볼 수 없는 것인바, 임차인이 임대차계약 종료 이후에도 동시이행의 항변권을 행사하는 방법으로 목적물의 반환을 거부하기 위하여 임차건물부분을 계속 점유하기는 하였으나 이를 본래의 임대차계약상의 목적에 따라 사용·수익하지 아니하여 실질적인 이득을 얻은 바 없는 경우에는 그로 인하여 임대인에게 손해가 발생하였다 하더라도 임차인의 부당이득반환의무는 성립되지 않는다."라고 하였습니다(대법원 2001. 2. 9. 선고 2000다61398 판결, 2003. 4. 11. 선고 2002다59481

판결).

그리고 원상회복과 관련하여 부당이득의 범위에 관하여는 "임차인이 임대차종료로 인한 원상회복의무를 지체한 경우, 임대인의 손해는 이행지체일로부터 임대인이 실제로 자신의 비용으로 원상회복을 완료한 날까지의 임대료상당액이 아니라, 임대인 스스로 원상회복 할 수 있었던 기간까지의 임대료상당액이다."라고 하였습니다(대법원 1999. 12. 21. 선고 97다15104 판결, 2001. 10. 26. 선고 2001다47757 판결).

따라서 위 사안에 있어서 귀하가 계약기간이 만료되어 임차보증금의 반환을 청구하였으나, 甲이 임차보증금을 반환하지 않아서 위 점포를 계속 점유하고 있으며 어쩔 수 없지만 영업을 계속한 경우에는 부당이득으로서 월 임차료 상당을(계약기간만료 후에는 월 임차료가 아님) 甲에게 지급할 수밖에 없으나, 계약기간만료 후 점포를 명도하지는 않았지만 영업을 하지 않아 이득을 취한 바가 없다면 부당이득을 취한 바가 없어 월 임차료 상당액을 지급할 의무가 없고 임차보증금에서 공제 당하지도 않을 것입니다.

또한 귀하가 甲을 상대로 임차보증금반환청구소송을 제기할 경우에는 동시이행판결(상환판결) 즉, 임차목적물의 명도와 동시에 임차보증금을 지급하라는 판결이 될 것으로 보입니다(대법원 1976. 10. 26. 선고 76다1184 판결).

임대차계약기간 만료 전에도 계약을 해지할 수 있는지

저는 의류판매를 목적으로 점포 1칸을 보증금 900만원, 월세 100만원으로 1년 간 임차하였으나, 영업을 시작한지 3개월이 지난 시점에서 저의 사정으로 장사를 계속할 수 없게 되어 임대인에게 계약해지를 요구하였습니다. 임대인은 계약기간 만료시까지인 9개월 간의 월세를 모두 지불해야 보증금을 반환해주겠다고 하는데, 임대인의 요구가 정당한지요?

➡ 정당합니다.

　민법은 제635조에 의하면 "토지, 건물 기타 공작물에 관하여 임대차기간의 약정이 없는 때에는 당사자가 언제든지 계약해지의 통고를 할 수 있고, 임대인이 통고한 경우에는 임차인이 통고를 받은 날로부터 6월, 임차인이 통고한 경우에는 임대인이 통고를 받은 날로부터 1월의 기간이 경과하면 해지의 효력이 생긴다"라고 규정하고 있으며, 민법 제636조에 의하면 "임대차기간의 약정이 있는 경우에도 당사자 일방 또는 쌍방이 그 기간 내에 해지할 권리를 보류한 때에는 민법 제635조를 준용한다"라고 규정하고 있습니다.

　한편, 상가건물임대차보호법 제9조 제1항에 의하면 "기간의 정함이 없거나 기간을 1년 미만으로 정한 임대차는 그 기간을 1년으로 본다. 다만, 임차인은 1년 미만으로 정한 기간이 유효함을 주장할 수 있다."라고 규정하고 있어 최소 1년의 임대차기간을 보장해주고 있는데, 이 규정도 임차인에게 무한정의 계약해지권을 부여하고 있는 것은 아닙니다.

따라서 위 사안에서와 같이 임대차계약기간을 약정하면서 특별히 해지권을 유보한 것이 아니고, 임차인의 개인적 사정으로 계약만료기간 전에 계약을 해지하고자 하는 경우에는 임차인이 일방적으로 계약을 해지할 수는 없다 할 것이고, 당초의 계약내용대로 이행하든지 남은 월세를 주고 합의해지를 하여야 할 것입니다.

다만, 귀하가 일방적으로 가게를 비워주고 나간 후 귀하의 임대차계약기간 중에 임대인이 다른 새로운 임차인에게 세를 놓게 된다면, 임대인은 이 상가에 새로운 임차인이 입주한 이후부터 계약기간만료시까지 임차료를 이중으로 받게 되므로 그 부분은 부당이득이 되는 것으로 보아야 할 것입니다.

두 회사의 대표이사겸직자가 두 회사간의 매매계약을 체결한 경우

甲은 乙주식회사와 丙주식회사의 대표이사를 겸하고 있습니다. 그런데 甲은 乙주식회사의 토지 및 건물을 丙회사에 매각하는 매매계약을 체결하면서 乙주식회사 이사회의 승인을 받지 않았습니다. 이 경우 위 매매계약의 효력은 어떻게 되는지요?

➡ 무효입니다.

　이사회의 권한에 관하여 상법 제393조 제1항에 의하면 "중요한 자산의 처분 및 양도, 대규모 재산의 차입, 지배인의 선임 또는 해임과 지점의 설치·이전 또는 폐지 등 회사의 업무집행은 이사회의 결의로 한다."라고 규정하고 있으며, 이사와 회사간의 거래에 관하여 같은 법 제398조에 의하면 "이사는 이사회의 승인이 있는 때에 한하여 자기 또는 제3자의 계산으로 회사와 거래를 할 수 있다. 이 경우에는 민법 제124조(자기계약, 쌍방대리)의 규정을 적용하지 아니한다."라고 규정하고 있습니다.

　그런데 위 사안에서는 별개인 乙·丙 두 회사의 대표이사를 겸하고 있는 甲이 두 회사 사이의 매매계약을 체결한 경우이므로, 이 경우 대표이사 甲의 위와 같은 행위가 자기거래에 해당하는지 문제됩니다.

관련 판례를 보면, "A, B 두 회사의 대표이사를 겸하고 있던 자에 의하여 A회사와 B회사 사이에 토지 및 건물에 대한 매매계약이 체결되고 B회사 명의로 소유권이전등기가 경료된 경우, 그 매매계약은 이른바 '이사의 자기거래'에 해당하고, 달리 특별한 사정이 없는 한 이는 A회사와 그 이사와의 사이에 이해충돌의 염려 내지 A회사에 불이익을 생기게 할 염려가 있는 거래에 해당하는데, 그 거래에 대하여 A회사 이사회의 승인이 없었으므로 그 매매계약의 효력은 B회사에 대한 관계에 있어서 무효이다."라고 하였습니다(대법원 1996. 5. 28. 선고 95다12101 판결).

따라서 위 사안에 있어서 甲이 乙회사의 토지 및 건물을 丙회사에 매도하는 계약을 체결하면서 乙회사의 이사회의 승인을 받지 않았으므로, 위 토지 및 건물의 매매계약은 무효라고 하여야 할 것으로 보입니다.

참고로 "회사의 이사에 대한 채무부담행위가 상법 제398조 소정의 이사의 자기거래에 해당하여 이사회의 승인을 요한다고 할지라도, 위 규정의 취지가 회사 및 주주에게 예기치 못한 손해를 끼치는 것을 방지함에 있다고 할 것이므로, 그 채무부담행위에 대하여 사전에 주주 전원의 동의가 있었다면 회사는 이사회의 승인이 없었음을 이유로 그 책임을 회피할 수 없다."라고 한 바 있습니다(대법원 2002. 7. 12. 선고 2002다20544 판결, 대법원 1992. 3. 31. 선고 91다16310 판결).

보험계약자의 기망에 의한 보증보험계약 취소시 피보험자에 대한 대항력

甲보증보험회사는 乙자동차판매회사와 사이에 자동차할부판매보증보험포괄계약에 관한 협약을 체결하였습니다. 그런데 乙회사에서는 丙에게 승용차 1대를 할부판매하면서 할부판매보증보험계약을 체결하게 함과 아울러 연대보증인 丁과 戊의 각 인감증명서 등 보증보험계약체결에 필요한 제반서류를 교부받아 甲회사에게 전달하였고, 甲회사는 위 제반서류의 인영 등을 대조한 후 할부판매보증보험증권을 발급하였으나, 그 후 연대보증인 丁·戊의 인감증명이 위조된 것으로 확인되어 甲회사는 丙에게 사기를 이유로 위 할부판매보증보험을 취소한다는 의사표시를 하여 丙에게 도달되었습니다. 이 경우 甲보증보험회사에서 乙자동차판매회사에게 보험금지급채무를 이행하지 않아도 되는지요?

➡ 이행하여야 합니다.

　　민법 제110조 제1항에 의하면 "사기나 강박에 의한 의사표시는 취소할 수 있다."라고 규정하고 있으며, 같은 법 제110조 제3항에 의하면 "전2항의 의사표시의 취소는 선의의 제3자에게 대항하지 못한다."라고 규정하고 있습니다.

　　그런데 보험자가 보험계약자의 사기를 이유로 보증

보험계약을 취소한 경우, 피보험자의 보험금청구권이 인정되는지에 관하여 판례를 보면, "보험계약자인 채무자의 채무불이행으로 인하여 채권자가 입게 되는 손해의 전보를 보험자가 인수하는 것을 내용으로 하는 보증보험계약은 손해보험으로서, 형식적으로는 채무자의 채무불이행을 보험사고로 하는 보험계약이지만 실질적으로는 보증의 성격을 가지고 보증계약과 같은 효과를 목적으로 하고, 그 중 자동차할부판매보증보험과 같은 경우 피보험자는 보증보험에 터 잡아 할부판매계약을 체결하거나 혹은 이미 체결한 할부판매계약에 따른 상품인도의무를 이행하는 것이 보통이므로, 일반적으로 타인을 위한 보험계약에서 보험계약자의 사기를 이유로 보험자가 보험계약을 취소하는 경우 보험사고가 발생하더라도 피보험자는 보험금청구권을 취득할 수 없는 것과는 달리, 보증보험계약의 경우 보험자가 이미 보증보험증권을 교부하여 피보험자가 그 보증보험증권을 수령한 후 이에 터 잡아 새로운 계약을 체결하거나 혹은 이미 체결한 계약에 따른 의무를 이행하는 등으로 보증보험계약의 채권담보적 기능을 신뢰하여 새로운 이해관계를 가지게 되었다면 그와 같은 피보험자의 신뢰를 보호할 필요가 있다 할 것이므로, 주채무자에 해당하는 보험계약자가 보증보험계약체결에 있어서 보험자를 기망하였고, 보험자는 그로 인하여 착오를 일으켜 보증보험계약을 체결하였다는 이유로 보증보험계약체결의 의사표시를 취소하였다 하더라도, 이미 그 보증보험계약의 피보험자인 채권자가 보증보험계약의 채권담보적 기능을 신뢰하여 새로운 이해관계를 가지게 되었다면, 피보험자가 그와 같은 기망행위가 있었음을 알았거나 알 수 있었던 경우이거나, 혹은 피보험자가 보험자를 위하여 보험계약자가 제출하는 보증보험계약체결 소요서류들이 진정한 것인지 등을 심사할 책임을 지고 보험자는 그와 같은 심사를 거친 서류만을 확인하고 보증보험계약을 체결하도록 피보험자와 보험자 사이에 미리 약정이 되어 있는데, 피보험자가 그와 같은 서류심사에 있어서 필요한 주의의무를 다하지 아니한 과실이 있었던 탓으로 보험자가 보증책임을 이행한 후 구상권을 확보할 수 없게 되었다는 등의 특별한 사정이 없는 한 그 취소를 가지고 피보험자에게 대항할 수 없다."라고 하였습니다(대법원 1999. 7. 13. 선고 98다63162 판결, 2002. 11. 8. 선고 2000다19281 판결).

다만 상법 제659조 제1항에 의하면 "보험사고가 보험계약자 또는 피보험자나 보험수익자의 고의 또는 중대한 과실로 인하여 생긴 때에는 보험자는 보험금액을 지급할 책임이 없다."라고 규정하고 있는데, 보증보험에 있어서도 위 상법 규정을 적용할 것인지에 관해서 판례는 "보증보험의 성질상 상법 제659조의 규정은 보증보험계약이 보험계약자의 사기행위에 피보험자가 공모하였다든지 적극적으로 가담하지는 않았더라도 그러한 사실을 알면서도 묵인한 상태에서 체결되었다고 인정되는 경우를 제외하고는 원칙적으

로 보증보험에는 그 적용이 없다."라고 하였습니다(대
법원 2001. 2. 13. 선고 99다13737 판결, 2002.
11. 8. 선고 2000다19281 판결).

 따라서 위 사안에서 乙회사가 丙이 제출하는 보증보
험계약체결 소요서류들이 진정한 것인지 등을 심사할
책임을 지고 있었거나, 丁과 戊의 각 인감증명서 위
조의 사실을 알면서도 묵인한 경우가 아니라면 甲보
증보험회사는 乙자동차판매회사에게 보험금을 지급하
여야 할 것으로 보입니다.

계약서상의 관할합의가 당사자일방 에게 불리한 경우 그 효력

甲은 서울에 주영업소를 둔 乙주식회사가 지방에서 신축하여 분양하는 아파트를 분양 받기 위하여 아파트분양계약을 체결하였는데, 그 계약서상 당해 계약에서 발생하는 분쟁에 관하여는 서울지방법원을 그 관할법원으로 한다는 조항이 있습니다. 그런데 乙주식회사의 재정악화로 입주시기가 지체되어 위 아파트분양계약을 해제하기로 합의하였으나, 乙주식회사는 이미 납부한 분양대금 3,500만원을 반환하지 않고 차일피일 미루기만 하므로 소송을 제기하려고 하는데, 甲은 위 관할합의에 따라 서울지방법원에만 소송을 제기하여야 하는지요?

➡ **甲의 관할지방법원에 소송을 제기할 수 있습니다.**
　합의관할에 관하여 민사소송법 제29조 제1항에 의하면 "당사자는 합의로 제1심 관할법원을 정할 수 있다."라고 규정하고 있습니다. 그리고 약관의규제에관한법률 제14조에 의하면 "고객에 대하여 부당하게 불리한 소제기의 금지조항 또는 재판관할의 합의조항이나 상당한 이유 없이 고객에게 입증책임을 부담시키는 약관조항은 이를 무효로 한다."라고 규정하고 있습니다.
　그런데 판례를 보면, "대전에 주소를 둔 계약자와 서

울에 주영업소를 둔 건설회사 사이에 체결된 아파트 공급계약서상의 '본 계약에 관한 소송은 서울민사지방법원을 관할법원으로 한다.'라는 관할합의조항은 약관의규제에관한법률 제2조 소정의 약관으로서 민사소송법상의 관할법원 규정보다 고객에게 불리한 관할법원을 규정한 것이어서, 사업자에게는 유리할지언정 원거리에 사는 경제적 약자인 고객에게는 제소 및 응소에 큰 불편을 초래할 우려가 있으므로 약관의규제에관한법률 제14조 소정의 '고객에 대하여 부당하게 불리한 재판관할의 합의조항'에 해당하여 무효라고 보아야 한다."라고 한 바 있습니다(대법원 1998. 6. 29.자 98마863 결정).

또한, 당사자 중 일방이 지정하는 법원에 관할권을 인정한다는 관할합의 조항의 효력에 관하여 "당사자 중 '일방이 지정하는 법원을 관할법원으로 한다.'는 내용의 관할에 관한 합의는 피소자의 권리를 부당하게 침해하고 공평의 원칙에 어긋나는 결과가 되어 무효이다."라고 하였습니다(대법원 1977. 11. 9.자 77마284 결정, 1997. 9. 9. 선고 96다20093 판결).

따라서 위 사안에 있어서도 甲은 위 판례의 취지에 비추어 보아 그의 주소지가 서울과 원거리에 위치하여 소송수행에 큰 불편을 초래하는 경우라면 甲의 주소지 관할법원(의무이행지 관할법원)에 제소한 후 그에 대하여 乙회사에서 관할위반의 문제를 제기하면 관할합의조항의 무효를 주장해보아야 할 것으로 보입니다.

사용자와 근로자 사이에 약정한 위약금예정의 효력

저는 甲회사로부터 대학 전학년 장학금을 지급받는 대신 졸업 후 4년간 甲회사에 근무하기로 하는 계약을 체결하면서 乙을 신원보증인으로 세웠습니다. 근로계약서에는 회사입사 포기시 또는 실근무 4년 이내에 퇴사할 경우 이미 지급된 장학금을 반환하며, 실근무 1년 이내에 퇴사하는 경우에는 장학금의 60%를 손해배상으로 배상한다는 내용이 있습니다. 그러나 저는 회사에 입사한지 3개월만에 외국유학관계로 퇴사하게 되었는데, 이 경우 이미 지급 받은 장학금과 1년 이내 퇴사하는 경우 추가 부담하는 60%의 손해배상액은 어떻게 되며 신원보증인 乙은 어떤 책임이 있는지요?

➡ **60%손해배상액은 무효이며, 장학금 부분은 배상하여야 합니다.**

민법 제398조에서는 채무불이행에 관한 손해배상액과 위약금을 예정 또는 약정할 수 있도록 하고 있습니다. 그러나 근로기준법 제27조에서는 근로관계의 당사자인 근로자는 사용자와 실질적으로 대등한 거래관계에 놓일 수 없는 것이 일반적 현실이므로, 근로자의 보호를 위하여 사용자는 근로자와 근로계약의 불이행에 대한 위약금 또는 손해배상액을 예정하는 계약을 체결하지 못한다고 규정하고 있습니다.

위약금이란 채무불이행의 경우에 채무자가 채권자에게 지불할 것을 미리 약정하는 금액으로서, 이러한 위약금에 관한 약정은 채무불이행에 대한 사실만 입증되면 손해배상 유무와는 관계없이 약정된 금액의 지급을 약정하는 것을 말합니다. 또한, 손해배상의 예정이란 채무불이행의 경우에 배상하여야 할 손해액을 실손해와는 관계없이 미리 그 액을 정하는 것을 말합니다.

근로기준법 제27조에서 규정한 위약예정의 금지는 근로자가 직장을 얻기 위하여 어쩔 수 없이 불리한 근로계약을 체결하고도 위약금 또는 손해배상액 등의 부담으로 퇴직을 하지 못하고 강제근로를 당하게 됨을 방지함이 목적이므로, 사용자는 근로자의 불법행위로 인한 실제 손해액의 배상청구는 가능하다고 할 것입니다.

그리고 신원보증법에 의한 신원보증계약은 현실적으로 발생한 손해에 대한 책임담보를 전제로 하는 것이기 때문에 위약예정계약으로 볼 수 없으므로, 근로기준법 제27조에 위배되지 않으며 판례도 근로기준법 제27조는 사용자가 근로자와의 사이에서 계약불이행에 대한 위약금 또는 손해배상액을 예정하는 계약의 체결을 금지하는데 그치는 것이므로, 근로자에 대한 신원보증계약은 이에 해당하지 아니한다고 하고 있습니다(대법원 1980. 9. 24. 선고 80다1040 판결).

따라서 위 사안의 경우 귀하가 그 회사의 입사를 포기할 때 또는 입사 후 실근무 4년 이내에 퇴사할 때에는 지급된 장학금의 전액을 반환한다는 계약은 위약금 또는 손해배상액 예정의 성격이 아니라, 마치 회사가 귀하에게 장학금을 대여해주었다가 4년 근속하면 상환을 면제해주되 4년 이내에 퇴사할 경우에는 상환을 면제하지 않는다는 취지로 약정한 경우이므로, 이 조항은 근로기준법 제27조에 위배되지 않아 귀하는 장학금을 반환하여야 할 것입니다. 다만, 나머지 부분 즉, 실근무 1년 이내에 퇴사하는 경우에는 장학금의 60%를 손해배상하여야 한다는 부분은 강행규정인 근로기준법 제27조에 위배된다고 볼 수 있어 무효라 할 것입니다(대법원 1978. 2. 28. 선고 77다2479 판결, 1996. 12. 20. 선고 95다52222 판결, 1996. 12. 6. 선고 95다24944 판결).

그리고 귀하의 신원보증인 乙은 귀하가 회사에 현실적으로 발생시킨 손해에 대해서는 책임이 있다 할 것입니다.

미성년자의 근로계약

저는 올해 고등학교를 졸업하고 사회에 첫발을 내딛은 만 18세의 미성년자입니다. 부모님은 제가 대학에 진학하기를 원하셨지만 저는 자력으로 취업하여 사회적으로 자립하고 싶은데, 미성년자의 취업에 따른 법률문제는 어떻게 되어 있는지요?

➡ 근로기준법은 참조하시기 바랍니다.

근로기준법 제62조는 15세 미만인 자는 노동부장관의 취직인허증을 소지한 자가 아닌 경우에는 근로자로 사용하지 못하게 하고, 근로기준법 제65조의 규정에 의하면 친권자 또는 후견인은 미성년자의 근로계약을 대리할 수 없다고 규정하고 있는데, 여기에는 법정대리권의 행사뿐만 아니라 미성년자의 위임에 의한 임의대리의 경우도 포함된다고 할 것입니다. 이는 비록 미성년자의 동의를 얻었다 하더라도 미성년자에게 불리한 친권남용이 될 가능성이 많기 때문입니다.

따라서 미성년자의 근로계약은 친권자 또는 후견인의 동의를 얻어 본인 자신이 체결하는 것이 원칙이라 하겠습니다.

그리고 근로기준법 제66조에 의하면 "미성년자는 독자적으로 임금을 청구할 수 있다."라고 규정하여 미성년자에게 독자적인 임금청구권을 부여하고 있습니다.

이는 임금청구를 친권자가 대리로 수행하게 할 경우 친권자 등이 법정대리권을 빙자하여 미성년자가 수령해야 할 임금을 중간에서 수취하여 사용함으로써 미성년자가 반강제적 근로에 종사하게 되는 경우가 생길 여지가 있기 때문입니다.

근로기준법 제42조 제1항 본문에서도 "임금은 통화로 직접 근로자에게 그 금액을 지급하여야 한다."라고 규정하여 사용자에게 임금직접지불의 의무를 부여함으로써 미성년자를 보호하고 있습니다.

근로자의 사정에 의한 근로계약 해
지시 해지의 효력발생시기

저는 甲이 운영하는 소규모 개인회사에서 근무하던 중 개인
사정으로 甲의 동생인 공장장 乙에게 퇴직하겠다는 말을 하
고 그 다음날부터 출근하지 않았습니다. 그 후 월급날인 말
일에 밀린 월급을 받으러 갔더니 甲은 무단결근으로 회사에
손해를 입혔으므로 월급을 지급할 수 없다고 합니다. 저는
乙이 공장운영을 도맡아 하였기 때문에 乙에게 통보하면 되
는 것으로 판단하였는데, 과연 제가 무단결근으로 월급을 받
을 수 없는지요?

➡ **월급은 받을 수 있으나, 손해배상책임이 있습니다.**

　　사용자와 근로자간의 고용계약의 체결 또는 해지는
서면에 의하여 명확히 하는 것이 타당하나, 소규모회
사에서는 구두로 이루어지는 예가 많은 것 같습니다.
또한 실질적으로 공장운영을 도맡아 하는 사장의 동
생 乙에게 퇴직의사를 밝힌 것은 평소 그 사업장의
제반여건상 귀하의 퇴직의사는 사용자에게 유효하게
전달되었다고 볼 것인바, 이를 전제한다면 법률관계는
아래와 같습니다.

　　사직은 근로자의 일방적 의사표시에 의한 근로관계
의 해지로서 사용자의 해고와 대칭되는 개념입니다.
근로자에 의한 사직에 있어서도 민법의 일반규정이

적용됩니다.

통상적인 경우인 기간의 약정이 없는 근로관계에 있어서는 근로자는 언제든지 사용자에게 근로계약의 해지(사직)의 통고를 할 수 있습니다. 사용자가 이에 동의하면 양당사자간의 근로관계는 합의해지에 의하여 종료하게 되지만, 사용자가 근로자 수급 등의 어려움을 이유로 퇴직에 동의하지 않으면 근로관계는 해지의 의사표시가 효력을 발생할 때까지 계속됩니다.

민법 제660조에 의하면 사용자가 해지의 통고를 받은 날로부터 1월이 경과하거나, 임금을 일정한 기간(주급 또는 월급)으로 정한 경우에는 당기의 다음기간이 경과한 때에서야 해지의 의사표시의 효력이 발생하여 근로관계가 종료되게 됩니다. 그러므로 귀하가 퇴직의 의사표시를 한 상대방인 乙이 전반적인 공장 운영책임을 맡고 있어 사용자인 甲의 대리인 자격이 인정된다 하더라도 甲이나 乙이 귀하의 퇴직의 의사표시에 대해 동의를 하지 않았다면 귀하의 퇴직의사표시의 효력은 퇴직의사를 표시한 당기의 다음달 말일에서야 발생하는 것이므로 그 기간동안은 성실하게 근무하여야 하는 것입니다.

그리고 기간의 약정이 있는 근로관계에 있어서는, 민법 제661조 본문은 부득이한 사유가 있는 경우가 아니면 근로관계를 일방적으로 해지할 수 없다고 규정하며, 민법 제661조 단서는 그 사유가 당사자 일방의 과실로 인하여 생긴 때에는 상대방에 대하여 손해를 배상하여야 한다고 규정하고 있습니다. 따라서 귀하의 경우 근로계약이 기간의 약정이 있음에도 귀하의 과실로 부득이한 사유가 발생하여 퇴직하게 된 경우라면 사용자인 甲에게 손해배상책임을 부담할 수도 있습니다.

따라서 귀하는 근로관계가 종료되지 않은 상태에서 무단으로 결근을 한 결과가 되거나(근로기간의 약정이 없는 경우로서 사용자가 해지의사표시에 동의하지 않은 경우이거나 근로기간의 약정이 있는 경우로서 귀하에게 부득이한 사유가 없는 경우), 부득이한 사유가 있어 해지의 의사표시가 장래를 향하여 효력을 발생하여 근로관계는 종료되나(근로기간의 약정이 있는 경우) 그 사유가 귀하의 일방적 과실에 의한 것인 경우에는 사용자에 대하여 손해배상책임을 부담할 수 있습니다.

그러나 귀하가 무단결근을 한 것이거나 손해배상책임을 부담하는 경우라 하더라도 사장인 甲이 귀하가 결근한 일수에 해당하는 기간동안에 대하여는 무노동무임금원칙에 따라 임금을 주지 아니하는 것은 타당할지 모르지만, 근무한 기간에 대한 임금은 지급하여야 할 것입니다. 다만, 사장인 甲이 무단결근을 이유로 귀하에게 손해배상청구를 할 경우를 생각할 수 있는바, 근로자의 임금채권과 사용자의 손해배상채권의 상계는 허용되지 아니하며, 무단결근에 따른 손해배상청구는 일반적으로 근로자의 대체가 가능하고 결근일수에 대하여 임금을 지급하지 않으므로, 특별한 사정이 없는 한 손해발생여부가 불분명하여 인정되기 어려울 것으로 판단됩니다.

부모가 자녀의 임대차계약을 대신 체결한 경우

시골에 거주하는 부모가 학생인 자녀를 도시로 보내면서 부모의 이름으로 임대차계약을 체결하였으나 자식이 입주하고 전입신고를 한 경우, 판례는 임차인이 주택을 직접 인도 받지 않았거나 자신의 주민등록을 이전하지 않았다 하더라도 그의 동거가족 등 이른바 점유보조자에 의하여 임차주택을 점유하면서 주민등록을 마친 경우에는 당해 주택이 임대차의 목적물로 되어 있다는 사실이 충분히 공시될 수 있으므로 주택임대차보호법상의 대항력을 취득할 수 있다고 하였습니다.

그러나 부모와 자녀관계라 하더라도 가족공동생활을 하지 않고 세대를 달리하였던 자녀의 경우에는 보호받지 못할 수도 있으므로 자녀의 이름으로 직접 임대차 계약을 체결하고 입주 및 전입신고를 하는 것이 좋을 것입니다(94.6.24 대법 94다3155, 95.6.5 대법 94마2134, 98.12.17. 서울지법 98나25022)

집주인의 처와 계약한 경우

주택임대차계약상 임대인은 반드시 주택의 등기부상 소유자이어야만 하는 것은 아니며, 등기부상 소유자는 아니지만 임대차계약을 체결할 수 있는 권한을 가진 자와도 임대차계약을 체결할 수 있습니다.

부부간에는 서로 일상가사대리권이 있고, 일반적으로 여기에 건물을 임대할 권리가 포함되는 것은 아니지만, 주택소유자인 남편이 연락이 불가능한 해외에 장기체류중인 경우와 같이 처에게 주택을 임대할 권한이 주어졌다고 믿은 것이 정당한 사유에 기인한다면 부인은 대리권이 있는 것으로 볼 수 있어, 이 경우 임대인의 처와 체결한 주택임대차계약은 유효하므로 그 남편에 대하여 건물에 대한 임차권을 주장할 수 있고, 임차기간 만료시에는 남편에게 임차보증금의 반환을 청구할 수 있습니다.

그러나 소유자인 남편이 다른 지방에 잠시 출장중인 경우와 같이 남편으로부터 부인에게 임대 대리권을 수여하였는지를 쉽게 알아볼 수 있었음에도 임차인이 이를 확인하지 않고 계약한 경우에는 소유자인 남편에 대하여 임대차관계를 주장할 수 없는 것이며, 그 남편의 퇴거요구시 응해야 하고, 임차보증금의 반환청구도 계약한 부인에 대하여만 할 수 있을 뿐입니다. 그러므로 집주인의 처와 임대차계약을 할 때에는 반드시 남편의 인감증명서가 첨부된 위임장을 첨부하도

록 하는 등 남편의 위임사실을 확실히 확인하여야만
계약의 안전을 보장할 수 있음을 유의하시기 바랍니
다.

건물 매수인과 계약한 경우

아직 등기부상 소유자로 되지 않은 건물매수인과 임대차계약을 체결한 경우 매수인이 매도인인 건물주로부터 임대권한을 수여 받았다면 매도인에 대하여도 임차권을 주장할 수 있습니다. 이 경우 임대인은 건물매수인이고, 임대차보증금도 매수인이 수령하였으므로 임차보증금반환의무도 건물매수인이 부담하게 됩니다.

그러나 임대차계약당시 건물매수인에게 임대권한이 있었다고 하더라도 그 후 매수인의 잔금미지급등의 사유로 매매계약이 해제되는 경우 그 후부터는 건물주인 매도인에게 임대차관계를 주장할 수 없습니다.

건물 명의신탁자 또는 명의수탁자
와 계약한 경우

　주택의 등기부상 소유자는 아니지만 주택의 실제소
유자인 명의신탁자와 같이 사실상 임대할 권한을 가
진 자와 계약한 경우에는 등기부상 소유명의자인 명
의수탁자에게도 임차권을 주장할 수 있다고 하겠으며,
반대로 명의수탁자와의 임대차계약 체결 후 명의신탁
계약이 해지된 경우에도 명의수탁자는 대외적으로 적
법한 소유자로 인정되고 그의 신탁목적물에 대한 처
분·관리행위는 유효하기 때문에 그와의 임대차계약 역
시 유효한 것으로 볼 수 있어 명의신탁해지를 원인으
로 소유권등기가 이전되더라도 새로운 소유자인 명의
신탁자는 주택임대차보호법 제3조 제2항의 규정에 따
라 임대인지위를 승계 하였다고 보아야 할 것이며, 임
차인은 주택임차권을 행사할 수 있다고 하겠습니다.
예컨대, 종중이 임차주택에 관하여 명의신탁해지를 원
인으로한 소유권이전등기를 마쳤다고 하더라도 그러
한 경우 종중은 주택임대차보호법상 임대인의 지위를
승계한 것으로 보게되므로 임차인은 종중에 대하여
임차권을 주장할 수 있을 것입니다(91.3.27. 대법
88다카30702, 95.10.12. 대법 95다22283).

공유자중 일부와 계약한 경우

공유물의 관리는 공유자 과반수 이상의 찬성이 있으면 유효하다고 할 것이며, 주택의 임대행위는 공유물의 관리행위에 해당한다고 보아야하므로 3인 공동소유로 된 주택을 그 중 2명과 임대차계약을 체결하고 입주와 주민등록을 마친 경우에는 나머지 공유자인 1명에 대하여 그 임차권의 유효함을 주장할 수 있음은 물론 경락인에 대하여도 대항할 수 있습니다. 다만, 공유자중 2명과 임대차계약을 체결하였을 뿐이므로 계약기간 만료시 보증금의 반환청구는 그 당사자에 대하여만 할 수 있으며, 경매될 경우에는 계약당사자의 지분에 한하여 임차인의 우선변제권이 인정될 것입니다(민법 제265조, 66.2.28. 대법 65다2348, 카1552, 91.4.12. 대법 90다20220, 98.12.8. 대법 98다43137).

2년 미만의 임대차계약을 체결한 경우

주택임대차계약을 체결하면서 그 기간을 2년 미만으로 체결하는 경우 임대인은 임차인에 대하여 그 약정기간 만료를 이유로 임대차 계약을 해지할 수 없으나, 임차인의 경우에는 2년 미만의 약정기간이 유효함을 주장할 수 있으므로 약정한 임대차 기간이 만료되기 1개월 전에 임대인에게 계약해지 통보하고, 임차보증금의 반환청구를 할 수 있습니다(주택임대차보호법 제4조 제1항, 제6조).

합의해지 후 새로운 임대차계약에 대한 부동산중개료의 부담

약정기간 만료 전에 임대차계약을 해지하기로 합의한 후 임차인이 부동산중개를 의뢰하여 임대인과 새로운 임차인과의 계약이 체결된 경우 부동산중개료는 비록 임차인이 중개를 부탁하였고, 계약기간의 만료 전이라도 중개계약의 당사자인 임대인과 새로운 임차인이 부담해야 합니다. 왜냐하면 중개업자는 중개업무에 관하여 중개의뢰인으로부터 수수료를 받을 수 있는데, 이때 중개의뢰인이라 함은 중개업자의 중개업무에 의하여 체결된 계약의 당사자라 할 것이고, 이 경우 임대차계약은 임대인과 새로운 임차인과 사이에 체결되는 것이기 때문입니다(부동산중개업법 제20조).

그러나 임차인의 사정으로 기간만료 전에 임대차계약을 해지하는 경우에는 새로운 임대차계약에 관한 중개수수료는 임차인이 부담하기로 정하는 경우가 많고, 이 경우에는 임차인이 중개수수료를 부담하게 될 것입니다.

임대차계약을 갱신하면서 보증금을 소액으로 감액한 경우

　주택임대차보호법상의 소액임차인이 임차주택에 대한 경매신청의 등기 전에 입주와 주민등록의 대항요건을 갖춘 경우에는 보증금중 일정액의 범위 내에서 임차주택에 대한 다른 담보물권자 등과의 순위에 관계없이 우선하여 변제 받을 권리가 있으며, 주택임대차계약을 체결할 당시에는 소액보증금에 해당되지 않았으나, 계약을 갱신하면서 임대인과 합의하여 보증금액을 소액으로 감액한 경우에도 임차주택의 경매기입등기 전이라면 경매절차에서 소액임차인의 최우선변제권을 행사할 수 있습니다(주택임대차보호법 제8조).

노무도급계약상 일용근로자의 사업주

단순한 노무도급계약만을 한 경우는 수급인이 자기 책임하에 근로자를 채용하고 임금을 지급하였다 하더라도 이는 원래 도급인이 하여야 할 업무를 수급인이 권한의 위임을 받은 것으로 볼 수 있으므로, 도급인은 사업주로서의 책임을, 수급인은 근로자에 관한 사항에 대하여 사업주를 위하여 행위하는 자로서의 책임을 지게 될 것입니다. 그러나 노무도급계약상의 수급인이 독립적으로 근로자의 임금결정권과 임면권을 가지고, 자기책임 하에 근로시간의 조정과 공사의 집행계획을 수립하여 자재와 경비를 부담하고, 공사집행을 하면서 자기이윤으로 취득하고 있다면 독자적인 사업주가 될 수도 있습니다. 그러나 이 경우에도 노무도급계약이 순차의 도급에 의하여 이루어진 경우에 하수급인이 직상수급인의 귀책사유로 근로자에게 임금을 지급하지 못할 때에는 그 직상수급인은 하수급인과 연대하여 책임을 지게됩니다(근로기준법 제43조, 86.8.19. 대법 83다카657).

미성년자와 근로계약

　미성년자는 독자적으로 근로계약과 임금청구를 할 수 있고, 친권자 또는 후견인이라도 미성년자의 근로계약을 대리할 수 없습니다. 다만, 여자와 18세 미만인 자는 도덕상 또는 보건상 유해하거나 위험한 업무로써 대통령령이 정한 금지직종(禁止職種)에는 사용하지 못하며, 15세 미만자는 노동부장관의 취직인허증(就職認許證)이 없는 경우 근로자로 사용하지 못합니다(근로기준법 제62조, 제63조, 제65조, 제66조). 취직인허신청을 하고자 하는 15세 미만인 자는 학교장 및 친권자 또는 후견인의 서명을 받아 사용자가 될 자와 연명으로 신청서를 작성하여 이에 호적초본을 첨부하여 관할 노동부지방사무소장에게 제출하면 됩니다(근로기준법 시행령 제31조).

근로계약을 합의해지 한 후 철회할 수 있는지

민법상 의사표시는 상대방에게 도달하는 즉시 효력을 발생하므로 도달 전에 표의자는 그의 의사표시를 철회할 자유를 갖지만, 이미 도달했다면 철회하지 못하는 것이 원칙입니다. 그러므로 근로자와 사용자간의 합의로 근로계약을 해지한 후에는 당사자 일방의 임의적인 철회가 허용되지 아니할 것입니다.

판례도 근로자가 사직서를 제출하였으나 사용자의 승낙의사표시가 근로자에게 도달하기 전에는 근로자가 사직의 의사표시를 철회할 수 있을 것이나, 근로자와 사용자가 근로계약을 해지시키기로 합의하였다면, 합의시 특별히 일정기간 경과 후 근로계약관계를 종료키로 약정하였더라도 어느 일방 당사자가 임의로 근로계약의 해지를 철회할 수는 없다고 하였습니다 (94.8.9. 대법 94다14692).

기간을 약정하지 않은 근로계약의 해지방법

고용기간이 만료한 후에도 근로자가 계속하여 노무를 제공함으로써 근로계약이 묵시적으로 갱신된 경우와, 고용기간의 약정이 없는 때에는 당사자는 언제든지 계약해지의 통고를 할 수 있고, 이 경우는 상대방이 해지의 통고를 받은 날로부터 1월이 경과하면 해지의 효력이 생기며, 기간으로 보수를 정한 때에는 상대방이 해지의 통고를 받은 당기후의 1지급기를 경과함으로써 해지의 효력이 생깁니다. 다만, 사용자는 정당한 이유없이 근로자를 해고하지 못하므로 정당한 이유가 있는 때에 한하여 해고예고절차를 거친 후 고용계약을 해지할 수 있습니다(민법 제659조, 제660조, 근로기준법 제30조, 86.2.25 대법 85다카2096).

근로계약기간의 법적효력

근로계약기간은 근로계약의 존속기간에 불과할 뿐 근로조건에 해당되지 않으므로, 근로계약 당사자는 원칙적으로 근로계약기간을 임의로 정할 수 있고, 당사자 사이의 근로관계는 특별한 사정이 없는 한 그 기간이 만료함에 따라 사용자의 해고예고절차 등 별도의 조처를 기다릴 것 없이 당연히 종료된다할 것이나, 근로기준법상 근로계약은 기간의 정함이 없는 것과 일정한 사업완료에 필요한 기간을 정한 것을 제외하고는, 그 기간은 1년을 초과하지 못하도록 규정되어 있으므로, 1년을 초과하는 근로계약은 그 기간이 경과한 후에는 근로자가 계약기간의 만료 전이라도 언제든지 당해 근로계약을 해지할 수 있다 할 것입니다 (근로기준법 제23조, 96.8.29. 대법 95다5783).

신원보증계약의 효력

　신원보증계약이란 근로자의 행위로 인하여 사용자가 받은 손해를 배상하는 약정을 말하며, 신원보증계약은 2년을 초과하지 못하며, 기간을 약정하지 않은 경우는 그 성립일로부터 2년간 그 효력을 가지고, 갱신시에도 2년을 초과하지는 못합니다. 또한 신원보증계약은 신원보증인의 사망으로 효력을 상실하므로 상속되지 않습니다. 사용자는 피용자인 근로자가 업무상 부적임하거나 불성실함으로 인하여 신원보증인의 책임을 야기할 염려가 있음을 안 때나, 피용자의 임무 또는 근무지를 변경함으로써 신원보증인의 책임을 가중하거나 그 감독이 곤란하게 될 때에는 지체없이 신원보증인에게 통지하여야 하며, 신원보증인은 사용자의 위와 같은 통지를 받거나 스스로 위와 같은 사실이 있음을 안 때 또는 피용자의 고의 또는 과실 있는 행위로 사용자에게 발생한 손해를 신원보증인이 배상한 때에는 계약을 해지할 수 있습니다(신원보증법 제2조~제4조, 제5조, 제7조).

포괄임금 지급계약의 효력

사용자는 근로계약을 체결함에 있어서 근로자에 대하여 기본임금을 결정하고 이를 기초로 시간외, 휴일, 야간 근로수당 등 제 수당을 가산하여 이를 합산·지급함이 원칙입니다.

그러나 판례는 근로자의 승낙 하에 기본임금을 미리 산정하지 아니한 채 시간외 근로 등에 대한 제 수당을 합한 금액을 월 급여액으로 정하거나 매월 일정액을 제 수당으로 지급하는 이른바 포괄임금지급계약을 체결하였더라도, 포괄하여 지급된 임금에는 법정의 제 수당이 미리 포함되어 있는 것이므로 근로자에게 불이익이 없는 것으로써 그 계약은 유효한 것이며, 또한 근로자의 연월차 휴가권의 행사여부와는 관계가 없으므로 근로자의 휴가권을 박탈하는 것이 아니라고 하였습니다(92.7.14. 대법 91다37256, 97.4.24. 대법 95다4056, 98,3,24. 대법 96다24699).

제3편
계약의 이해

1장 계약이란?

1. 넓은 의미의 계약

　사법상(私法上)의 일정한 법률효과의 발생을 목적으로 하는 두사람 이상의 당사자의 의사표시의 합치, 즉 합의(合意)에 의하여 성립하는 법률행위를 말합니다. 이러한 의미에 있어서의 계약은 채권의 발생을 목적으로 하는 합의(채권계약)뿐만 아니라, 물권(物權)의 변동을 목적으로 하는 합의(물권계약)·혼인과 같은 가족법상의 법률관계의 변동을 목적으로 하는 합의(가족법상의 계약)등도 포함하는 폭넓은 개념을 말합니다.

2. 채권계약(좁은 의미의 계약)

　채권(債權)의 발생을 목적으로 하는 합의 즉 채권계약을 말합니다. 다시 말하면 일정한 채권(채권관계)의 발생을 목적으로 하는 복수(複數)의 당사자의 서로 대립하는 의사표시의 합치로 성립하는 법률행위를 말합니다.

3. 합의(合意)

　계약이 성립하려면 당사자의 의사표시가 내용적으로 합치하고 있을 것, 즉 합의가 있어야 합니다. 합의가 있다고 인정되려면 외부에 나타난 의사표시로부터 판단되는 이른바 표시상의 효과의사가 그 내용에 있어서 서로 일치하고(객관적 합치), 객관적으로 합치하는 의사표시가 상대방의 의사표시와 결합해서 일정한 법률효과를 발생시키려는 의미를 가지는 것(주관적 합치)이어야 합니다.

4. 계약의 사회적 작용

계약은 우리 생활의 모든 분야에 걸쳐서 끊임없이 행하여지고 있습니다. 그리고 사회의 발전과 더불어 인간생활은 날이 갈수록 세분화되면서 복잡해짐에 따라 계약(契約)도 그 내용이 복잡해지고 천태만상입니다.

우리는 항상 여러 형태의 계약을 맺어 생활을 영위하고 있는 것입니다. 예를 들어 생활필수품 등은 매매계약으로 이를 얻고 있으며, 직장은 고용계약이나 근로계약에 의하고, 주거를 위한 토지나 건물도 매매계약이나 도급계약에 의하여, 혹은 임대차계약 또는 전세계약으로 마련하고 있습니다. 위와 같은 사례만 보아도 계약이 우리의 생활에 있어서 얼마나 중요한 것인지를 알 수 있습니다. 오늘날 가장 널리 또한 가장 밀접하게 인간의 사회생활을 법률에 관련시켜 주는 법적 현상은 "계약"이라고 할 수 있겠습니다.

5. 계약의 성립

계약이 성립하려면 당사자의 서로 대립하는 수개의 의사표시의 합치, 즉 합의(合意)가 반드시 있어야 하는데 이러한 합의는 일반적으로 청약(請約)과 승낙으로 성립합니다. 그리고 청약과 승낙에 의한 계약의 성립이 반드시 두사람 사이에서만 행하여지는 것은 아니며 조합계약과 같이 여러사람이 하나의 계약을 체결하는 경우도 있습니다.

계약의 성립과정에 있어서 당사자의 일방이 책임있는 사유로 상대방에게 손해를 끼친 때에 부담하여야 할 배상책임을 계약체결상의 과실 또는 체약상(締約上)의 과실이라 합니다. 단순히 계약성립과정뿐만 아니라 계약체결을 위한 준비단계에 있어서의 과실도 포함합니다.

6. 계약의 효력

계약의 성립과 그 효력발생은 구별됩니다. 계약의 유효·무효는 계약의 성립을 전제로 하며, 그 계약이 목적한 대로 효과가 생기느냐 않느냐를 말하는 것으로써 계약이 성립되지 않는 경우에는 유효·무효의 문제는 생기지 않습니다. 따라서 계약의 성립요건과 효력발생요건은 별개의 것이라고 할 수 있습니다.

7. 계약의 성립요건

계약의 성립요건은 이미 설명한 바와 같이 두 개 이상의 의사표시가 객관적·주관적으로 합치하는 것, 즉 합의가 있어야 합니다. 그러나 성립한 계약이 언제나 당사자가 원하는대로의 효과를 발생하는 것은 아니며, 그것이 효력을 발생하려면, 당사자가 권리능력 및 행위능력을 가지고 있어야 하고, 의사표시의 의사와 표시가 일치하고 하자가 없어야 하며, 그 내용이 확정·가능·적법하고 사회적 타당성이 있어야 합니다. 보통의 경우에는 계약은 성립과 동시에 효력을 발생하나, 정지조건·시기(始期)와 같은 효력의 발생을 막게 되는 사유가 있으면 계약의 성립시기와 효력발생시기가 달라질 수 있습니다.

8. 계약의 해제(解除)와 해지(解止)

계약의 해제라 함은 유효하게 성립된 계약의 효력을 당사자 일방의 의사표시에 의하여 그 계약이 처음부터 있지 않았던 것과 같은 상태로 만드는 것을 말합니다. 이와같이 일방적 의사표시에 의하여 계약을 해소시키는 권리를 "해제권"이라 합니다.

2장 금전소비대차

1. 소비대차란?

금전대차는 소비대차(消費貸借)에 속합니다. 소비대차라 함은 당사자의 일방(貸主)이 금전 기타의 대체물(代替物)의 소유권을 상대방(借主)에게 이전할 것을 약정하고 상대방(借主)은 그것과 동종(同種)·동질(同質)·동량(同量)의 물건을 반환할 것을 약정함으로써 성립하는 계약을 말합니다. 일상생활에서 널리 행하여지는 금전이나 쌀등의 대차(貸借)가 이에 속합니다.

소비대차는, 임대차와 사용대차가 목적물 자체를 반환하는 것과 달리 차주가 목적물의 소유권을 취득하여 이를 소비한 후에 똑같은 가치의 다른 물건은 반환하는 점에 특색이 있습니다.

대체물(代替物)이란 금전이나 쌀과 같이 일반의 거래에 있어서 그 물건의 개성(個性)을 문제삼지 않고 같은 종류의 다른 물건으로 바꿀 수 있는 물건을 말합니다.

2. 소비대차의 법률적 성질

소비대차는 당사자 사이의 합의만 있으면 성립하는 낙성계약을 말합니다. 또한 소비대차는 무상계약(無償契約)임을 원칙으로 하나, 유상계약(有償契約)으로 되기도 합니다. 즉 차주(借主)는 대주(貸主)로부터 받는 금전 및 기타의 대체물을 이용함으로써 재산상의 이익을 얻게 되나 그 대가로서 당연히 이자를 지급하여야 하는 것으로는 되어 있지 않으며, 따라서 무상임을 원칙으로 합니다. 그러나 당사자 사이의 특약 또는 법률의 규정에 의하여 이자를 지급하여야 하는 때에는, 이자는 대주(貸主)가 교부하는 금전 기타의 대체물의 이용에 대한 대가(對價)이므로 이 경우에는 유상계약이 되는 것입니다.

상인(商人)사이의 금전소비대차는 이자가 있는 것이 통상적이며 이와 같이 소비대차에 이자가 따를 때에는 유상계약이 됩니다.

유상계약(有償契約)은 계약당사자가 서로 대가서 의미있는 재산상의 출연(경제적 손실)을 하는 계약이고, 무상계약(無償契約)은 계약당사자의 한쪽만이 급부를 하는 경우 또는 쌍방 당사자가 급부를 하더라도 그 급부사이에 대가적 의미있는 의존관계가 없는 계약을 말합니다.

3. 금전소비대차의 성립

소비대차의 성립은 대주(貸主)가 일정액의 금전을 차주(借主)에게 이전하여 일정기간 동안 차주로 하여금 이를 이용하게 할 것과 반환시기가 도래하였을 때에 대주에게 반환할 것을 약정함으로써 성립합니다. 채무이행의 시기·장소·방법 등은 당사자가 자유로이 결정할 수 있습니다.

이자를 지급하기로 하는 금전소비대차계약을 체결하는 때에는 이자에 관한 특약의 합의가 있어야 하고, 이율은 이자제한법의 범위내에서 자유로이 정할 수 있으나, 이율에 관하여 약정한 바가 없으면 그 이율은 법정이율(민법상 : 연 5%, 상법상 연 6%)에 의합니다.

그러나 이자제한법은 오직 금전의 소비대차에만 적용되므로 금전 이외의 대체물의 소비대차에 있어서 이자제한법의 범위를 넘는 이자를 약정한 때에는 차주는 약정이자 전부를 지급하여야 함에 주의하여야 합니다. 이때에 그 이자가 폭리여서는 안됨은 물론입니다.

4. 금전소비대차의 효력

대주는 차주에게 금전을 빌려 줄 의무를 지고, 차주는 그가 빌려 쓴 금전을 반환시기가 도래한 때에 반환할 의무를 부담하고, 그 밖에 이자를 지급하기로 한 경우에는 이자지급의무도 부담하게 됩니다.

그리고 담보를 제공하기로 한 때에는 차주(借主)가 제공하여야 할 담보가 물적 담보이면, 계약의 내용에 따라 담보권의 설정계약을 하여야 하고, 인적 담보를 제공하여야 하는 때에는 보증인을 세워서 대주(貸主)로 하여금 그 보증인과 보증계약을 맺을 수 있도록 하여야 합니다.

5. 공증증서란?

공정증서라하면 통상적으로 공증인이 공증인법이나 기타 법령의 정하는 바에 따라 계약 등의 법률행위나 사건에 관한 사실에 대하여 작성한 증서이며 사서증서에 대하여 일컫는 말입니다.

현재 계약사회에는 공정증서에 의하여 계약이나 법률행위가 증가하고 있는데 그것은 금전대차에 있어서의 차용증서나 대차계약서와 같은 사서증서는 당사자간에 임의로 작성되므로 차후에 당사자간의 의견이 일치하지 않거나 주장이 대립하여 법적 분쟁이 발생한 경우 부득이 재판을 통하여 사건의 해결을 보게 되는데 공정증서는 이처럼 과다한 시간·비용 및 노력의 투입을 사전에 방지하고 증서의 내용대로 사건을 해결하려는데 큰 의미가 있기 때문입니다.

6. 공정증서의 작성절차·방법

공정증서를 작성하려면 당사자 쌍방 혹은 대리인은 판사·검사·변호사의 자격을 가진자로서 법무부장관의 임명이나 인가에 의하여 지위가 취득된 공정한 제3자인 공증인을 찾아가서 그의 면전에서 증서의 내용이 될 사항을 진술하거나 문서로 제출하여 작성하게 됩니다. 당사자의 의견을 들은 공증인은 내용에 따라 청취한 사항이 법령을 위반하는가, 무효인 법률행위나 무능력자의 행위로 취소가 되지 않는가 등을 검토하고 또한 촉탁인의 성명을 알고 면식이 있어야 하므로 그렇지 못할 경우에는 주민등록증이나 사진이 첨부된 공증서류 등을 열람·확인하며 증서의 작성여부를 결정하게 됩니다. 적법 유효한 행위로서 증서를 작성하게되면 촉탁인이나 열석자에게 읽어주거나 열람을 시켜서 그들의 승인을 얻고 그 취지를 증서에 기재하며 그들의 서명날인을 받은 후 작성한 계약서는 당사자에게 각각 1부씩 교부하고 그 원본은 공증인이 보관합니다.

7. 공정증서의 두가지 효력

위와 같이 작성된 공정증서는 사서증서와 달리 두 가지의 효력이 있습니다.

첫째로 공정증서는 공증인이 당사자로부터 증서의 내용이 되는 사항을 듣고 그것이 법령에 저축되는 행위인가를 검토하며 오직 적법·유효한 사항으로 공정증서를 작성하였으므로 그 기재의 진실성이 높으며 또한 공정증서의 원본을 공증인이 보관하므로 사서증서의 경우와 같이 변조나 위조 등을 빙자한 시비분쟁의 우려가 없으므로 증거능력이 아주 강합니다.

둘째로 공정증서는 집행인낙문언이 증서에 기재되므로 판결문정본의 경우와 같이 집행력을 가지게 되며 강제집행을 할 수 있습니다.

사서증서는 그 자체가 채무명의가 되지 않고 다만 법

적 분쟁으로 판결을 밟는 경우 증거자료로 될뿐이며 판
결절차에서의 판결문정본이 채무명의가 되는데 공정증
서는 재판이라는 판결절차를 경유하지 않고 "채무자가
본계약에 정한 채무를 지급하지 않을 때에는 채무자는
강제집행을 당하여도 이의가 없음"을 인낙한 증서조항
에 의거 채무자가 채무를 이행하지 않을 때에는 채무자
의 유채재산을 압류·경매하여 그 매득금 중에서 변제충
당을 하거나 혹은 채무자가 제3자에게 가지고 있는 채
권을 추심하여 신속·간단하게 채권의 만족을 얻을 수 있
게 합니다.

8. 부부간의 계약

부부의 생활은 법을 떠난 자연적 생태에서 유래하게
되는데 부부의 공동생활을 원만히 꾸려 나가려면 부부
간에도 법적 범위내에서 권리·의무가 존재하게 됩니다.
요즈음은 결혼을 한 후에도 직장을 고수하는 여성들이
점차 늘어나서 맞벌이부부가 많아졌고, 따라서 부부의
금고가 따로 있는 경우도 있게 되므로 그에 따른 문제
가 발생합니다.

부부간에 계약이 이루어진 경우, 법률은 다음과 같이
처리하고 있습니다.

민법 제828조에 의하면 "부부간의 계약은 혼인 중
언제든지 부부의 일방이 취소할 수 있다. 그러나 제3자
의 권리를 해하지 못한다"고 규정하고 있습니다. 이러

한 규정의 취지는 비록 부부사이에 계약을 체결하였다고 할지라도 그것의 진실성의 여부가 명확하지 않으며, 심지어 부부사이의 계약관계로 인한 법적문제를 국가권력에 의하여 강제로 실현한다는 것은 화목한 부부생활을 해치게 되기 때문입니다. 따라서 부부 사이에 약속이라는 딱딱한 조건으로 모든 일을 처리하기보다는 서로간에 강한 신뢰관계로 결부되어야 한다는 것을 뜻합니다.

따라서 부부간의 금전대차는 언제든지 취소할 수가 있으며, 예를 들어 1년기한으로 돈을 빌려주었더라도 5개월만에 약속을 취소하고 즉시 변제를 받을 수가 있습니다. 그러므로 부부 사이의 약속은 약속이 원래대로의 효력을 갖추지 못하는 일이 많습니다.

변제기한을 정했던 것을 취소하게 되면 빌려준 돈은 곧 갚을테니까 타인에게 빌려주었을 때보다 더 확실성이 있습니다. 그러나 채무의 관계가 아닌 증여, 즉 무상으로 부부의 일방에게 금전을 지급하는 경우도 있을 수 있기 때문에 오히려 그의 변제를 기대할 수 없는 경우도 있습니다.

① 이혼을 하는 때에는 과거의 재산에 대해 정리를 하게 되므로 금전대차관계도 취소를 하고 처리하면 됩니다.

그러나 계약을 취소하기 전에 이혼이 성립되었다면, 일단 이혼을 한 이상 서로 타인이 되었으므로 일방적으로 취소표시를 할 수가 없게 됩니다. 따라서 변제기한을 1년으로 정한 것을 멋대로 취소하고 6개월내에 반환하라는 의사표시를 할 수 없음은 물론이고, 또한 약속한 이자가 있었다면 이것도 지급해 주어야 합니다.

② 법률상으로는 부부간의 대금의 독촉문제에 관해 특별히 규정을 두고 있지 않습니다. 따라서 기한이 되면 망설이지 말고 독촉을 해도 되는데, 다만 부부관계로 인한 계약 때문에 반환청구를 해도 그것이 청구로써의 뜻을 이루지 못하는 경우가 많습니다.

그러나 민법은 부부간의 애정과 신뢰를 부정하지는 않지만, 부부의 재산에 대하여는 가급적·합리적으로 처리하도록 배려하고 있는 입장입니다. 따라서 당사자가 바란다면, 일반타인에 대한 경우와 마찬가지로 부부의 일방에게 권리를 부여하고 의무를 강제하는 길을 열어놓고 있습니다.

9. 미성년자와의 금전대차계약

미성년자(만20세에 달하지 않은 자)는 무상증여나 채무를 면제하는 등의 권리만을 얻거나 의무만을 면하는 행위는 부모(친권자)의 동의없이 단독으로 할 수 있으나 계약 즉 금전대차나 매매 등의 법률행위는 법정대리인의 동의없이 단독으로 할 수 없습니다.

법률이 이와 같이 미성년자를 보호하는 것은 이들은 판단능력이 완전하지 못하여 자기이익에 위배되는 일을 저지를 위험이 있기 때문입니다.

그러나 부모가 목적을 정해 놓고 마음대로 하라고 허락하였다면 그 목적범위내에서, 또한 사업을 허락하였을 때에는 그 사업에 관해서는 마음대로 행위능력을 가지고 행사할 수 있으며 그렇지 않은 경우에는 반드시 부모의 동의를 얻어야 합니다. 그러므로 부모(법정대리인)의 동의를 얻지 않고 부동산을 처분한다거나 금전소비대차계약을 체결하고 금전을 차용한 경우에는 친권자나 미성년자 본인은 계약을 취소할 수 있습니다.

취소라 함은 일단 발생한 법률행위이지만 무능력·의사표시의 착오나 의사표시의 하자로 인하여 그 행위의 효력을 행위시에 소급하여 소멸시키는 것을 말합니다. 일반적으로 계약이 취소되면 그 계약은 소급해서 효력을 잃고, 계약을 맺지 않았을 때의 상태로 돌아가게 됩니다. 따라서 돈을 빌린 차주는 그 빌린 돈을 모조리 대주에게 돌려주고 본래의 백지의 상태로 돌아가야 하는 것입니다. 법률행위가 취소되면 취소의 효과로 매매를 한 경우에는 물품을 인도하고 대금을 반환하여야 하며 금전대차의 경우에는 차용금을 반환하여야 하나 무능력자인(미성년자) 경우에는 그 행위로 인하여 받은 이익이 현존하는 한도내에서 상환할 책임을 부담한다는 예외규정이 있습니다. 이것은, 미성년자는 이런 경우 돈을 반환할 필요는 없고 "현재 이익이 있는 한도내"에서 반환을 하는 것이 좋다는 예외규정인 것입니다.

미성년자와 거래를 할 경우에는 상대방이 미성년자인가의 여부를 잘 확인하고 미성년자일 경우에는 법정대리인의 동의를 얻거나 서명날인을 받는 것이 선결사항입니다.

10. 금전채권의 청구방법

변제기일이 지났는데도 채무자가 빌려간 돈을 갚지 않는 경우에 채권자로서는 당연히 대부금의 반환을 청구할 수 있습니다. 그러나 채권자에게 주어진 권리라고 하더라도, 어떠한 방법과 수단을 쓰느냐에 따라 그러한 청구도 제한되게 됩니다. 이것은 법치국가에 있어서 당연한 제한이라고 할 수 있습니다. 따라서 채무자가 대부금을 변제하지 않는 경우라고 하더라도, 채무자에게 독촉을 하여 스스로 채무자가 변제하게끔 하든가, 아니면 그래도 채무자가 이행을 하지 않을 경우에는 국가기관의 힘을 빌어 강제로 이행케 하는 방법을 택해야 합니다. 이러한 방법이 아니라 채권자가 자기 스스로의 힘으로 자기 채권을 회복하는 행위는 허용되지 않는 것입니다. 만일 채권자가 자기 대부금을 반환받겠다고 하여 이러한 자력구제를 행하게 되면 경우에 다라 그것은 여러 가지의 범죄를 성립시키게 됩니다.

예를 들어 A라는 사람은 돈을 빌려가고 갚지를 않을 뿐만 아니라 이제와서는 빌려간 돈이 아니라 그냥 받은 돈이라고 하는 경우 채권자로서는 화가나서 수단과 방법을 가리지 않고 어떻게든 돈을 받아내야겠다는 생각이 들 수도 있을 것입니다. 그러나 폭력배에게 의뢰하여 A를 협박해서 빌려준 돈을 받게 된다면, 그런 경우에는 채권자도 공갈죄의 공범이 되고 마는 것입니다.

공갈죄는 사람을 위협하여 재물 등을 강제로 빼앗는 경우에 성립되는 범죄인데, 만일 그 폭력배에게 의뢰하여 그 사람이 채무자의 돈이나 물건을 강제로 빼앗아오면 그때 폭력배는 공갈죄를 범하게 되는 것이고, 채권자는 그의 공범이 되는 것입니다.

따라서 되도록 합법적인 절차를 통해 해결하도록 해야 할 것입니다.

3장 계약의 체결

1. 계약증서의 필요성

비록 요식계약이 아니더라도 계약을 함에 있어 증서를 작성하는 것은 여러 면에서 중요한 효과를 나타내고 있습니다. 보통의 계약에 있어 구두계약도 유효하며 계약서가 반드시 필요한 것은 아니나 구두상의 계약은 여러 문제가 발생할 소지가 있기에 대개는 증서를 작성함이 일반적입니다.

증서를 작성해 두면 내용이 불분명하여 후일에 분쟁이 일어날 소지가 적어지고 또 일어났을 때에도 주장의 근거자료로 증서만큼 좋은 것은 없다고 볼 수 있습니다. 그리고 공정증서로 계약을 체결해 놓으면 후일 상대방이 계약을 이행하지 않았을 경우 법원의 판결없이 공정증서를 근거로 하여 강제집행을 할 수 있으므로 매우 안전한 계약방법이라고 할 수 있습니다.

2. 계약증서의 작성시 유의사항

① 계약서제목은 반드시 필요한 것은 아니지만 기재해 두면 보다 유익합니다.

② 계약당사자를 명백히 밝히기 위해 계약자의 주소·성명을 기재하며 또 매수인·매도인 등의 계약자의

지위를 기재해야 합니다.

③ 계약서내용은 후일에 분쟁을 피하기 위해 상세히 기재할 필요가 있습니다. 그러나 별로 중요하지 않은 내용에 관해 장황하게 문구를 나열하는 것은 계약핵심을 흐리게 하고 상대방에 대해서는 불신감을 줄 수 있으므로 중요내용에 대해서만 핵심을 명확히 기재하는 것이 보다 실용적입니다.

④ "위와같이 계약함"이란 문언을 기재할 필요가 있는데 이 때에 계약을 한 장소와 입회인 등에 관해 기재해 두면 계약성립의 신빙력이 증가하게 됩니다. 즉, "M공인중개사 사무실에서 A·B와 입회인 C의 참석하에 위와 같이 계약, 본서 두 통을 작성하여 각자가 기명날인하고 각자가 보관한다"는 식으로 작성하면 됩니다.

⑤ 계약증서는 두 통을 작성하여 나누어 가지던가 원본을 복사하여 각자가 나누어 가져야 합니다.

⑥ 계약서에 계약 연월일은 반드시 기재해야 합니다.

⑦ 기명날인은 각자의 것을 해야 하며 인감도장을 사용하는 것이 안전을 위해 보다 유익합니다.

⑧ 계약서가 여러 장일 때에는 반드시 간인을 찍어야 하는데 간인은 1장의 종이를 중앙에서 표면쪽으로 접고 1장의 뒷면측과 2장째의 표면에 연결되는 쪽에 찍는 방법을 많이 택하고 있습니다. 그리고 간인을 찍어야 하는 사람이 여럿 있을 때에는 계

약서를 끈으로 철하고 표지에 백지를 한 장 붙여 뒷표지쪽으로 접어 넘겨 양쪽을 풀로 붙이고 그곳에 간인을 찍는 방법도 있습니다. 이는 모든 면마다 간인을 찍는 수고를 감소하는 방법입니다.

⑨ 정정은 원칙적으로 하지 않는 것이 상책이지만, 만일 반드시 정정해야 한다면 삭제될 부분은 분명하게 말소하고 정정을 기재하며 그 윗부분에 "연대하여"라는 뜻의 문구로 사용하여 계약서를 작성하는 것이 완벽한 계약서라고 볼 수 있습니다.

3. 인장의 역할과 중요성

살다보면 친지나 지인으로부터 결코 손해를 끼치지 않겠으니 차용증서의 보증인이 되어 달라고 조른다던가 신원보증인이 되어 달라고 의뢰를 받는 일이 종종 있게 되는데, 전자는 본인이 차용금의 변제를 하지 않을 때에 보증인이 본인을 대신하여 지급하지 않으면 안되며, 후자의 경우에는 본인의 고의 또는 과실에 의해 손해가 발생했을 때는 보증인이 손해배상의 책임을 부담하게 됩니다.

이러한 경우 간단히 보증인으로서 날인했기 때문에 뜻밖의 손해를 보는 경우가 있을 수 있으므로 어떠한 경우에도 날인은 신중히 해야 합니다.

인장에는 보통인과 실인이 있는 데 전자는 막도장으

로 누구나 마련할 수 있으므로 위조성이 높으며 진실성이 부족하나 후자는 오직 본인만이 소지하고 인장으로 동·면사무소나 등기소에 인영자체가 신고되어 있는 인장이라는 점에서 구분되며 따라서 어떤 사람들은 살인을 찍지 않았으므로 계약은 무효라고 주장하는 경우가 있는데 이는 잘못된 생각입니다. 다음 각 경우를 나누어 생각해 보기로 하겠습니다.

가령 계약서나 어음발행의 경우에는 반드시 살인이 아니라도 계약효력이나 어음발행후의 효력에 지장이 없습니다. 따라서 발행인의 책임이 발생하게 됩니다. 다만 계약서작성의 경우에 그 계약의 진실성을 높이기 위하여 실인으로 날인할 것을 요구할 수는 있으나 이는 분쟁방지의 하나의 수단일 뿐임을 알아두어야 합니다.

또 채무의 보증인·신원보증인의 계약 등에 있어서도 실인이 아니라고 해도 본인의 인장을 날인했을 때는 보증책임이 발생합니다.

인감효력에 대해 살펴보았지만 타인에 의해 악용됨을 방지하기 위해 특징있는 인감을 만다는 것도 생각할 수도 있으나 지나치게 복잡하거나 알아보기 어려운 자체를 사용한 인감은 실인으로 인정받기 어렵습니다.

그런데 인감을 지니고 있지 않을 때에는 서명하는 수도 있는데 이 서명도 법적 효력에 있어서는 실인과 동일하게 취급됩니다. 그러나 기명 즉 본인이 성명을 직접 자필치 않고 타인으로 하여금 대필케 하거나 컴퓨터등으로 기록케하는 경우에는 반드시 인장을 찍어야 합니다. 예컨대 자기성명을 고무판 등으로 새겨두었다가 서명대신 고무인을 찍은 후에 인감을 날인하는 일이 있는데 이런 것은 하나의 기명날인으로 보아야 할 것입니다.

원래 인장이란 우리나라의 독특한 관습에 의한 것으로 심한 경우는 1장의 종이에 여러 번의 날인을 하기도 합니다. 오랜 관습에 의한 것이라 쉽게 고치기는 어렵겠으나 장래에는 구미와 같은 간편한 서명방법으로 개선되어야 하며, 될 것으로 전망합니다.

결국 기명날인·서명을 불문하고 법적 효력에는 차이가 없으나 계약서 등의 중요서류를 작성할 때에는 상대방에게 실인을 날인하게 하고 인감증명까지 받아 둔다면 현실적으로 후에 가서 인감으로 인한 분쟁은 생기지 않을 것이 명확합니다.

인감증명을 받고자 하는 자는 미리 그 주소를 관할하는 증명청에 인감을 신고해야 하며 인감신고는 1인 1종에 한하며 또 이 인감신고는 가족관계부나 주민등록부에 기재되어 있는 성명에 의해야 합니다. 그리고 인감증명서는 발행교부일로부터 3개월이 경과하면 그 효력을 상실하게 되며 또 교부신청시에 기재한 용도에 따라 사용해야만 적법·유효성을 갖게 됩니다.

4. 무능력자 제도

일반적으로 무능력자란 자기가 행한 행위가 법적으로 어떤 결과를 초래하는가를 판단할 능력이 없거나 모자라기 때문에 재산상의 계약행위 등을 단독으로 할 수 없는 사람을 말합니다. 본래 무능력자제도는 정신능력이 불완전한 자들을 보호하기 위해 나온 것이나 현대사회에서는 불합리한 점이 다분히 존재하고 있습니다. 민법상 무능력자로 규정되어 있는 자는 ① 미성년자, ② 한정치산자, ③ 금치산자이며 이러한 무능력자를 상대로 거래할 때에는 다음과 같은 사항에 주의할 필요가 있습니다.

첫째, 미성년자와 중대한 재산거래를 할 경우에는 그의 법정대리인의 동의를 얻어 행하거나 그의 법정대리인과 직접 계약할 것.

둘째, 한정치산자와 재산거래할 때에는 그의 법정대리인(후견인)과 거래하거나 동의를 얻어 계약을 맺을 것.

셋째, 금치산자와의 재산거래는 그의 법정대리인과 직접 상대하여 거래할 것.

이렇게 주의하지 않고 무능력자만을 상대로 계약을 맺었다면 취소를 당할 우려가 있습니다. 취소란 이러한 계약을 한 무능력자 자신이나 그의 법정대리인 등이 계약을 취소한다는 통지를 하고 이것이 거래상대방에게 도달하면 계약은 처음부터 무효로 되는 것을 말합니다.

또 무효로 된 계약에 의하여 물건이 이미 인도되고 대금이 지급된 경우에는 원상회복의 의무가 있는데 이때에도 무능력자측은 유리한 지위를 가지게 된다. 즉 무능력자는 계약으로 받은 이익이 현존하는 한도에서 반환하면 되기 때문입니다(민법 제141조).

그리고 법정대리인의 동의를 얻는 방식은 될 수 있으면 서면이 좋을 것이며 계약서 말미에 동의취지기재와 서명·도장을 받으면 틀림없이 완전 유효한 계약이 성립될 것입니다.

5. 무능력자의 법정대리인

미성년자는 만 20세 미만의 자로써 호적부의 열람으로서 쉽게 알 수가 있는데 그의 법정대리인은 제1순위로는 부(父), 제2순위로는 모(母)가 되는데 부모가 이혼한 경우에는 그 모는 전혼인중에 출생한 자의 친권자가 되지 못합니다. 친권자가 없을 때는 후견인이 법정대리인이 되는데 이러한 사실은 무능력자의 호적을 통해 쉽게 알 수 있습니다.

한정치산자는 심신이 박약하거나 재산의 낭비로 자기나 가족생활을 궁핍하게 할 염려가 있는 자로서 법원으로부터 한정치산선고를 받은 자이며 그의 법정대리인은 후견인인데 한정치산선고를 받은 때에는 선고를 받은 자의 배우자, 직계혈족, 3촌이내의 방계혈족, 호주의 순위로 후견인이 된다. 만약 후견인이 될 자가 없다면 법원이 후견인을 선임하게 됩니다(민법 936조).

금치산자는 스스로 의사를 결정하고 이에 의해 행동할 수 없는 것이 보통의 상태인 자를 말하는데 법원으로부터 금치산선고를 받은 자를 말합니다. 금치산자의 법정대리인도 후견인이지만, 한정치산자의 후견인과는 달리 대리권만 있으며 동의권이 없다는 점에 유의해야 합니다.

6. 내용증명의 용도

내용증명우편은 상대방에 이러저러한 내용통지를 하였다는 것을 후에 가서 분쟁이 생겼을 경우에 대비하여 증거로 남겨두기 위하여 이용하고 있습니다.

일정한 규격에 맞추어 작성한 동일증명서 3통을 우체국에 제출하면 우체국에서는 서신의 끝에 "내용증명우편으로 제출하였다는 것을 증명한다."는 인을 날인하고 1통은 우체국에 보관하고 1통은 상대방에 발송하고 1통은 마치 영수증과 같이 발송인(제출인)에게 반환해 줍니다.

작성내용은 간결·명료하게 요점만을 기재하는데 특히

훗날의 소송에 있어 승패를 가리는 결정적인 증거가 되는 수가 있는 만큼 내용증명의 잠재성을 염두에 두고 그 문안을 신중히 생각하여 기재한다는 것은 매우 중요합니다.

내용증명우편을 이용하는 데 있어서 대략 두가지 형태가 있습니다.

그 하나는 상대방에게 단순히 청구하는 경우, 예를 들어 외상대금을 회수하고자 할 때 상대방에게 단순히 청구하는 경우 즉 외상대금을 회수하고자 할 때 상대방에게 심리적 압박을 주려는 것으로서 내용증명우편의 본래의 목적도 법적인 효과도 없으나 실제로 유리한 효과를 불러일으키기도 합니다.

또 하나의 경우는 내용증명우편의 본래의 이용목적이라고 할 수 있는데 상대방에 대한 통지가 일정한 법적 효과를 이용목적이라고 할 수 있습니다. 상대방에 대한 통지가 일정한 법적 효과를 발생시키는 경우, 즉 ① 시효중단, ② 계약해제, ③ 계약취소, ④ 채권양도통지를 하는 경우에 이용하는 것입니다.

각 경우에 있어 어떻게 사용하는가

① 시효중단은 6개월이내에 재판상의 절차를 진해시키지 않을 때에는 그 효력이 상실됩니다. 이런 의미에서 시효중단의 목적으로 내용증명을 제출할 경우에는 시효기간이 만료될 무렵에 제출하는 것이 효과적이라고 할 수 있습니다.

② 계약해제의 경우, 어떠한 계약일지라도 상대방이 이행하지 아니할 경우에는 일정기간을 정해 독촉하고 그 기간내에 이행하지 아니한다면 계약을 해제한다는 것이지만 이런 계약해제는 증거를 확실히 남겨두는 의미에서 내용증명으로 하는 것이 현명한 조치라고 할 수 있습니다.

③ 사기에 의하여 체결한 계약을 취소하려는 경우에도 그 의미는 계약해제에 있어서와 동일한 목적으로 사용한다는 것과 같습니다.

④ 채권양도의 통지라는 것은 A회사가 B회사에 대하여 외상대금채권을 가지고 있고 A회사가 C회사에 대해 외상채무를 가지고 있을 경우에 A회사는 C회사에 현금으로 채무를 변제하는 대신에 B회사에 대한 외상채권을 C회사에 양도하여 결제하는 일이 있는데 이런 경우 "귀하에 대한 외상매출금채권은 C회사에 지급하여 주시기 바랍니다."는 내용의 채권양도통지를 내용증명우편으로 한다는 것이다.

대략 내용증명우편의 이용에 관해 설명하였지만 내용증명을 분실했을 때 대비책으로는 내용증명을 제출하여 우체국에 보관한 1통은 우체국에서 2년간 보관하게 되어 있습니다. 그러므로 제출한 지 2년내인 경우에는 우체국에 그 등본의 교부를 청구할 수 있습니다. 다만 이 등본의 교부청구는 본인만이 할 수 있습니다.

7. 여러 가지 종류의 계약금

계약금이란 계약체결시에 당사자의 일방이 상대방에게 교부하는 금전 기타의 유가물로서 거래관행에 따라 명칭도 다르게 표현됩니다.

착수금(계약금)에는 여러종류가 있으나 일반적으로는 그 작용에 따라 다음의 3가지로 나누어 집니다.

① 증약금 - 계약체결의 증거로서의 의미를 갖는 착수금을 말하는데 계약의 체결에 있어서 당사자사이에 어떠한 합의가 있었는지가 분명한 경우에도 착수금이 교부되어 있으면 그것은 적어도 어떤 합의가 있었다는 증거가 되므로 착수금은 언제나 증약금으로서의 작용을 한다고 볼 수 있습니다.

② 위약계약금 - 착수금을 교부한 자가 계약상의 채무를 이행하지 않는 때에 그것을 수령한 자가 위약벌로서 몰수하는 계약금을 말합니다.

③ 해약금 - 계약의 해제권을 보류하는 작용을 갖는 착수금을 말하며 이 착수금을 교부한 자는 그것을 포기함으로써, 또한 이 계약금을 받은 자는 그 배액을 상환하므로서 계약을 해제할 수 있습니다. 민법 제565조에서 "매매의 당사자일방이 계약당시에 금전기타 물건을 계약금·보증금 등의 명목으로 상대방에게 교부한 때에는 당사자간에 다른 약

정이 없는 한 당사자의 일방이 이행에 착수할 때
까지 교부자는 이를 포기하고 수령자는 그 위액을
상환하여 매매계약을 해제할 수 있다" 라고 규정
하여 당사자간에 특별한 의사표시가 없으면 일반
적으로 해약금으로 보고 있습니다.

8. 계약금과 내입금의 차이점

계약금에 유사한 것으로 내입금 즉 선금이라는 것이
있는 이 내입금은 그 교부가 금전지급채무의 일부 이행
이므로 위에서 말한 계약금과 구별됩니다.

착수금과 내입금의 차이는 계약해제권이 있느냐 없느
냐는 점에 의하게 됩니다. 착수금은 상대방이 이해착수
전이라면 아무런 법률적인 해제사유가 없더라도 계약이
해제될 수 있습니다. 매수인이 계약을 해제하고 싶다면
착수금을 포기하면 되고, 매도인이 해제하고 싶다면 착
수금의 배액을 제공하면 됩니다.

그러나 내입금인 경우에는 당사자 쌍방에 법률상의
해제원인이 없으면 계약을 해제할 수는 없습니다.

또한 실제적인 거래에 있어 착수금의 수수가 있는 경
우 특별한 의사표시가 없는 한 이를 해약금으로 취급하
고 있습니다.

그러나 문제되는 것은 내입금은 어디까지나 매매대금
중 일부 내입금이라는 의미로서의 금전인 것이며 만약

에 매매계약이 해제되면 계약이 없었던 상태로 돌아가는 것이 원칙이므로 내입금을 받은 쪽은 이를 전액 반환하지 않으면 민법 제741조(법률상 원인없이 타인의 재산 또는 노무로 인하여 이익을 얻고 이로 인하여 타인에게 손해를 가한 자는 그 이익을 반환하여야 한다)에 의해서 부당이득이 되는 것입니다.

그러므로 계약당초에 금전수수를 할 경우에 매수인으로서는 내입금으로 취급하는 것이 유리하며, 매도인은 착수금으로서 받는 것이 대조적으로 유리하게 되는 예가 많게 됩니다.

4장 착오와 화해

1. 중요부분의 착오에 대한 법적 효과

남의 집을 빌려쓰는 것에도 법률의 성질에 따라 그 종류가 다양합니다. 먼저 민법은 제609조에서 사용대차 계약에 대해 규정하고 있는데 이는 집세를 지불하지 않고 사용하는 관계를 말하는 것이며, 이와는 다르게 임대료를 지불하면서 사용하는 관계가 있는데 이를 민법 제 618조 이하의 임대차계약이라고 합니다.

이상의 두 형태를 살펴볼 때 양자 모두 남의 집을 사용하는 법률관계이나 법적인 면에서 차이점이 있습니다. 이를테면, 사용대차계약은 법률관계이나 법적인 면에서 차이점이 있습니다. 이를테면, 사용대차계약은 무상계약이기 때문에 집을 빌려주는 사람은 법적인구속을 적게 받으며 이에 반해 임대차계약은 상당한 대가를 지급하는 유상계약이기 때문에 대차인에게는 여러 법적 구속을 가하고 경제적 약자인 임차인의 보호를 위하여 여러 규정을 두고 있습니다. 임차권의 기한에 관하여도 임대차는 상당한 기한보장(민법 제635·636·645·651조 등)을 하고 있지만 무상임대차일 때는 이런 보장이 없습니다.

착오란 거래당사자의 법률행위의 내용의 중요부분의 착오가 있음을 말하는 것이며 이를 민법 제109조 1항의 법률행위내용의 중요부분의 착오라고 합니다. 그리고 중요부분의 착오란 그 당사자가 의도한 내용가운데 그 착오가 없었더라면 당사자뿐만 아니라 누구라도 그와 같은 의사표시를 하지 않았으리라고 생각될 정도의 부분의 착오를 말합니다.

그렇지만 가옥임대차를 사용대차로 전환하는 것에 과연 중요부분에 착오가 있었느냐 하는 의문도 있을 것이나 일단은 이론상 긍정하는 면에서 살펴보기로 하겠습니다. 즉 임대차라 하면 임차권의 기간보장이 되어 있는 것이고 사용대차는 이러한 기간의 이익이 없는 것인데 만일 이런 사실을 알았다면 누구든 사용대차계약으로 변경하는 데에 있어 승낙하지 않을 것이라고 볼 때에 승낙은 법률행위의 내용에 중대한 착오가 있었다고 보고 이를 이유로 승낙을 취소할 수 있게 됩니다. 이럴 경우 임대차계약은 여전히 존속하는 것이며 집주인의 퇴거요구에 응할 필요가 전혀 없게 됩니다. 그러나 이 같은 경우에도 착오로 승낙의 표시를 한 중대한 과실이 있었을 때에는 취소의 주장을 할 수가 없다는 점을 유의해야 합니다.

보통 과실의 유무정도는 일반적인 판단기준이 설정되어 있는 것이 아니며 각 사건내용이나 의사표시자의 지위 등을 고려하여 과실유무를 결정합니다 .

2. 화해란?

화해는 당사자가 서로 양보하여 그들 사이의 분쟁을 끝낼 것을 약정함으로써 성립하는 계약을 말합니다. 예를 들면 A는 B에게 200만원 꾸어주었다고 주장하는데, 오히려 B는 100만원을 꾸었다고 주장하여 A·B간에 다툼이 있게 된 때에 A와 B가 서로 양보하여 160만원의 대차관계가 있는 것으로 하여 다투기를 그만두고 해결하기로 합의하는 경우입니다.

화해는 당사자가 분쟁을 종식시키기 위하여 맺는 계약인데, 여기서 분쟁이란 법률관계의 존부·범위·태양 등에 관하여 당사자의 주장이 일치하지 않음을 말합니다. 그리고 양보는 당사자 쌍방이 해야 하며 어느 일방만이 양보하는 것은 화해가 아닙니다. 또 화해에 있어서의 당사자의 양보는 다투어지고 있는 법률관계에 관하여 처분을 하는 결과가 되므로 화해의 당사자는 처분의 능력이나 권한을 가지고 있어야 합니다.

화해는 재판에 비해 간편하고 경제적으로도 유익하며, 분쟁당사자끼리 분쟁을 해결함으로 보다 원만한 관계를 유지할 수 있다는 데에 장점이 있습니다.

3. 화해의 효력

화해는 법률관계를 확정하는 효력을 갖습니다. 즉 당사자는 화해하기 전에 각자가 주장하던 법률관계는 주장할 수 없으며, 화해계약으로 확정된 의무를 이행하고 권리를 승인해야만 합니다.

또하나의 효력으로서 화해는 이른바 "창설적 효력"을 갖는데 화해의 창설적 효력이란 종래의 법률관계가 어떠하였느냐를 묻지 않고서 화해에 의하여 새로운 법률관계가 발생하고, 따라서 새로운 권리의 득실이 있게 됨을 의미합니다.

4. 화해의 의사표시의 착오

화해의 의사표시에 착오가 있는 경우 그 착오가 분쟁 대상인 법률관계 자체에 관한 것일 때에는 취소할 수 없습니다. 그러나 그 착오가 당사자의 자격이나 화해의 목적인 분쟁이외의 사항에 관한 착오일 때는 화해계약을 취소할 수 있습니다(민법 제733조). 예컨대, 채권액에 관하여 다툼이 있어서 화해를 한 경우에, 그 채권이 이미 시효로 소멸하고 있거나, 화해의 당사자의 일방이 채권자나 채무자가 아니었다고 하는 등의 경우는 화해계약을 취소할 수 있습니다.

이는 민법상의 화해와 비슷하지만 구별되는 몇 개의 제도가 있는데 재판상의 화해·조정·중재 등이 그 예입니다.

① 재판상의 화해

당사자가 법원에서 서로 양보하여 다툼을 그만두는 것인데 그 요건과 효력이 민법상 화해와 다릅니다. 즉 이 화해에는 화해조서가 작성되며, 조서는 확정판결과 같은 효력을 갖는다. 따라서 재판상 화해가 성립하면 그 소송은 당연히 종료하게 됩니다.

② 중재

법률관계에 관한 판단을 제3자에게 맡기고, 그 결정에 당사자가 복종함으로써 다툼을 해결하는 제도를 말합니다. 여기에는 중재법이 제정되어 있습니다.

③ 조정

법원 기타의 국가기관의 알선으로 당사자가 합의에 의하여 다툼을 해결하는 제도로서 현재 조정으로서는 가사조정·소액사건조정·차지차가조정·노동쟁의 조정·의료조정 등이 있습니다.

④ 타협

광의로 해석하면 화해와 유사하나 당사자 쌍방이 모두 명확한 인식이 없이 분쟁을 소멸·해소시키거나, 이 경우 제3자가 참가하는 경우를 말합니다.

5장 민법상의 계약(14유형)

계약은 당사자간의 의사합의로 성립되는 법률행위로서 광
의를 계약이라 하면 물권계약(저당권설정계약 등), 혹은
신분계약(혼인·이혼 등), 공법상계약, 준물권계약 등을 통
털어 말하지만 계약이란 채권계약을 가리키는 경우가 대
부분입니다. 민법이 규정하고 있는 채권계약은 증여, 매
매, 교환, 소비대차, 사용대차, 임대차, 고용, 도급, 위임,
임치, 현상광고, 조합, 종신정기금, 화해 등 14종인데, 각
종 계약의 요점을 개략적으로 살펴보기로 하겠습니다.

1. 증여

증여란 당사자의 일방(증여자)이 대가없이 즉 무상으
로 재산을 상대방에게 준다는 의사를 표시하고 상대방
(수증자)이 그것을 승낙함으로 성립하는 계약을 말합니
다(민법 제54조).

2. 매매

매매는 당사자의 일방(매도인)이 어떤 재산권을 상대
방에게 이전할 것을 약정하고, 상대방(매수인)은 이에
대해 그 대금을 지급할 것을 약정함으로써 성립하는 계
약을 말합니다(민법 제563조).

매매는 유상·쌍무·낙성계약이 전형적인 계약입니다. 따라서 쌍무계약의 효력인 동시이행의 항변이나 위험부담이 적용됩니다. 전자는 이행기가 도래하더라도 상대방이 이행제공을 할 때까지 이쪽도 이행을 거절할 수 있는 것으로서 형평의 견지에서 인정되고 있는 것입니다.

3. 소비대차

소비대차는 당사자의 일방이 금전 기타 대체물의 소유권을 상대방에게 이전할 것을 약정하고 상대방은 그와 같은 종류·품질 및 수량으로 반환할 것을 약정함으로 그 효력이 성립됩니다(민법 제598조).

4. 사용대차

사용대차는 무상으로 상대방의 물건을 사용, 수익한 후 이를 반환할 것을 약정, 상대방으로부터 어떤 물건을 수취함으로써 성립되는 계약을 말합니다(민법 제609조).

5. 임대차

임대차는 당사자 일방이 상대방에게 목적물을 사용·수익하게 할 것을 약정하고 상대방이 이에 대해 차임을 지급할 것을 약정함으로써 그 효력이 생기는 계약을 말합니다(민법 제618조).

6. 고용

고용은 당사자 일방이 상대방에 대해 노무를 제공할 것을 약정하고 상대방이 이에 대해 보수를 지급할 것을 약정함으로써 성립되는 계약으로 성립과 동시에 그 효력이 생깁니다(민법 제655조).

7. 도급(청부)

도급은 당사자의 일방이 어느 일을 완성할 것을 약정하고 상대방이 보수를 지급할 것을 약정함으로써 그 효력이 생기는 계약을 말합니다(민법 제664조).

8. 조합

조합은 2인 이상이 상호출자하여 공동사업을 경영할 것을 약정함으로써 그의 효력이 생기는 계약을 말합니다(민법 제703조).

9. 교환

당사자가 서로 재산권을 상대방에게 이전할 것을 약정하는 계약을 말합니다. 이때 재산권은 금전을 제외한 것이므로 만약 당사자중의 일방이 금전을 이전하면 그것은 교환이 아니라 매매가 됩니다(민법 제596조).

10. 위임

당사자 일방이 상대방에 대해 사무처리를 위탁하고 상대방이 이를 승낙함으로써 그 효력이 발생되는 계약을 말합니다(민법 제680조).

11. 화해

당사자가 서로 양보하여 당사자간의 분쟁을 조치할 것을 약정함으로써 효력이 생기는 계약을 말합니다(민법 제731조).

12. 임치(민법 제693조)

당사자 일방이 상대방에게 금전이나 유가증권 기타의 물건의 보관을 위탁하고 상대방이 이를 승낙함으로써 성립하는 계약을 말합니다. 임치계약은 무상을 원칙으로 하나 당사자간의 합의에 의해 유상계약으로 이루어질수도 있습니다.

13. 종신정기금(민법 제725조)

당사자 일방이 자기·상대방 또는 제3자의 종신까지 정기로 금전 기타의 물건을 상대방 또는 제3자에게 지급할 것을 약정함으로써 성립하는 계약을 말합니다. 종신정기금은 그밖에도 유증에 의해서도 발생하지만, 민법상 종신정기금이 발생하는 경우는 아주 희박합니다.

14. 현상광고(민법 제675조)

광고자가 일정한 행위를 한 자에게 일정한 보수를 지급하겠다는 불특정 다수인에 대한 의사표시를 말합니다. 현상광고의 법률적 성격에 대해서는 특수한 청약과 승낙에 의하여 성립하는 도급과 비슷한 계약이라고 하는 계약설이 지배적입니다. 현상의 대상인 어떤 행위에 대한 제한은 없지만 사회질서에 위배되는 행위는 당연히 금지됩니다.

참고된 자료 안내
▶ 법률구조공단 법률 상담 사례
▶ 대법원 법률상담 사례
▶ 대법원 판례정보
▶ 법원 공무원 교재
▶ 민법주석대전(법문북스)
▶ 계약주석사례총람(동민출판사)
▶ 기타 여러 상담사례

편저 : **생활법률연구원**

감수 : **김영환 전 서기관**

- ♣ 서울지법 근무
- ♣ 서울 강서 등기소 등기계장
- ♣ 서울 남부 지원 등기관
- ♣ 전 법원 서기관
- ♣ 편저. 부동산등기(법률미디어)
- ♣ 편저. 법인등기(법문북스)

계약서작성 처음부터 끝까지
정가 20,000원

2016년 7월 5일 2판 인쇄
2016년 7월 5일 2판 발행
편 저 : 생활법률 연구원
감 수 : 김 영 환
발행인 : 김 현 호
발행처 : 법문 북스
공급처 : 법률미디어

152-050
서울 구로구 구로동 636-62
TEL : 2636-2911~3, FAX : 2636-3012
등록 : 1979년 8월 27일 제5-22호
Home : www.lawb.co.kr

- ISBN 978-89-7535-242-3 93360
- 파본은 교환해 드립니다.
- 본서의 무단 전재·복제행위는 저작권법에 의거, 3년 이하의 징역 또는 3,000만원 이하의 벌금에 처해집니다.

생활에 꼭 필요한 계약서식·사례수록

계약에 관련된 사항이 발생하는 경우 미리 읽어보고 준비할 수 있도록 엮었습니다. 실생활에 꼭 필요한 계약서만을 엄선하여 구성하였으며, 계약에 관한 질의 응답을 수록하여 여러분의 이해를 쉽게 하였습니다. 이 책 한권이라면 여러분의 생활에 있어서 계약에 관한 어려움은 없을 것입니다.

정가 20,000원